Birgit Abele

Wieder ich selbst

Birgit Abele

Wieder ich selbst

Mein Weg aus dem Gefängnis spirituellen Missbrauchs

HERDER

FREIBURG · BASEL · WIEN

MIX
Papier | Fördert gute Waldnutzung
FSC® C014496

www.herder.de
Umschlaggestaltung: Gestaltungssaal, Rohrdorf
Umschlagmotiv: © Alexander Metzger
Satz: Barbara Herrmann, Freiburg
Herstellung: GGP Media GmbH, Pößneck
Printed in Germany
ISBN Print 978-3-451-39854-4
ISBN E-Book (E-Pub) 978-3-451-84854-4
ISBN E-Book (PDF) 978-3-451-84855-1

Die Gnade setzt die Natur voraus.
Sie zerstört sie nicht, sondern vollendet sie.

(Thomas von Aquin, S. Th. I, q. 2, a. 2 ad 1)

Inhalt

Geleitwort

Nach zehn Jahren Beschäftigung mit spirituellem Missbrauch dachte ich, alles schon einmal gehört zu haben. Dann lese ich dieses Buch von Birgit Abele und erlebe den Schock von neuem: wieder Horrordetails, wieder Abgründe unter dem Mantel des Frommen und Katholischen ... Es ist so furchtbar leicht, einem Menschen den freien Willen, die Gesundheit, Lebensfreude und Glaubenssehnsucht zu nehmen. So erschütternd einfach. Und der Rückweg ins Leben ist so unendlich schwer und wird so unendlich schwer gemacht.

Denn wer beginnt, über Erfahrungen geistlichen Missbrauchs in Gemeinschaften zu sprechen, stößt im Umfeld rasch auf die Frage, die in die Seele schneidet wie ein Messer ins Fleisch: „Warum?“ „Warum sind Sie da hingegangen? Warum sind Sie geblieben?“ Dieses Buch erzählt davon, wie eine junge Frau voll Idealismus in eine katholische Gemeinschaft hineingegangen ist, wie sie nach und nach in ein Netz aus Manipulation und Machtmissbrauch eingesponnen wurde, wie sie schleichend ihren eigenen Willen genommen bekommt. Das Buch erzählt davon, wie sie in ein inneres Gefängnis gerät, aus dem zu entkommen fast unmöglich ist, obwohl keine Tür real abgeschlossen ist. Wer dieses Buch gelesen hat, weiß, dass er/sie nie wieder „Warum?“ fragen darf, wenn Menschen von den Schrecknissen ihres Lebens sprechen.

Wer zu sprechen beginnt, trifft unweigerlich auf einen weiteren Widerstand: „Das war doch nur ...“ bekommen die Betroffenen dann zu hören. „Das war doch nur spiritueller Missbrauch, nur spiritualisierender Quatsch, nur ... und keine Schläge, kein Freiheitsentzug, keine sexuelle Gewalt.“ „Nur ...“ ist eine Katastrophe. „Nur ...“ ist Selbstschutz derer, die auf die Betroffenen hören sollen, Selbstschutz vor dem, was doch nicht sein kann, weil es nicht sein darf – um den Preis der erneuten Abwertung und Traumatisierung. Wie oft muss jemand von „Selbstverlust und Gottentfremdung" (Ute Leimgruber, Barbara Haslbeck u. a.), von „Nicht mehr ich" (Doris Wagner/Reisinger) lesen, bis jeder Komparativ, jedes „nur …", jede Umkehrung von Tätern und Opfern im Halse stecken bleibt?

Über Missbrauch zu sprechen ist die einzige Weise, auf den Pfad der Befreiung und Heilung einzubiegen. Aber die Hürde ist immens. Widerstände von außen und vernichtende Scham und Schuldgefühle von innen. Die Balance zu halten, ist so schwer und so furchtbar kräftezehrend: „Es ist mir passiert – ich war nicht schuld." Diese Balance zu halten ist eine der großen Stärken dieser Lebensbeschreibung.

Es gibt keinen Machtmissbrauch ohne Sprechverbote für die Betroffenen und es gibt keinen Machtmissbrauch ohne Hör- und Sehverbote im Umfeld. Wer dennoch spricht, löst sich aus dem Missbrauch. Wer Worte findet und zu sprechen wagt, nimmt dem Missbrauch seine Kraft, wer schreibt, macht die Räume für die Täter enger. Jedes Sprechen ist ein „Erzählen als Widerstand" (Ute Leimgruber, Barbara Haslbeck u. a.). Wer schreibt, gibt sich und anderen Worte, das Unsagbare zu sagen. Es sind Bücher wie dieses, die das Potential haben, Menschen aus Machtmissbrauch und toxischen Gemeinschaften zu befreien. Wer darin die eigene Situation und Geschichte gespiegelt entdeckt, kann die Kraft bekommen, selbst auszusteigen.

Und dann liegt alles zu Tage – und die Leser:innen müssen nur glauben wollen, was sie kaum glauben können. Glauben wollen bedeutet bereit zu sein, sich existentiell erschüttern zu lassen. Jeder Bericht über geistlichen Missbrauch hat das Potential, den Glauben der Lesenden zu zerstören, ihrer Welt einen irreparablen Riss zuzufügen. Hören wollen, glauben wollen … heißt riskieren, dass die Zerstörung übergreift. Dieses Buch fordert Solidarität mit der Betroffenen und mit allen Betroffenen spirituellen Missbrauchs ein: eine Solidarität bis hinunter in die Wurzeln, die das Leben und den Glauben tragen.

Dieses Buch aber geht weiter als viele andere Berichte. Es erzählt den Weg aus der Verstrickung. Es ist nicht nur die Geschichte eines Missbrauchs, es ist vielmehr und zuerst die Geschichte einer Befreiung – einer Befreiung, die Jahre in Anspruch nimmt. Es ist die Geschichte wiedergefundener Hoffnung, wachsender Kraft, mühsamer Schritte ... eine Geschichte von Versuchen, Rückschlägen, Zusammenbrüchen, Neuanfängen, Niederlagen ... und Sieg. Bei aller Erschütterung, die es auslöst und auslösen will, ist es ein starkes Hoffnungsbuch, ein Überlebensmittel für die Autorin und für die Leser:innen.

Speyer, 6. Februar 2024
Peter Hundertmark

Peter Hundertmark, geb. 1963, Dr. phil., Pastoralreferent, Geistlicher Begleiter, Exerzitienbegleiter, tätig im Referat Spirituelle Bildung/Exerzitienwerk im Bischöflichen Ordinariat Speyer und auch bekannt durch den Blog https://geistlich.net.

Vorwort

Es war ein gewöhnlicher Mittwoch im Sommer 2021. Im Verlauf einer Teamsitzung an meiner Arbeitsstelle kam unsere kleine Gruppe auf das Thema „Geistlicher Missbrauch" zu sprechen. Eine Kollegin stellte dabei die Frage in die Runde, was unter diesem Begriff genau zu verstehen sei. Ihre Worte berührten mich im Innersten. Mir wurde bewusst, wie wenig Wissen über das, was ich selbst erlebt hatte, vorhanden ist.

Seit meinem Austritt vor fünf Jahren hatte ich es weitestgehend vermieden, mich mit meinen Erfahrungen auseinanderzusetzen. Ich wollte vergessen, was hinter mir lag. An diesem Tag brach eine große Wunde in mir auf. Was ich so gut verdrängt hatte, schaffte sich einen Weg ins Bewusstsein und verfolgte mich mit einer derartigen Wucht, dass ich nicht mehr dagegen ankommen konnte.

Schlag um Schlag kamen mir die erlittenen seelischen Verwundungen in Erinnerung. Ich ertappte mich dabei, wie ich innerlich begann, das Erlebte in Sätze zu formulieren. Sollte ich tatsächlich beginnen zu schreiben? Ich erkannte, dass ich gar keine andere Chance hatte, um innerlich wieder ruhig zu werden.

Genau in diese Zeit fiel ein Radunfall, der mir eine sechswöchige Krankschreibung bescherte. Nun hatte ich Zeit! Mit der Tastatur auf den Oberschenkeln – anders wäre es nicht möglich gewesen – machte ich mich ans Werk. Jeden Tag. Mir fiel es unendlich schwer, alles zu Papier zu bringen, denn ich durchlebte es noch einmal. Nach genau sechs Wochen war ich weitestgehend fertig. Ein gutes Stück Verarbeitung war geschehen!

Was sollte nun aus meinem Manuskript werden? Ich gab es mehreren Personen zu lesen, die alle von meiner Niederschrift erschüttert waren und mich zu einer Veröffentlichung ermutigten. Ich zögerte. Würde ich dadurch nicht Personen in ein schlechtes Licht rücken? Nach einem langen Abwägungsprozess entschloss ich mich letztendlich doch zu diesem Schritt. Mir war klar geworden: Wie bei der #MeToo-Bewegung angesichts sexuellen Missbrauchs braucht es auch im Hinblick auf spirituellen Missbrauch Berichte Betroffener, die das Ausmaß der Zerstörung auf allen Ebenen des Menschseins aufzeigen. Je mehr, desto besser.

Mein Buch steht für die vielen Leidtragenden, die nicht den Mut oder die Kraft haben, ihre Erfahrungen aufzuschreiben. Möge es dazu beitragen, geistlichen Missbrauch schneller zu entlarven und Opfer zu schützen. Verantwortliche in der Kirche dürfen nicht länger wegschauen oder das Phänomen bagatellisieren, denn mittlerweile ist bekannt, dass spiritueller Missbrauch genauso tief in die Persönlichkeit eingreifen und ebenso verheerende Auswirkungen auf das Selbstbild und die Lebensfähigkeit der Betroffenen haben kann wie sexueller Missbrauch.

Die Gemeinschaft, in der sich alles zugetragen hat, nenne ich hier die „Gemeinschaft der Liebe“. Um keine Rückschlüsse auf die einzelnen Personen zu ermöglichen, wurden alle Namen geändert.

1
Wie ich meine Berufung fand

Frühe Kindheit

1972 wurde ich als Jüngste von drei Geschwistern in eine gutbürgerliche Mittelstandsfamilie aus dem süddeutschen ländlichen Raum hineingeboren. Der katholische Glaube wurde mir sozusagen in die Wiege gelegt: Die Taufe, später dann die Erstkommunion und Firmung waren genauso selbstverständlich wie der sonntägliche Kirchgang und das Tischgebet vor dem Mittagessen.

Die ersten drei Jahre meines Lebens verbrachte ich mit meiner Familie in einer winzigen Dachgeschosswohnung in der Stadt, mehr ließ das finanzielle Budget meiner Eltern damals nicht zu. Diese Zeit wurde von mehreren schweren Erkrankungen meiner Mutter überschattet. Lange Krankenhausaufenthalte und eine Operation führten dazu, dass meine zwei Brüder und ich immer wieder in Familien der Verwandtschaft aufgeteilt werden mussten, damit unsere Versorgung sichergestellt war. Familienhelferinnen gab es damals wohl noch nicht. Die Lage spitzte sich zu, als meine Mutter zum zweiten Mal Tuberkulose bekam und die Medikamente nicht vertrug. Die Ärzte zeigten sich ratlos. In ihrer großen Not wandte sich meine Mutter damals im Gebet an P. Josef Kentenich, den einige Jahre zuvor verstorbenen Gründer der Schönstattbewegung, den sie in ihrer Jugend kennengelernt hatte. Tatsächlich verschwanden auf seine Fürsprache hin alle Krankheitssymptome, und meine Mutter war gesund! Aus medizinischer Sicht gab es dafür keine Erklärung. Gleich darauf erhielten meine Eltern die Baugenehmigung für unser Eigenheim, das nun im Heimatdorf meiner Eltern entstehen sollte.

Als ich vier Jahre alt war, zogen wir in unser neu errichtetes Haus um, das in der letzten Häuserreihe am Rand des

Dorfes entstanden war. Wir wohnten nun zusammen mit vielen anderen Familien, die ebenfalls kleine Kinder hatten, in einem Neubaugebiet. An Spielgefährten mangelte es uns nicht. Bald freundeten wir Geschwister uns mit den Nachbarkindern an und verbrachten viel Zeit draußen. Etwas älter, gründeten wir Kinderbanden, veranstalteten Schnitzeljagden oder spielten auf der Wiese hinter unserem Haus Fußball.

Zuhause führten wir ein ziemlich normales Familienleben mit allen Höhen und Tiefen. Der Glaube war ein ganz selbstverständlicher Teil unseres Lebens. Als Kind ging ich ab und zu donnerstagabends mit meiner Mutter in die Kirche. Unser Ortspfarrer, ein Schönstattpriester, hatte eine lebensgroße Statue der Gottesmutter von Fatima für unsere barocke Pfarrkirche besorgt. Diese stand an der rechten Seite am Übergang zum Altarraum und schaute mit ihrem milden und liebevollen Blick auf die Pfarrkinder herab. Dieser Blick beeindruckte mich, er strahlte etwas sehr Warmherziges aus. Ich kann mich an einen solchen Donnerstagabend erinnern, an dem ich nach der Abendmesse noch eine Kerze am Kerzenständer entzündete. Dabei überkam mich das Gefühl, in der Kirche zuhause zu sein. Ich fühlte mich so wohl, dass ich mir vorkam wie bei uns im Wohnzimmer. Am liebsten wäre ich dortgeblieben. Dieser Eindruck begleitete mich lange Zeit.

In den ersten zwei Jahren der Grundschule unterrichtete uns eine Schönstatt-Schwester in Religion. Diese konnte auf faszinierende Weise Geschichten aus der Bibel erzählen, sodass wir wie gebannt ihren Worten lauschten. Die Schwester war sehr lieb zu uns Kindern. Ihr Unterricht prägte sich tief in mein Herz ein.

Mit dem Beten hatte ich es allerdings nicht so. Den Rosenkranz fand ich langweilig, und wenn wir in der Fastenzeit oder im Advent manchmal im Rahmen einer Familienandacht zuhause ein Gesätzchen davon beteten, schien mir dieses endlos lange zu sein. Ich wartete ungeduldig, bis es endlich vorbei war. Eine persönliche Beziehung zu Gott hatte ich damals noch nicht.

Schon bald nahte die Erstkommunion. Unser schon etwas betagter Ortspfarrer übernahm jeweils den Religionsunterricht der dritten Grundschulklasse und bereitete uns auf dieses große Ereignis vor. Außerdem fanden einige Vorbereitungstreffen statt, welche Frauen aus dem Dorf gestalteten. Sie gaben uns Zettel mit einer Liste von guten Werken und den verbleibenden Tagen bis zum Fest. Für jedes durchgeführte gute Werk sollten wir einen Strich beim jeweiligen Tag machen. Da stand zum Beispiel: den Eltern gehorchen, Geschirr abtrocknen, ein Gebet sprechen usw. Weil ich mich bestmöglich auf die heilige Erstkommunion vorbereiten wollte, vollbrachte ich täglich mehrere gute Werke, sodass meine Strichliste am Ende ganz voll war. Als schließlich die Beichte vor dem großen Fest anstand, konnte ich beim Lesen des Beichtspiegels nichts finden, was ich nicht erfüllt oder Schlechtes getan hätte. Ich hatte mich wirklich sehr bemüht. Also wusste ich nicht, was ich beichten sollte. Meine Mutter versuchte mich zu überreden, trotzdem zur heiligen Beichte zu gehen, aber sie konnte mich nicht dazu bewegen, da ich nicht gewusst hätte, was ich dem Pfarrer sagen soll. So kam es, dass ich vor diesem großen Fest nicht beichtete. Heute denke ich, es hätte sich sicher etwas für den Beichtzettel finden lassen, denn heilig war ich ganz gewiss nicht. Aber als Kind verstand ich es eben nicht besser.

Auch außerhalb des Unterrichts lagen unserem Pfarrer die Kinder des Dorfes am Herzen. Er organisierte öfters Filmnachmittage für uns. Dann versammelten sich viele Kinder im großen Saal des Gemeindehauses, und ein Mann mit einer riesigen Filmrolle zeigte lustige und auch nachdenkliche Filme. Ich erinnere mich besonders an einen Film über Fatima, den wir ansahen. Erst wurde die Geschichte der Marienerscheinungen gezeigt mit dem Sonnenwunder, alles in Schwarz-Weiß. Das war sehr eindrücklich. Am Ende des Filmes ertönte ein dringlicher Appell des Filmsprechers, den Rosenkranz für die Bekehrung Russlands zu beten. Den ganzen Nachhauseweg dachte ich erschüttert über die Worte der

Gottesmutter nach: „Betet den Rosenkranz, und Russland wird sich bekehren."

In unserem Dorf bestand eine Schönstatt-Mädchengruppe, der ich ungefähr neunjährig beitrat. Diese wurde von zwei älteren Mädchen aus dem Dorf geleitet. Das Treffen im Keller des Pfarrgemeindehauses begann immer mit einem kurzen Gebet und der Schönstatt-Marienweihe „O meine Gebieterin, o meine Mutter …", zu der wir uns vor einem Bild der Gottesmutter versammelten. Ich war allerdings froh, wenn das vorbei war, und freute mich auf den zweiten Teil, wenn wir miteinander bastelten oder Spiele machten. Das machte Spaß.

In der Freizeit ging ich meinen eigenen Interessen nach. Ich lernte Klavier, war im Sportverein, liebte das Spielen mit den Nachbarkindern und las für mein Leben gern Bücher. Ich glaube, irgendwann hatte ich fast alle Bücher der Schulbibliothek gelesen.

Leider kam es in der Grundschule oft vor, dass weniger begabte Schüler/innen von unseren Klassenlehrer/inn/en vor der ganzen Klasse bloßgestellt wurden. Das tat mir sehr weh, und ich litt förmlich mit ihnen mit. Vielleicht lagen mir gerade deshalb die schwächeren Schüler/innen sehr am Herzen. In meiner Freizeit erteilte ich gleich mehreren Klassenkamerad/inn/en Nachhilfeunterricht, damit sie ihre Leistungen verbessern konnten.

Immer wieder sprach unsere Mutter, die einer Schönstatt-Müttergruppe angehörte, mit uns Kindern über den Glauben. Diese Gespräche waren interessant, und ich konnte viel davon für mich mitnehmen. Mich beeindruckte, wie geradlinig meine Eltern ihren Weg mit Gott gingen. Heute kann ich sagen, dass sie einen bodenständigen Glauben hatten, der ihnen half, die Schwierigkeiten des Lebens zu bewältigen.

Religiöse Rituale gehörten ganz selbstverständlich zu unserem Alltag. Bevor wir morgens aus dem Haus gingen, versammelte meine Mutter uns Kinder im Hausgang und machte uns mit Weihwasser ein Kreuzchen auf die Stirn. Es folgte noch ein kurzes Gebet zum Schutzengel, das allerdings manchmal ausfallen musste, wenn wir schon spät dran waren. Aber zumindest das Weihwasser war obligatorisch!

Abends, wenn wir uns schon im Bett befanden, kam meist meine Mutter noch zu uns und betete ein kurzes Abendgebet oder sang ein Lied, z. B. „Müde bin ich, geh zur Ruh“. Ganz besonders schätzte ich es, wenn sie sich Zeit nahm, um noch mit uns zu reden.

Am Palmsonntag war es in unserem Dorf Brauch, lange Holzstangen mit buntem Stanniolpapier und Buchszweigen zu schmücken und dann in der Dorfkirche aufzustellen. Dabei bestand ein heimlicher Wettbewerb, wer den längsten sogenannten „Palmen“ hatte. Eines Jahres setzten wir uns als Familie das Ziel, den längsten Palmen zu kreieren. Mein Vater besorgte eine sehr lange Holzstange. Diese legte er in unserem damals noch nicht ausgebauten Dachgeschoss der Länge nach auf Stützen, und schon Wochen vor dem Palmsonntag begannen wir mit dem Schmücken. Es war ein richtiges Familienprojekt. Endlich kam der große Tag. Stolz trugen wir alle zusammen unseren perfekt geschmückten Palmen in die Kirche. Doch als wir ihn aufstellen wollten, kam die böse Überraschung: Er stellte sich als zu hoch heraus und bog sich an der Kirchendecke um! Da half nichts, mein Vater musste die Säge holen und ihn kürzen. Am Ende war er allerdings einige Zentimeter kürzer als ein anderer Palmen, der ganz genau bis zur Kirchendecke reichte. So waren wir also mit unserem Übereifer etwas übers Ziel hinausgeschossen.

Unsere Eltern gaben uns ein gutes Beispiel in der Nächstenliebe. Immer wieder lud meine Mutter alleinstehende Personen aus dem Dorf zum Essen ein oder besuchte einsame Menschen im Altenheim. Als meine Großmutter väterlicherseits pflegebedürftig wurde, holten sie meine Eltern zu uns nach Hause und pflegten sie über viele Jahre hinweg. Dies war sehr zeitintensiv, da sie als Parkinson-Patientin im Endstadium völlig gelähmt war und sich nicht mehr bewegen konnte.

In der Realschule

Obwohl ich eine Empfehlung fürs Gymnasium hatte und eine der Besten meiner Klasse war, sollte ich auf den Wunsch meiner Eltern hin eine Mädchenrealschule besuchen. Sie erachteten es als sinnvoll, dass ich als Mädchen auch lebenspraktische Dinge wie Kochen und Nähen lernte, außerdem genoss die Schule ein hohes Ansehen und stand unter der Leitung von Ordensschwestern. In der fünften Klasse wurde eine Gitarren-AG angeboten, in der ich Gitarre spielen lernte, was mir viel Freude bereitete. Des Weiteren machte eine Ordensschwester ein Angebot für Altflöte, das ich ebenfalls wahrnahm, und schließlich durfte ich sogar in der Schülerband auf dem E-Piano mitspielen.

Ansonsten fühlte ich mich in der Schule allerdings nicht wohl. Wir hatten mehrere ältere Ordensschwestern als Lehrerinnen, die wohl mit dem Unterrichten überfordert waren. Immer wieder gingen sie uns Schülerinnen grob an. Ich erinnere mich an eine Situation im Werkunterricht: Im Werkraum, einem dunklen Kellerraum, sollten wir einen Schwan aus Ton modellieren. Dabei hielt bei mir der lange Hals nicht und brach immer wieder ab. Als die Schwester zu mir kam, schimpfte sie mich deswegen und stellte mich als dumm hin. Ich brach daraufhin in Tränen aus. Aus Angst vor ihr beugte ich mich unter den Tisch und tat, als würde ich dort etwas Heruntergefallenes suchen, damit sie meine Tränen nicht sehen konnte. Die ganze Atmosphäre im Unterricht erlebte ich als angespannt, wir Kinder hatten oft Angst. Auch ansonsten nahm ich die Einstellung der Schwestern als engstirnig wahr.

Nicht nur in der Schule, sondern sogar in den Sommerferien begegnete ich Ordensschwestern. Da eine Freundin meiner Mutter bei den Schönstattschwestern eingetreten war und tolle Jugendfreizeiten organisierte, nahm ich in den Sommerferien mehrere Jahre hintereinander an einer solchen Mädchenfreizeit teil. Das Programm gefiel mir gut, aber die Atmosphäre im Kloster erlebte ich auch hier als sehr eng. So nahm eine ältere Ordensschwester Anstoß an meiner kurzen Hose, die nicht über das Knie reiche und daher nicht angemessen für ein Kloster sei. Ich war verwirrt und konnte dies nicht nachvollziehen, da mir meine kurze Hose, die ja knapp über dem Knie geendet hatte, keineswegs als unanständig erschien. Schließlich ließ ich sie im Koffer liegen und zog nur noch eine längere Hose an, die ich Gott sei Dank auch dabeihatte.

Obwohl ich viel mit Ordensschwestern im Kontakt war, kam mir nie der Gedanke, in ein Kloster zu gehen. Meine diesbezüglichen Erfahrungen gestalteten sich als eher abschreckend. Für mich war klar, einmal zu heiraten und Kinder zu bekommen.

Im Gymnasium

Manchmal, wenn wir einen schulfreien Tag hatten, durfte ich mit meinen Brüdern ins Gymnasium mitkommen und mich in ihren Unterricht setzen. Da ging es ganz anders zu! Das Miteinander war viel lebendiger, schon allein dadurch, dass die Klassen gemischt waren. Das gefiel mir! Nach der siebten Klasse wechselte ich schließlich von der Realschule aufs Gymnasium. Drei meiner Freundinnen kamen mit. Ich lebte auf. Die Jungs in unserer Klasse waren zwar sehr frech und stellten alle möglichen Dinge an, um uns „Neue“ zu ärgern, aber irgendwie fühlte ich mich dort freier. Mich gegen die Jungs behaupten zu müssen, tat mir gut, denn ich war eher schüchtern.

Mein Kinderglaube verlor im Laufe der Pubertät immer mehr an Bedeutung. Mit fünfzehn hörte ich sogar vollständig auf zu beten. Mir sagte die Kirche nichts mehr. Ich ging zwar sonntags mit zur heiligen Messe, konnte aber nicht mehr viel damit anfangen. Stattdessen begann ich mich für esoterische Bücher zu interessieren. Besonders ein Buch über Geistheilung fand ich spannend. Dort stand, jeder könne diese Fähigkeiten erwerben. Ich begann zu meditieren. In dieser Zeit hatte ich meinen ersten „Freund", ein Junge aus meiner Klasse. Allerdings endete unsere Freundschaft, wie dies in diesem Alter üblich ist, nach einigen Wochen wieder. Die neuen Erfahrungen verwirrten mich. Ich wusste nicht mehr, was ich wollte, und musste meine eigenen Werte erst finden.

Mir war die innere Orientierung abhandengekommen. Eine unendliche Sehnsucht nach Liebe durchdrang mich, daher suchte ich bei den Menschen nach Erfüllung. Doch innerlich war ich verwirrt und unglücklich. Zunehmend verlor ich den Kontakt zu mir selbst und bemerkte, wie ich immer egoistischer wurde. Als ich schließlich schon daran dachte, mich von meiner langjährigen Freundin Beate zu trennen, in der Annahme, nicht mehr zu ihr zu passen, erschrak ich über mich selbst. Mir wurde bewusst, dass ich mich auf einem Irrweg befand, und ich spürte, dass ich wieder Halt im Leben brauchte. Deshalb wandte ich mich Gott mit der Bitte zu, er möge mir helfen.

Die Bekehrung

Vielleicht etwas naiv, aber durchaus mit gutem Erfolg, stellte ich mich vor mein Bücherregal, schloss meine Augen und bat Gott, mir ein Buch zu zeigen, das mir weiterhelfen solle. Mein Finger fiel auf ein Buch der heiligen Birgitta von Schweden, welches ich einmal zum Namenstag geschenkt bekommen hatte. Dieses fristete völlig unberührt und etwas verstaubt sein Dasein im Regal. Ich war eher enttäuscht und begann anfangs ziemlich uninteressiert darin zu lesen, aber mit der Zeit begann mich das Buch zu faszinieren. Die große Liebe der heiligen Birgitta, ihr Leben als Familienmutter und dann als Ordensfrau zogen mich an. Ihr Vorbild schien mir nachahmenswert. Ja, ich wollte so werden wie sie! Mit großer Mühe fing ich wieder an zu beten. Die esoterischen Bücher verbrannte ich, ich war ein für alle Mal von diesem Gedankengut geheilt. Schließlich ging ich nach über einem Jahr wieder zur Beichte. Es kostete mich unglaublich viel Überwindung, alles auszusprechen, aber danach fühlte ich mich erleichtert und glücklich wie lange nicht mehr! Ich lebte wieder mit Gott, und das machte mich sehr froh. Jetzt baute ich mein Lebenshaus auf Fels. Mir wurde klar: Wenn ich eine Beziehung will, dann soll sie auf Gott gegründet sein. Das Ideal meiner Mutter, „rein" in die Ehe zu gehen, bekam einen Sinn.

Von nun an interessierte mich alles, was mit dem katholischen Glauben zu tun hatte. Meine Mutter stand damals in Kontakt zu einer älteren Frau, die ein riesiges Regal voll mit katholischer Literatur hatte. Ich ging öfters mit zu ihr und kam jedes Mal mit einem Stapel neuer Bücher zurück: Fatima, Lourdes, Garabandal, Montechiari – was es da nicht alles zu entdecken gab! Mir ging eine neue Welt auf. Man solle viel beten, um die Wünsche der Gottesmutter zu erfüllen, da ansonsten schlimme Dinge geschehen würden, das prägte sich mir ein! Vor allem der Rosenkranz sei sehr mächtig, las ich da. Ich erinnere mich, wie ich eines Abends in meinem Zimmer saß, eine Kerze anzündete und versuchte, einen Rosenkranz zu beten. Die Gebete musste ich ablesen, da ich sie nicht auswendig konnte. Das Ganze dauerte schließlich über eine Stunde und war ziemlich mühsam. Aber ich hatte es geschafft! Von da an betete ich öfters den Rosenkranz, und allmählich gewöhnte ich mich daran.

Ich hatte aber auch Angst wegen der Prophezeiungen, von denen die Bücher handelten. Eine gute geistliche Begleitung hätte hier Abhilfe schaffen können. Aber ich wusste nicht, an wen ich mich hätte wenden können. Meine Brüder gehörten zu dieser Zeit der KPE an, sprich der Katholischen Pfadfinderschaft Europas. Wie gern wäre ich auch Teil dieser Bewegung geworden, aber bei uns gab es leider keine Mädchengruppe. Heute bin ich froh darüber, denn was meine Brüder erzählten, zeugte im Nachhinein betrachtet keineswegs von einer gesunden Spiritualität.

Medjugorje

Über die Pfadfindergruppe meiner Brüder hörte ich zum ersten Mal von den Marienerscheinungen in Medjugorje. Aus unserer Gegend fuhren erste Pilgerbusse dorthin. Ein Busunternehmen der Region organisierte bald einen Jugendbus, zu dem meine Freundin Beate und ich uns umgehend anmeldeten. Was ich dort erlebte, war überwältigend. Ich sah viele Jugendliche aus aller Welt, die sehr glücklich schienen. Wir machten das übliche Pilgerprogramm mit. Eines Nachmittags bei der Anbetung in der völlig überfüllten Pfarrkirche erlebte ich plötzlich wie nie zuvor die Liebe Gottes zu mir. Ein Gefühl unbeschreiblicher Zärtlichkeit erfüllte mich durch und durch. Das war endlich die Liebe, die ich immer gesucht hatte! Diese Erfahrung veränderte mein Leben. Ich erkannte, dass Gott meine tiefste Sehnsucht erfüllen konnte. Damals kam mir zum ersten Mal der Gedanke, vielleicht einmal mein Leben ganz ihm zu schenken. Unendlich glücklich kehrte ich nach Hause zurück.

Von nun an fuhren Beate und ich jedes Jahr zum Jugendfestival nach Medjugorje, das für uns immer einen Höhepunkt im Jahreslauf darstellte. Einige Jugendliche aus unserer Gegend zeigten sich wie wir begeistert von ihren dortigen Erfahrungen. Nach unserer zweiten Busfahrt schlossen wir uns zusammen und gründeten einen kleinen Gebetskreis, der sich künftig wöchentlich in verschiedenen Häusern traf. Dieser Kreis wurde für mich fortan zu einer geistigen Kraftquelle.

Ich bemühte mich, die Botschaften der Gottesmutter zu leben, und betete die empfohlenen drei Rosenkränze pro Tag. Das empfand ich als gar nicht so schwierig, wie ich anfangs befürchtet hatte. Die monatliche Beichte in der nächstgelegenen Stadt wurde selbstverständlich, und ich besuchte, wenn es irgendwie möglich war, täglich die heilige Messe. Mit einer älteren Frau aus unserem Dorf konnte ich jeden Morgen in die Frühmesse mitfahren und somit schon vor der Schule den Gottesdienst besuchen. Auch Beate kam, und wir liefen danach gemeinsam zum Unterricht. Das waren sehr schöne Erfahrungen. Wenn es einmal nicht klappte, etwa weil die Frau krank war, fehlte mir etwas Wesentliches.

Bald darauf fuhren auch meine Eltern nach Medjugorje. Von da an bemühten auch sie sich, mehr zu beten. Wenn sie morgens, bevor mein Vater zur Arbeit ging, zusammen meine Oma wuschen und verpflegten, beteten sie nebenher gemeinsam den Rosenkranz. Ich freute mich, dass wir nun zusammen diesen Weg gingen. Wir gründeten gemeinsam mit meinen Eltern, zwei meiner Freundinnen und einigen anderen Erwachsenen aus der Gegend einen kleinen Hausgebetskreis. Dieser traf sich einmal pro Monat in den verschiedenen Häusern. Die Treffen empfand ich als schön und stärkend. Nach dem gemeinsamen Gebet und Gesang, zu dem ich Gitarre spielte, tauschten wir uns aus und aßen eine Kleinigkeit.

Innerer Kampf

Im Gebet erlebte ich nun immer öfters diese intensive Liebe Gottes zu mir. Wenn ich die Heilige Schrift aufschlug, traf ich nicht selten auf wunderschöne Stellen des Liebeswerbens Gottes um meine Seele, viele davon aus dem Alten Testament oder den Psalmen. Ich war dann zutiefst ergriffen und fragte mich: Wollte Gott etwa, dass ich ihm mein Leben schenke? Ich fühlte mich von diesem Gedanken angezogen. Aber gleichzeitig wollte ich nichts davon wissen. Denn ich hatte vor zu heiraten und eine Familie zu gründen. Ohne die Liebe und Zärtlichkeit eines Mannes zu leben, schien mir nicht möglich. In mir begann ein heftiger innerer Kampf, der sich über mehrere Jahre hinzog. An einem Tag war ich mir sicher zu heiraten, am nächsten konnte ich mir vorstellen, in ein Kloster zu gehen.

Die erste Begegnung mit der Gemeinschaft der Liebe

Im Sommer 1991 nahm ich gemeinsam mit Beate und einigen Freundinnen aus der Gebetsgruppe am Weltjugendtag in Tschenstochau teil, damals war ich 18 Jahre alt und stand kurz vor dem Abitur. Von einer Wallfahrtsstätte in Süddeutschland aus fuhren mehrere Jugendbusse dorthin. Für mich war es die erste Fahrt nach Osteuropa. Die einfachen Häuser und das ärmliche Aussehen der Bevölkerung in Polen hinterließen in mir einen tiefen Eindruck. Mit der Zeit fanden wir heraus, dass sich unter den Jugendlichen junge Schwestern und Brüder einer geistlichen Gemeinschaft befanden. Wir beobachteten sie genau und versuchten herauszufinden, wer von ihnen dazugehörte. In Tschenstochau angekommen, wurden wir in einer Schule untergebracht, da unsere ursprünglich geplante Unterkunft durch ein Versehen doppelt gebucht worden war. Isomatte an Isomatte schliefen wir in Schlafsäcken auf dem Boden der Klassenzimmer. Die sanitären Anlagen bestanden aus einer Schultoilette pro Etage. Duschen gab es keine. In unserem Zimmer lag auch Jenny, eine der Schwestern dieser Gemeinschaft.

Einmal sprachen wir sie an und stellten ihr Fragen über ihre Gemeinschaft. Jenny nahm sich viel Zeit und erlaubte uns, ab sofort zum täglichen Gebetstreff, bei dem sich die Mitglieder der Gemeinschaft draußen auf dem Rasen versammelten, zu kommen. Das empfanden wir als große Ehre. Die Schwestern und Brüder sangen Lieder und beteten einige Gesätzchen des Rosenkranzes, zu dem sie freie Betrachtungen formulierten. Noch nie hatte ich auf diese Weise den Rosenkranz gebetet, es gab dem Gebet eine große Tiefe und Innigkeit. Die Erinnerung daran prägte sich mir ein. Als das Jugendtreffen vorbei war, verloren wir den Kontakt zu Jenny, die damals in Italien lebte.

Berufung

Nach den Sommerferien begann mein letztes Schuljahr. Ich fing an, mich intensiv mit der Frage zu befassen, welchen Beruf ich ergreifen möchte. Nach so vielen Jahren des Lernens wuchs in mir der Wunsch, etwas Praktisches zu machen. Da ich mir immer noch nicht sicher war, ob ich einmal heiraten oder in einen Orden eintreten würde, sollte es idealerweise etwas sein, das für beide Optionen passte. Meine Mutter interessierte sich damals sehr für Naturheilkunde, stellte selbst Tinkturen und Salben her und übte Fußreflexzonenmassage aus. Dieser Bereich interessierte mich. Ich hatte vor, in ihre Fußstapfen zu treten und eine Heilpraktiker-Praxis zu eröffnen. Schließlich entschied ich mich für eine Ausbildung zur Krankenpflegerin. Sollte ich Heilpraktikerin werden, wäre dies eine sehr gute Grundlage für diesen Beruf, und wenn ich in einen Orden ginge, könnte ich diese Ausbildung auf jeden Fall gut anwenden. Da meine Freundin Beate Kinderkrankenschwester werden wollte, wählten wir beide das gleiche Krankenhaus für unsere Ausbildung. Wir entschieden uns für das missionsärztliche Institut in Würzburg, das einen sehr guten Ruf hatte. Durch eine Medjugorje-Fahrt kannten wir bereits mehrere junge Menschen in dieser Gegend, mit denen wir den Kontakt hielten. Außerdem befanden sich dort mehrere Gebetskreise und ein reichhaltiges geistliches Angebot, was wir als wichtig erachteten.

Das letzte Schuljahr vor dem Abitur gestaltete sich lernintensiv, und auch mein Freizeitprogramm war gut gefüllt: Aerobic, zwei Gebetskreise, ein Bibelkreis, Anbetung und Kirchenchor. Mein tägliches Programm kannte keine Lücken. Nachdem endlich die große Hürde des Abiturs geschafft war, fühlte ich mich frei wie noch nie! Nun konnte ich endlich mit meinem Leben machen, was ich wollte.

Mit Beate und Miriam, einer weiteren Freundin, unternahmen wir erst einmal eine Fahrt nach Frankreich, wo wir verschiedene Orte besuchten und am Jugendtreffen der Gemeinschaft Emmanuel teilnahmen. Dort fühlten wir uns allerdings nicht so wohl, uns fehlte die spirituelle Tiefe und mehr Zeiten für Stille. Daher reisten wir verfrüht ab.

Darauf folgte eine Reise nach Italien, ebenfalls mit Beate und Miriam. Hier planten wir verschiedene Gemeinschaften und Klöster in unser Programm ein, um uns diese anzuschauen. Denn auch die beiden überlegten sich, vielleicht in einen Orden einzutreten. Darunter war auch die Gemeinschaft der Liebe. Allerdings besuchten wir nur eine Außenstation der Gemeinschaft, da sich in den anderen Niederlassungen viele in der Sommermission in Russland aufhielten. Durch die Umstände befand sich hier gerade nur eine Schwester im Einsatz, die andere hatte Urlaub. So bekamen wir vom Gemeinschaftsleben nicht viel mit. Wir sahen, dass die Schwester mit Arbeit überhäuft war. Sie tat mir deswegen leid, und wir halfen ihr. „Nein, so ein Leben wollte ich nicht", dachte ich mir. Mich zog es eher in einen kontemplativen Orden, bei dem nicht so viele Ablenkungen von außen die innige Beziehung zu Gott störten.

In Italien schauten wir uns auch die „Oasi della Pace" an, eine kontemplative Gemeinschaft, die durch Medjugorje entstanden war. Diese entsprach meinen Vorstellungen mehr. Tatsächlich hätte ich mir damals ein Leben in dieser Kommunität vorstellen können.

Wieder zurück von unserer Reise, wurde für mich die Frage, wie ich mich entscheiden würde, immer drängender. Bei einer Anbetung an einem Wallfahrtsort verstand ich schließlich, dass Jesus mich ganz für sich wolle. Ich erlebte dies innerlich wie einen „Heiratsantrag" von ihm. Sein Werben war mächtig, aber auch mein innerer Widerstand. Auf alles verzichten: Mann, Freunde, Freiheit, wie sollte ich das schaffen? Schließlich tätigte ich einen großen Willensakt: Ich rang mich durch zu einem Ja zu Jesus, irgendwoher kam die Kraft dazu. Dieser ging durch mein ganzes Inneres hindurch, zerriss mich fast, aber schließlich war sie da: eine unendliche, riesige Freude, ganz und gar Jesus zu gehören. Ich hatte mich für ihn entschieden, er erwählte mich als seine Braut, welch ein Privileg! Ich war überglücklich.

Leider hatte ich in dieser Zeit keine geistliche Begleitung. Ich wusste nicht, dass es in einer solchen Frage gut gewesen wäre, mich mit einem Seelsorger zu besprechen und mich ihm zu öffnen. Daher behielt ich mein „Geheimnis“ für mich, wollte erst mal sehen, wie sich alles entwickelte. Wenn ich dann wüsste, wo ich eintreten würde, könne ich anfangen darüber zu sprechen, schien mir. Nur Beate weihte ich ein.

Mein Leben war ab diesem Moment anders. Ich hatte mich für ein gottgeweihtes Leben entschieden. Meine eigenen Pläne stellte ich also zurück, um herauszufinden, wo Gott mich haben wollte. Da meine Ausbildung erst im nächsten Frühling beginnen sollte, stand mir zunächst ein halbes Jahr zur freien Verfügung. Ich wollte diese Zeit nützen, um meine Beziehung zu Jesus zu vertiefen und mir verschiedene Klöster anzuschauen, damit ich eine gute Wahl treffen konnte.

Ich bat Gott um ein Zeichen, wie und wo ich dieses halbe Jahr verbringen solle. In diesem Anliegen begann ich auch die 33tägige Vorbereitung auf die Marienweihe nach dem heiligen Ludwig Grignion von Montfort. Nach einem Praktikum im Krankenhaus half ich meinen Eltern zunächst beim Garten-Umgraben. Jeden Tag wartete ich auf das „Zeichen“. Es ließ nicht lange auf sich warten: Meine Freundin Melanie fragte mich, ob ich mit ihr zusammen die „Gemeinschaft der Liebe“ besuchen möchte. Diese befand sich seit kurzem in einer Niederlassung in Süddeutschland. Da sie nicht allein fahren durfte, erklärte ich mich gerne bereit mitzukommen. Ich war gespannt.

Der Besuch

Wenig später fuhren wir mit dem Zug zur Niederlassung. Jenny, die jetzt auch dort lebte, und eine andere Schwester holten uns ab. Wir wurden auf italienische Art begrüßt, das heißt,

Wange auf Wange, und das auf beiden Seiten. Auch alle anderen Schwestern begrüßten uns so. Das empfand ich als ungewohnt, aber schön. Hier lebten ungefähr fünfzehn junge, fröhliche Schwestern. Sie wohnten in einem großen, urigen Haus, das den Sommer über Kindern aus dem Kinderheim zur Erholung diente und von einem großen Grundstück mit Laubbäumen umschlossen wurde. Die Toiletten und Waschbecken waren kindgerecht und deshalb sehr niedrig. Das störte uns aber nicht weiter.

Die Schwestern zeigten uns Fotoalben von der Gemeinschaft. Ich kam aus dem Staunen nicht heraus, wie jung und glücklich alle Schwestern auf den Fotos aussahen. Wir erfuhren von den verschiedenen Niederlassungen der Gemeinschaft in Italien, Österreich und der Slowakei. Obwohl die Schwestern betonten, von der „Göttlichen Vorsehung" zu leben, das heißt von Spenden, wohnten sie in schön eingerichteten Häusern. Mich überraschte sehr, wie dies möglich sei.

Tagsüber nahmen wir an den Gebetszeiten der Schwestern teil. Die tiefe Spiritualität und die schöne Gestaltung der Gebete mit vielen Liedern sprachen mich im tiefsten Herzen an. In der übrigen Zeit halfen wir bei der Apfelernte und sammelten kistenweise Äpfel von den umliegenden Bäumen. Auch verarbeiteten wir viele Kilo Bohnen, welche die Schwestern geschenkt bekommen hatten. So funktioniert also die Göttliche Vorsehung, dachte ich! Wir durften die Schwestern duzen, einschließlich der Generaloberin Moni. Sie setzte sich zu uns, putzte mit uns Bohnen ein und begann ein zwangloses Gespräch. Das war so ganz anders, als ich es in den Klöstern, die ich von früher her kannte, erlebt hatte: unkompliziert, fröhlich und herzlich. Solche Schwestern hatte ich noch nicht kennengelernt. Sie kümmerten sich liebevoll um Melanie und mich.

Schließlich war unser Aufenthalt vorbei, und wir wollten wieder abfahren. Die Schwestern erwarteten allerdings für den Abend dieses Tages hohen Besuch: Georg, der Mitbegründer der Gemeinschaft, sollte kommen und zum ersten Mal nach sehr langer Zeit die Schwestern besuchen. Jenny sagte uns, wir hätten Glück, gerade jetzt bei ihnen zu sein, denn dies sei ein ganz besonderes Ereignis. Sie drängte uns, noch einen Tag länger zu bleiben, um Georg kennen zu lernen. Dies sei eine einmalige Gelegenheit, die wir nicht verstreichen lassen sollten. Wir ließen uns überreden. Jenny erzählte uns, Georg sei Lehrer und unterrichte in der Slowakei an einem Gymnasium. Außerdem habe er Theologie studiert und wolle Priester werden. Alle freuten sich riesig, und so war ich sehr gespannt auf „Georg". Am Abend reiste er an, mit einem Köfferchen in der Hand, eher klein und schmächtig und Anfang vierzig. Ich hatte ihn mir ganz anders vorgestellt und konnte im ersten Moment nichts Besonderes an ihm finden.

Am nächsten Tag bot sich die Gelegenheit, Gespräche mit Georg zu führen. Viele der Schwestern nahmen das Angebot wahr. Jenny legte auch Melanie und mir nahe, mit ihm zu sprechen. Ich zögerte zunächst, denn Melanie hatte von einer Schwester gehört, Georg könne einem sagen, ob man eine Berufung für das gottgeweihte Leben habe. Eigentlich wollte ich nicht mit ihm darüber sprechen und meine Entscheidung erst noch für mich behalten, um ungebunden zu sein. Ich sagte Jenny, ich wisse gar nicht, was ich mit ihm besprechen solle, doch sie meinte, ich könne einfach mal zu ihm ins Zimmer gehen, der Rest würde sich dann ergeben. Ein Gespräch mit ihm sei etwas ganz Besonderes, daher sei es gut, die Gelegenheit zu nützen. Also gab ich nach. Ich war unendlich aufgeregt. Würde er mir meine innere Wahrnehmung bestätigen? Schließlich war ich an der Reihe. Georg bat mich, mich zu setzen, und fragte mich, was ich so mache. Als ich ihm erzählte, dass ich gerade freie Zeit zur Verfügung habe, bot er mir an, eine gewisse Zeit in der Gemeinschaft zu verbringen, wenn ich das wolle. Er ließ mir das aber ganz frei. Ich war sehr froh, dass er mir nichts über meine Berufung gesagt hatte.

Sein Angebot gefiel mir. Ich hatte gar nicht gewusst, dass es möglich war, unverbindlich in einer Gemeinschaft mitzuleben, und fand das sehr großzügig. Also vereinbarte ich mit der Generaloberin Moni, dass ich bald kommen und bis Weihnachten bleiben würde. Nun mussten wir aber wirklich abreisen, denn am nächsten Tag feierte ich meinen 20. Geburtstag. Auch Melanie gefiel es in der Gemeinschaft sehr gut. Sie blieb weiterhin in Kontakt mit den Schwestern, während sie ihre Altenpflegeausbildung absolvierte.

Kloster auf Zeit

Als ich nach Hause zurückkam, war ich irgendwie anders. Die Liebe der Schwestern hatte mich überwältigt, und ich wollte nun auch so liebevoll sein. Also umarmte ich meine Eltern auf „Italienisch", was diese etwas seltsam fanden. Voll Begeisterung erzählte ich ihnen von der Gemeinschaft. Doch sie teilten meine Euphorie keineswegs. Dass die Kommunität von Spenden lebte, war für sie ein Indiz dafür, dass das „nichts Rechtes" sein könne. Auch gefiel ihnen nicht, dass sie nur eine diözesane Anerkennung hatte. Als ich ihnen mitteilte, dass ich für ein paar Wochen dort mitleben wolle, lehnten sie das entschieden ab und wünschten, dass ich arbeiten gehe, um das Berufsleben kennenzulernen und Geld zu verdienen. „Wie können sie nur so materialistisch sein", dachte ich.

Ich war fest entschlossen, bei meiner Entscheidung zu bleiben. Es ging schließlich um meine Berufung, und Gott hatte mir ein klares Zeichen gegeben, nicht zuletzt durch das Gespräch mit Georg. Ich war mir ganz sicher, seinen Willen für mich klar zu erkennen. Aber ich wollte nicht ohne das Einverständnis meiner Eltern abreisen. Moni, die Generaloberin, bestärkte mich am Telefon, zu meinem Entschluss zu stehen. Das gab mir Kraft. Nach vielen schwierigen Gesprächen sagte meine Mutter schließlich: „Dann mach halt, was du willst." Das nahm ich wörtlich und deutete es als so etwas Ähnliches wie eine Erlaubnis.

Eine Woche später brachte sie mich zum Bahnhof. Meine Freundin Miriam, deren neuer Job nicht das Richtige für sie war, kam mit. Beim Abschied weinte meine Mutter, was mir wehtat. Ich wollte sie nicht verletzen, und doch musste ich dem folgen, was ich in meinem Herzen als das Richtige verstand. Außerdem war es ja nur ein Abschied für ein paar Wochen! Meine Mutter spürte aber wohl schon, dass mehr daraus werden sollte. Die Tränen meiner Mutter wirkten auf unserer Zugfahrt noch lange in mir nach.

Miriam und ich wurden von den Schwestern liebevoll empfangen. Wir bekamen ein gemeinsames Zimmer im zweiten Stock des Kinderferienhauses. Ich war froh, dass ich in der neuen Umgebung nicht allein war. Das urige Haus gehörte zu einem nur einige Hundert Meter weiter entfernten Benediktinerinnenkloster.

Nun begann der Tagesablauf, den ich ja schon kannte: Morgens um 6.30 Uhr fand die heilige Messe bei den Benediktinerinnen statt. Nach dem Frühstück folgte ein Vortrag von Gisela über die Spiritualität der Gemeinschaft, immer anhand von Passagen aus den verschiedenen Evangelien. Die Vorträge faszinierten mich ungemein. Ich tauchte tief in die Welt des Evangeliums und in dessen Bedeutung für unser Leben ein. Manchmal brauchte ich nach den Vorträgen eine ganze Weile, bis ich wieder im Hier und Jetzt ankam, so fasziniert lauschte ich Giselas Worten.

Danach verrichteten wir verschiedene Aufgaben, die eine der Schwestern uns zuteilte. Vor dem Mittagessen beteten wir den Rosenkranz mit Betrachtungen und Liedern.

Ich fand es sehr ansprechend, den Rosenkranz auf diese Weise zu beten. Jeden Tag gestaltete eine andere Schwester das Gebet. Zur Betrachtung des Rosenkranzes wurden Texte aus der Heiligen Schrift, meist das Tagesevangelium oder auch Schilderungen über das Leben der Heiligen vorgetragen. Zwischen den Gesätzchen sangen wir neue geistliche Lieder, die zwei Schwestern mit der Gitarre begleiteten. Der Gesang war meist mehrstimmig und sehr schön. Am Ende des Gebets erfolgte häufig noch die „geistige Kommunion", d. h. die Schwester, die durch das Gebet führte, leitete uns an, in unserem Herzen die Sehnsucht nach Jesus zu erwecken, ihn zu bitten, geistigerweise in unser Herz zu kommen und ihn für einen Moment dort anzubeten. Davon hatte ich zuvor noch nie gehört, aber mir gefiel die Tiefe und Innigkeit dieser Gebetsform. Zum Schluss beteten wir immer eine kurze Marienweihe.

Nach dem Gebet folgte das Mittagessen, und danach beteten wir ein Gesätzchen des Rosenkranzes für die Wohltäter. Die Gemeinschaft lebte ja ausschließlich von Spenden, und auf diese Weise drückte sie ihre Dankbarkeit für die sogenannten „Wohltäter" aus und betete täglich für ihre Anliegen. Tatsächlich bekamen die Schwestern viel geschenkt, den Rest kauften sie ein. Ich war sehr erstaunt, wie gut Gott für die Gemeinschaft sorgte, und dachte, sie müsse ihm sehr wohlgefällig sein.

Nach dem Abspülen war eine halbe Stunde Zeit für geistliche Lesung vorgesehen, d. h. wir vertieften uns in die Lektüre über einen Heiligen. Manchmal führten wir die Lesung auch gemeinsam durch, dann las Gisela etwas aus einem Heiligenbuch vor. Damals ging es gerade um die ersten Jesuiten.

Von 15–16 Uhr hielten wir stille Anbetung in der Kapelle der Benediktinerinnen. Daran musste ich mich erst einmal gewöhnen: Eine ganze Stunde Stille! Die Zeit schien nicht vergehen zu wollen. Wir durften aber ein Buch mitnehmen, das uns half, in Gedanken bei Jesus zu sein. Allmählich konnte ich gut in die Stille eintauchen und mit Jesus ins Gespräch kommen.

Danach folgte meist eine Katechese von Moni, in der es um Liturgik, die Sakramente oder anderes ging. Sie legte Wert darauf, dass die Schwestern diesbezüglich ein solides Grundlagenwissen haben.

Wie der Abend verlief, weiß ich nicht mehr genau. Auf jeden Fall gab es ein gemeinsames Abendessen, nochmals ein Gebet in der Kapelle der Schwestern, und zum Abschluss nahmen wir an der Komplet der Benediktinerinnen teil. Einmal in der Woche fand eine Singprobe statt.

Die Arbeiten, die Miriam und ich verrichteten, bestanden hauptsächlich aus Hausarbeiten und der Pflege des großen umliegenden Grundstücks mit vielen Laubbäumen. Da es Herbst war, fand sich dort sehr viel Laub zum Rechen. Das wurde in der ersten Zeit meine Hauptbeschäftigung. Manchmal mutete mich der Gedanke seltsam an, dass meine Mitschülerinnen jetzt an der Uni studierten oder eine Ausbildung machten und ich hier Laub reche. Ich lernte aber schon bald, dass es nicht darauf ankommt, was man tut, sondern auf die Liebe, mit der man es tut. Des Weiteren unterstützten wir die Benediktinerinnen bei ihren Aufgaben, vor allem in der Küche. Im Advent halfen wir beim Dekorieren der kunstvoll hergestellten Plätzchen und bekamen auch hin und wieder welche von ihnen geschenkt.

Ich fühlte mich von Anfang an sehr wohl in der Gemeinschaft der Liebe. Moni sagte uns, die Liebe zu Gott und zum Nächsten sei das Hauptcharisma der Gemeinschaft. Tatsächlich waren die Schwestern äußerst bemüht um einen liebevollen Umgang. Sogar vor dem Zubettgehen machten wir uns als Segensgeste gegenseitig ein Kreuzlein auf die Stirn und umarmten uns danach auf Italienisch. Ich fühlte mich in Liebe eingebettet, die meine Seele aufsog wie ein Schwamm. Niemals zuvor hatte ich mich so bedingungslos geliebt gefühlt. Mir kam es vor wie ein Stück Himmel auf Erden.

Obwohl ich eigentlich in einen kontemplativen Orden eintreten wollte, gefiel es mir in der Gemeinschaft der Liebe so gut, dass ich mir mittlerweile vorstellen konnte, mich dieser Kommunität anzuschließen. Denn auch hier nahm das Gebet einen hohen Stellenwert ein, und es gab geregelte Zeiten für die Anbetung.

Nach einer Woche kam ein Priester, der zur Gemeinschaft gehörte, zu uns, um Beichte zu hören. Von diesem Priester hatte ich gehört, er habe, so wie Georg, die Gabe, einem zu sagen, ob und für welche Gemeinschaft man berufen sei. Ich hatte damals die Vorstellung, Gott schenke bestimmten Menschen ein besonderes Charisma, seinen Willen für andere Personen erkennen zu dürfen. Ja, ich dachte, dass Gott auf ähnliche Weise zu ihnen spreche wie etwa die Gottesmutter in Medjugorje zu den Seherkindern. Damals wusste ich noch nicht, dass man „Gottes Willen" nur selbst im eigenen Herzen erkennen kann. Für mich war es also eine willkommene Gelegenheit, Klarheit zu bekommen, ob Gott mich in der Gemeinschaft der Liebe haben wollte.

Anscheinend teilte der Priester die Auffassung, er könne anderen Person sagen, was Gott von ihnen wolle. Denn auf meine Frage hin sagte er, er glaube schon, dass ich eine Berufung habe, und ja, er habe den Eindruck, dass ich in die Gemeinschaft der Liebe berufen sei. Das genügte mir. Neben meinem eigenen inneren Erleben hatte ich nun noch die Einschätzung eines „begnadeten" Priesters! Jetzt war ich mir innerlich ganz sicher: Ich war in die Gemeinschaft der Liebe berufen! Was für eine Freude! Ich hätte die ganze Welt umarmen können.

Mit etwas Abstand muss ich heute erkennen, dass ich mich in meiner jugendlichen Unerfahrenheit und Begeisterungsfähigkeit ohne näheres Überprüfen für eine Gemeinschaft entschied, von der ich nur sehr wenig wusste. Die Liebe und der tiefe Glaube der Mitglieder schienen mir Beweis genug, dass sie auf dem richtigen Weg sei. Zudem gab mir die überschwängliche Liebe, das sogenannte „love bombing", der Schwestern ein Gefühl von Angenommensein und Zugehörigkeit, nach dem ich mich im Tiefsten gesehnt hatte. Die Lebensform der Gemeinschaft eröffnete mir eine Vision für mein persönliches Leben, und ich hatte das Gefühl, eine neue Familie gefunden zu haben.

2
Erste Jahre in der Gemeinschaft der Liebe

Der Eintritt

Da ich vor Freude fast geplatzt wäre, bat ich Jenny, die unsere Vertrauensperson war, um ein Gespräch. Ich erzählte ihr von meinem Wunsch, in die Gemeinschaft einzutreten. Sie freute sich riesig! Es folgte ein Gespräch mit Gisela, die gerade die Vertretung der Generaloberin innehatte, welche vor ein paar Tagen nach Rom abgereist war. Auch sie teilte meine Freude und umarmte mich herzlich.

In einer Woche sollte in Rom die jährliche Erneuerung der Weihe an die Gottesmutter erfolgen, die in der Gemeinschaft in etwa die Funktion der Erneuerung der Gelübde in einem Orden hatte. Jeweils zu diesem Zeitpunkt traten neue Mitglieder in die Gemeinschaft ein, und Jenny meinte, ich könne ja gleich die Eintrittsweihe mitbeten. Das war nun wirklich ein Spagat, ich hatte mich ja eben erst entschieden! Gleichzeitig stand für mich außer Zweifel, am richtigen Platz zu sein. Was könnte ich also verlieren? „Mein Versprechen gilt ja nur für ein Jahr“, überlegte ich, „ich habe also jederzeit die Möglichkeit, einen Rückzieher zu machen“. Doch innerlich war es ein Entschluss für mein ganzes Leben, meine Hochzeit mit Jesus! Heute weiß ich, dass man eine Lebensentscheidung nie im Zustand der Begeisterung treffen, sondern erst einmal eine Zeit verstreichen lassen sollte. Hätte mir das damals doch jemand gesagt!

Meine Güte, ich hatte noch nicht einmal einen blauen Rock für den Eintritt! Lisa lieh mir ihren aus. Er war zwar etwas zu groß, aber eine Sicherheitsnadel schaffte rasche Abhilfe. Mit einem weißen Pulli darüber merkte man es kaum.

Schon wenige Tage später brachen wir alle nach Rom auf. Auf der Fahrt wurde mir mulmig zumute: Was mache ich hier überhaupt? Ich trete in eine Gemeinschaft ein, und meine Eltern wissen nichts davon. Es wäre unmöglich gewesen, ihnen am Telefon davon zu berichten, da sie ja nicht einmal wollten, dass ich für ein paar Wochen in der Gemeinschaft lebe. Wie sollte ich ihnen sagen, dass ich dort eintrete? Im Vertrauen auf Gott fand ich wieder inneren Frieden und Zuversicht, dass alles gut werde.

In Rom angekommen, wurden wir in einem Haus etwas außerhalb der Stadt untergebracht, welches die Gemeinschaft angemietet hatte. Aufgrund der vielen Gäste war alles überfüllt, und wir lagen Matratze an Matratze auf dem Boden. Am nächsten Tag traf sich die ganze Gemeinschaft. Ich lernte die anderen Schwestern und Brüder kennen, die aus verschiedenen Nationen kamen: Österreich, Schweiz, Italien, Frankreich, Slowakei, Japan, Russland und Amerika. Alle begrüßten sich italienisch, also Wange an Wange, was mich bei den Brüdern große Überwindung kostete. An diesem Tag konnte ich mit Moni, der Generaloberin, sprechen. Sie freute sich sehr über meinen Entschluss und sagte mir, dass so eine Entscheidung auch mit Opfern und Leiden verbunden sei. Das erschreckte mich nicht, denn ich war mir bewusst, auf was ich mich einließ.

Nun folgte der große Tag: In einer kleinen, sehr schön geschmückten Kirche feierten wir die heilige Messe und beteten im Anschluss daran die Weihe an die Gottesmutter. Jene, die neu eintraten, traten nach vorne, bekamen den Weihetext in die Hand und sprachen ihn gemeinsam mit allen Brüdern und Schwestern. Den Text der Weihe kannte ich bereits. Es war genau derselbe, der in der Gemeinschaft täglich gebetet wurde und eine Lebenshingabe an Jesus durch Maria beinhaltet. Danach überreichte Moni uns Schwestern eine Rose und beglückwünschte uns. Es war der 22. November 1992, von da an mein „Hochzeitstag". Mit mir traten ungefähr drei Schwestern und vier Brüder ein, die genaue Zahl weiß ich nicht mehr.

Vor dem kleinen Kirchlein umarmten mich die Schwestern und drückten ihre Freude über meinen Schritt aus, darunter auch solche, die ich noch gar nicht kannte. Ich fühlte mich sehr herzlich in die Schwesterngemeinschaft aufgenommen. Danach gingen wir zum Mittagessen ins Haus der Gemeinschaft. Da der Raum für die vielen Gäste etwas zu klein ausfiel, drängten sich alle eng an eng. Ein Nachmittagsprogramm folgte, an das ich mich nicht mehr genau erinnere. Am späteren Nachmittag fand noch eine Anbetung in einem Marienheiligtum statt. Meine Freude war übergroß, nun Schwester der Gemeinschaft der Liebe zu sein! Mit gerade einmal 20 Jahren hatte ich bereits meinen Platz fürs Leben gefunden! Ich hielt mich für den glücklichsten Menschen der Welt! Meinen Eltern sagte ich noch nichts davon, ich wollte sie nicht vor den Kopf stoßen.

Zu wenig Heiligkeit

In Deutschland zurück, folgte der normale beschauliche Gemeinschaftsalltag. Trotz der inneren Freude fand ich nicht alles einfach. Mir fehlten meine Freundinnen, mein gewohntes Umfeld und vor allem mein Klavier! Mittwochs und freitags fasteten wir bei Suppe und Brot, in der Nacht von Donnerstag auf Freitag hielten wir Nachtanbetung. Manche Tage hatten etwas Schweres an sich, was wohl auch mit der Eintönigkeit des immer Gleichen zu tun hatte. Da eine Schwester mir einmal sagte, dass dies am Anfang eines gottgeweihten Lebens normal sei, machte ich mir keine weiteren Gedanken darüber. Ging es nicht darum, sich von seinem alten Leben mit den irdischen Freuden zu lösen, um offen zu werden für die geistigen Freuden und sich ganz auf Gott auszurichten?

In dieser ersten Zeit in der Gemeinschaft spürte ich, dass ich noch einige seelische Verwundungen aus meiner Kindheit in mir trug. Diese wollte ich nicht in meinen neuen Lebensabschnitt mitnehmen, um ganz für Gottes Gnade durchlässig sein zu können. Ich sprach mit Moni darüber und bat sie, eine Hagiotherapie machen zu dürfen. Das ist eine Form der therapeutischen Seelsorge, die von dem kroatischen Priester Tomislav Ivančić entwickelt worden war. Dieser Priester und sein Konzept hatte mich in meiner Jugend sehr bereichert und mir in meiner geistlichen Entfaltung geholfen. Daher rechnete ich fest damit, dass Moni mir dies genehmige. Sie wollte mehr Informationen darüber und sagte mir dann beim nächsten Gespräch, ich brauche diese Therapie im Moment nicht, da ich ja die Anbetung habe. In dieser werde Jesus selbst meine Wunden heilen. Ich war ziemlich enttäuscht, wollte aber fest an die Kraft der Anbetung glauben. Also hielt ich Jesus in Zukunft alles im Gebet hin.

Damals war die Form des Noviziats noch nicht näher geregelt, es gab meines Wissens noch nicht einmal diesen Begriff. Wie lang die Formungszeit dauern würde, entschied Moni in Absprache mit Georg. Ich vertraute ihnen und dachte, sie würden sicher sehen, wann ich soweit bin, um im Außen als Schwester eingesetzt werden zu können.

Moni sorgte dafür, dass wir es immer wieder lustig miteinander hatten, vor allem am Samstagabend, wenn wir oft gemeinsam Spiele machten oder einen Film anschauten. Als „Sister Act" gezeigt wurde, durften wir sogar ins Kino. Ich fand es klasse, dass uns so etwas erlaubt wurde. Spaß gab es auch im Alltag: Beth und Ruth, die gemeinsam mit mir eingetreten waren, hatten ein sehr lebhaftes Temperament und zeigten sich immer zu Schabernack aufgelegt. So kam es mittags beim Abspülen immer wieder zu großem Gelächter, wenn uns Beth aus Amerika mit der Spülspritze nassspritzte und wir vor ihr davonliefen. Auch Ruth aus Österreich ließ sich reichlich Unfug einfallen und heiterte uns damit auf. Diese Auflockerung tat mir gut, ich dachte mir nichts dabei.

Eines Abends geschah jedoch etwas Unerwartetes: Moni war sehr ernst und sprach zu uns allen in einem Ton, den ich vorher noch nie bei ihr wahrgenommen hatte. Sie habe in der Nacht über uns geweint, da wir uns zu wenig um Heiligkeit bemühten. Dabei erwähnte sie auch das laute Gelächter und den Unfug in der Küche. An die weiteren Worte kann ich mich nicht mehr genau erinnern, aber ich meine, es ging um vermehrtes Bemühen um Innerlichkeit. Ich hatte ein super schlechtes Gewissen, mein Gott, die Oberin musste über mich weinen! Ich hatte ja auch mitgemacht! Das durfte nicht wieder passieren. Von da an bemühte ich mich sehr, innerlicher zu leben.

Angesichts der hohen spirituellen Ideale, die uns in den Vorträgen vermittelt wurden, bekam ich allmählich eine Vorstellung davon, wie groß die Berufung sein müsse, in der Gemeinschaft der Liebe zu leben. Ich erfuhr, dass die Gemeinschaft die Aufgabe der Erneuerung der Kirche habe, es dafür aber nötig sei, ein Leben in großer Heiligkeit zu führen. Wir beschäftigten uns mit den Schriften von Maria Sieler, die von Jesus das Mysterium der geistigen Mutterschaft für die Priester offenbart bekommen hatte, und erfuhren, dass unsere Gemeinschaft das von Gott verheißene Werk für die Erneuerung des Priestertums darstelle. Auch sei es die Aufgabe der Schwestern und Brüder, die Spiritualität der Gemeinschaft in die Familien und Klöster zu bringen, damit das oft vernachlässigte geistliche Leben wieder erblühe. Als Vorbild dienten uns zahlreiche Lebensschilderungen der Heiligen, denen nicht selten außergewöhnliche mystische Erfahrungen zuteilgeworden waren.

Ich begann, in eine geistige Welt einzutauchen, die allmählich zu einer parallelen Wirklichkeit, ja zur eigentlichen Wirklichkeit wurde, auf die es ankam. Alles, was passierte, wurde spirituell gedeutet. Das weltliche Leben wurde immer mehr zur Nebensache. Beispielsweise sprach Moni eher abwertend über Dinge wie Ausbildung oder Studium, komme es doch einzig und allein auf die innere Verbundenheit mit Gott an, von der einen irdische Aufgaben entfernen könnten. Ich sah daher das „Weltliche“ immer mehr als Gefahr für das geistliche Leben an.

Angesichts dieser für mich neuen Erfahrungen wurde mir in erschreckendem Maß meine eigene Unzulänglichkeit und Sündhaftigkeit bewusst. Was gab es in mir noch alles zu verwandeln, um diesen hohen Idealen gerecht zu werden! Gisela sagte uns, dass diese Erkenntnis zu Beginn des geistlichen Lebens völlig normal und ein gutes Zeichen sei. Wenn die Sonne durch eine schmutzige Scheibe scheint, sehe man plötzlich die kleinsten Verschmutzungen darauf, die man sonst gar nicht bemerkt hätte. So sei es auch, wenn die Gegenwart Gottes beginne, unsere Seele zu erfassen. Ich war also auf einem guten Weg, dachte ich.

Mir fiel auf, dass manche der Schwestern, die schon länger in der Gemeinschaft waren, zwei Namen zu haben schienen. Denn sie wurden von den anderen Schwestern mal mit dem einen, mal mit dem anderen Namen angesprochen. Das fand ich seltsam, und ich fragte Jenny, was dies zu bedeuten habe. Sie erklärte mir, jede Schwester habe eine „Beschützerin", deren Namen sie neben ihrem weltlichen Namen trage. Dies sei eine Heilige, die ihr auf dem Berufungsweg besonders nahe sei. Sie sei sogar der eigenen Seele sehr ähnlich, und die jeweilige Schwester habe den Auftrag, die Berufung dieser Heiligen durch ihr Leben in dieser Welt weiterzuführen. Normalerweise erkenne Georg im Gebet, welche Beschützerin man habe. Von da an beteten Jenny und ich dafür, dass er verstehen dürfe, welche Beschützerin ich habe. Das war spannend!

In diesen Wochen sagte mir Ines, eine Schwester, die schon länger in der Gemeinschaft war, es gebe noch in diesem Jahr einen „Eingriff Gottes". Mir war nicht ganz klar, was sie damit meinte oder woher sie diese Information hatte, ich vermutete aber, dass es einen Zusammenhang mit Georg gab. Ich befürchtete etwas Schlimmes, eine Naturkatastrophe etwa oder einen Krieg. In diesen letzten Tagen des Kirchenjahres wurden gerade die endzeitlichen Lesungen gelesen, denen ich zuvor kaum Aufmerksamkeit beigemessen hatte. Da stand nun beispielsweise: „Unmittelbar nach jener Zeit der Not wird sich die Sonne verfinstern und der Mond wird nicht mehr scheinen. Die Sterne werden vom Himmel fallen, und die Kräfte des Himmels werden aus dem Gleichgewicht geraten“ (Mt 24,29). Die Lesungen passten zu der Ankündigung des Eingriffs, und so wartete ich angsterfüllt ab. Ich war froh, gerade jetzt, da etwas Schreckliches geschehen würde, im geschützten Rahmen der Gemeinschaft zu leben.

Der Seelenführer

Bei einem Gespräch sagte mir Moni, dass es nun für mich an der Zeit sei, einen Seelenführer zu wählen. Die meisten Schwestern hätten Georg zum Seelenführer, was sie auch mir empfehlen würde. Ich könne aber auch jemand anderen wählen. Da ich damals niemand anderen kannte, folgte ich gern der Empfehlung meiner Oberin und fragte Georg beim nächsten Besuch, ob er mein Seelenführer werden könne. Dies nahm er gerne an. Nun hatte ich also einen Seelenführer! Moni legte mir nahe, von nun an alles mit ihm zu besprechen, was persönliche Entscheidungen, den eigenen Glaubensweg oder auch eventuelle Schwierigkeiten betrifft. Von Jenny hatte ich bereits gehört, Georg habe ein besonderes Charisma. Er vernehme im Gebet die Stimme Gottes, der ihm Licht für die zu treffenden Entscheidungen und für die einzelnen Mitglieder der Gemeinschaft gebe. Schwestern, die schon länger in der Gemeinschaft waren, wussten das, denn in der Vergangenheit hatte Georg ganz offen über das gesprochen, was Gott ihm für einzelne Schwestern oder Brüder gesagt hatte. Das fand ich sehr beeindruckend: Ich wurde nun also direkt von Gott geführt, der mir seinen Willen durch Georg kundtat. Dieser Gedanke gab mir viel Sicherheit! Von da an führte ich regelmäßig Gespräche mit Georg. Jedes Wort aus seinem Mund betrachtete ich als direkten Auftrag von Gott. Nicht nur ich glaubte das, sondern sämtliche Mitglieder teilten diese Überzeugung.

Dass Georg dadurch Zugang zu einem heiligen Bereich meiner Seele fand, der allein Gott gehörte, war mir damals in keiner Weise bewusst. Alle hielten ihn doch für einen großen Heiligen! Heute erkenne ich: Wie die Spinne ihr Opfer, so wob er mich immer mehr in das Netz des geistlichen Missbrauchs ein, in dem kein Raum mehr für spirituelle Freiheit blieb. In seiner gleichzeitigen Funktion als Leiter und Seelenführer fast aller Mitglieder verstieß er zudem gegen das Kirchenrecht. Von all dem wusste ich damals nichts.

In einer dieser Aussprachen trug mir Georg auf, Russisch zu lernen. Das überraschte mich, würde ich eventuell einmal nach Russland gehen? Er meinte auch, ich solle mir den Pony lang wachsen lassen, sodass ich die Haare nicht im Gesicht habe. Ich fand es etwas seltsam, dass er Anordnungen bezüglich meiner Haare gab, aber anscheinend war das so üblich, also akzeptierte ich es, auch wenn ich mich zunächst an die neue Frisur gewöhnen musste.

Bei nächster Gelegenheit besorgte ich mir ein Russisch-Lehrbuch. Das war damals gar nicht so einfach. In der Bücherei fand ich nur ein einziges Buch, in dem die komplizierte russische Grammatik erklärt wurde und Vokabeln zum Lernen abgedruckt waren. Ich meine, es sei noch eine Kassette für die Aussprache dabei gewesen. Nicht unbedingt zum Selbststudium geeignet, aber besser als gar nichts. Für solche Anschaffungen bekam man Geld von der Gemeinschaft, man musste darum bitten, und die Hausverantwortliche gab einem den Betrag, den man brauchte, wenn sie die Anschaffung befürwortete. So funktionierte es auch, wenn man zum Beispiel neue Schuhe brauchte. Jahre später steckten mir meine Eltern bei meinen Heimatbesuchen immer etwas Geld zu, sodass ich die Gemeinschaft nicht zusätzlich finanziell belasten musste, wenn ich etwas brauchte. Dies war durchaus erlaubt, man sollte aber trotzdem die Hausverantwortliche vorher fragen, bevor man etwas kaufte.

Obwohl ich eigentlich leicht Sprachen lernte, quälte ich mich durch die einzelnen Russisch-Lektionen durch. Da tagsüber oft wenig Zeit war, widmete ich mich abends nach der Komplet noch eine halbe Stunde dem Sprachstudium.

Die Priesterweihen

Anfang Dezember verreiste Moni für ein paar Tage, ohne uns mitzuteilen, wohin sie fahren würde. Als sie zurückkam, erzählte sie uns voll Freude, sie sei bei der Priesterweihe der fünf ersten Priester der Gemeinschaft gewesen. Zu diesen zählte auch Georg, der sich als Priester nun P. Bonifatius nannte. Alle waren sehr glücklich darüber. Moni berichtete uns, es habe im Vorfeld Bemühungen gegeben, diese Weihen zu verhindern. Daher hätten sie im Geheimen stattfinden müssen, sodass sie uns nicht vorher Bescheid sagen konnte. Da diese Priesterweihen ganz besonders gnadenvoll und sehr wichtig für die Erneuerung der Kirche seien, habe der Feind versucht, sie zu verhindern. Denn die Priester der Gemeinschaft der Liebe hätten eine ganz besondere Berufung für die Erneuerung der Kirche. Als ich das hörte, war ich sehr glücklich, in dieser bedeutenden Gemeinschaft zu sein, die so eine erhabene Berufung hat!

Alles war für mich so beeindruckend, so außergewöhnlich! Dass ich diese Gemeinschaft gefunden hatte, war der größte Glücksfall meines Lebens, dachte ich. Heute weiß ich: Ich wurde immer mehr in die spirituelle Manipulation hineingezogen. Sowohl die Gemeinschaft mit ihren Oberen als auch ihre Spiritualität wurden idealisiert und überhöht dargestellt. Dabei handelt es sich um ein typisches Merkmal für geistlichen Missbrauch. Wer würde aus so einer tollen Gemeinschaft je auszutreten wagen? Wer wäre nicht bereit, alles für sie zu geben?

Es kam noch besser: Moni teilte damals vor der versammelten Schwesterngemeinschaft mit, sie habe meine Beschützerin „erlebt“. Auf der Heimreise von der Priesterweihe in unsere Niederlassung habe sie meinen Namen innerlich vernommen, als ihr jemand etwas über die heilige Theresia von Lisieux erzählt habe. Sie müsse diese innere Erkenntnis noch von P. Bonifatius bestätigen lassen, sei sich aber ziemlich sicher, dass diese Heilige meine Beschützerin sei. Mich beeindruckte, dass Moni, ähnlich wie Georg, eine übernatürliche Erkenntnis zu haben schien, das erhöhte meinen Respekt gegenüber ihr und dem, was sie uns lehrte.

Alle freuten sich, ich ganz besonders! Meine beste Freundin Beate hatte mir einmal ein Buch über diese französische Heilige zum Geburtstag geschenkt, daher kannte ich sie schon etwas. Jenny erklärte mir, die Spiritualität der Gemeinschaft sei eng mit der heiligen Theresia verbunden, und es sei eine große Berufung mit dieser Heiligen verknüpft. Das klang alles sehr verheißungsvoll. Mein sogenanntes „Berufungsfest“, so hieß der Namenstag in der Gemeinschaft, war künftig am 1. Oktober. Von nun an trug ich den Namen Birgit-Theresia. Wie unglaublich das alles war! Ich hatte also eine „große Berufung“ in dieser einzigartigen Gemeinschaft. Mein Selbstwert wuchs mächtig. Allerdings sehe ich heute, dass dieses Gefühl von Größe ganz an die Gemeinschaft gebunden war. Mit ihr war ich etwas Besonderes, ohne sie ein Nichts. Solche Verheißungen erhöhten meine innere Bindung an diese Kommunität.

Ines sagte mir einige Tage später, die Priesterweihen seien der „Eingriff Gottes“ in die Welt gewesen. Ich war überrascht: Das war ja nun ganz anders, als ich es mir vorgestellt hatte! Welch enorme Bedeutung für die ganze Welt mussten die Weihen dann wohl haben, überlegte ich. Auch wenn ich dies nicht ganz verstand, brauchte ich auf jeden Fall keine Angst mehr zu haben, dass etwas Schlimmes passiere. Welche Erleichterung!

Die Wurzeln

An einem Nachmittag im Advent versammelte Moni alle Novizinnen, um uns etwas Wichtiges mitzuteilen. Ich war gespannt, was dies sein könne. Als wir saßen, begann sie über die Entstehung der Gemeinschaft der Liebe zu sprechen. Diese sei auf P. Wendelin, einen Priester aus der Steiermark, zurückzuführen. P. Wendelin habe die Stimme Jesu hören dürfen, und einmal habe Jesus ihn gefragt, welchen Weg er gehen möchte: von Ehre zu Ehre oder immer untendurch, bis er sich selbst ganz aufgegeben habe. P. Wendelin habe sich für den zweiten Weg entschieden. Von da an sei er immer wieder verleumdet worden. Ein Sakristan habe Falschaussagen gegen ihn gemacht, weshalb er schließlich mehrmals den Ort wechseln musste. Er sei in verschiedenen Ländern tätig gewesen, unter anderem in der Krankenhausseelsorge. 1972 sei er auf Georg getroffen, und beide verstanden, Gott wünsche von ihnen, eine Gemeinschaft zu gründen. Nach und nach schlossen sich immer mehr junge Männer und allmählich auch Frauen der Gemeinschaft an.

Allerdings sei es immer wieder zu Verfolgungen durch Verantwortliche der Kirche gekommen, da die Gemeinschaft ihnen ein Dorn im Auge gewesen sei. Schließlich sei von P. Wendelin sogar verlangt worden, die Gemeinschaft aufzulösen. Er habe es aber vor Gott nicht verantworten können, die Mitglieder einfach nach Hause zu schicken, und deshalb den Gehorsam verweigert. Als Konsequenz habe er sich von der Gemeinschaft entfernen müssen und sei in seinen priesterlichen Aufgaben eingeschränkt worden.

Auch Georg sei für eine gewisse Zeit der Kontakt zur Gemeinschaft versagt worden. Während dieser schwierigen Phase hätten viele Mitglieder die Kommunität verlassen. Sie hätten sich aus Stolz der Führung von P. Wendelin und Georg widersetzt. Nach dem Verlassen der Gemeinschaft stellten sie diese in ein schlechtes Licht und brachten falsche Beschuldigungen gegen sie vor.

Anfang der 1990er Jahre sei der Rest der Gemeinschaft auf einen slowakischen Bischof gestoßen, der die verbliebenen Mitglieder in einen größeren Verband eingegliedert habe: So sei die jetzige Gemeinschaft der Liebe entstanden. Dieser Bischof sei seit diesem Zeitpunkt Präsident der Bewegung.

Moni schloss mit der Aussage, die Gemeinschaft habe ganz besondere Charismen und eine große Sendung von Gott, daher versuche der Feind, sie zu vernichten. In der Kirche gebe es Priester und Bischöfe, die zu den Freimaurern gehörten. Diese hätten versucht, das Werk Gottes zu zerstören. Die Armut der Kommunität bestehe daher nicht in einer äußeren Armut, sondern in dem, dass sie nicht den angemessenen Stellenwert in der Kirche habe. Sie betonte, wie wichtig Demut sei und dass wir uns gänzlich von Georg führen lassen sollten, damit uns nicht so etwas passiere wie denen, die die Gemeinschaft verlassen hatten. Wir sollten immer unsere Wurzeln vor Augen haben, um der Spiritualität der Kommunität treu zu bleiben.

Ich war erschüttert von dem, was ich gehört hatte. Wie konnte die Kirche nur so eine gute Gemeinschaft verfolgen! Und wie konnten sich die Mitglieder Georg und P. Wendelin widersetzen, da diese doch so begnadet waren! Nein, ganz gewiss wollte ich Georg immer gehorsam sein. Die Worte von Moni hallten noch lange in meinem Herzen nach und gaben mir einen neuen Blick auf die Kirche, die so wenig vom Heiligen Geist erfüllt zu sein schien. Daneben stand das strahlende Leuchten unserer von Gott besonders auserwählten Gemeinschaft.

P. Wendelin wurde in der Kommunität neben Georg als Gründer der Gemeinschaft verehrt. Wir feierten seinen Geburtstag sowie den Jahrestag seiner Diakonen- und Priesterweihe. Gisela betonte, die Spiritualität der Gemeinschaft der Liebe gehe ganz auf P. Wendelin zurück, auch die Auslegung des Evangeliums, die sie uns vermittelte. Wir wurden also aus der reinen und unverfälschten Quelle der Geistigkeit eines heiligmäßigen Gründers gespeist, dachte ich. Erst nach meinem Austritt erfuhr ich, was es mit P. Wendelin wirklich auf sich hatte.

Das Schlimme an dieser massiven Überhöhung der Gemeinschaft war, dass sie jegliche Kritik verunmöglichte. Denn diese wäre automatisch als Anfechtung des Feindes gedeutet worden. Mitglieder konnten sich dadurch keiner objektiven Einschätzung von außen öffnen. Sie befanden sich in einem „spirituellen Gefängnis".

Das Geständnis

Das Weihnachtsfest rückte näher. Ursprünglich war geplant, dass ich jetzt, nach Ablauf meines „Klosters auf Zeit", wieder nach Hause zurückkehren sollte. Schon die ganze Zeit über hatte ich überlegt und darüber gebetet, wie ich meinen Eltern meine Entscheidung am besten mitteilen könnte. Da ich ja wusste, dass sie der Gemeinschaft nicht positiv gegenüberstanden, hatte ich Angst vor ihrer Reaktion. Moni versprach, fest für mich zu beten, und empfahl mir, die Angelegenheit ganz dem heiligen Josef anzuvertrauen. Sehr aufgeregt fuhr ich also mit dem Zug heim.

Ich trug zunächst zivile Kleidung, als mich meine Mutter vom Bahnhof abholte. Der blaue Rock befand sich allerdings im Gepäck. Zunächst wagte ich nichts zu sagen, da ich ihnen das Weihnachtsfest nicht verderben wollte. Als meine Abreise schon wieder nahte, legte ich den Rock schließlich so hin, dass ihn meine Mutter sehen musste. Bald schon fragte sie mich, was dieser zu bedeuten habe. Da erzählte ich meinen Eltern von meinem Eintritt.

Sie reagierten mit gemischten Gefühlen. Einerseits freuten sie sich, dass ich mich für ein gottgeweihtes Leben entschieden hatte, andererseits waren ihre Bedenken groß, was die Gemeinschaft der Liebe anbelangte, die sie ja gar nicht kannten. Sie respektierten aber meine Entscheidung, was mich beruhigte.

Erste Verschiebung der Ausbildung

Am zweiten Weihnachtsfeiertag fuhr ich wieder zurück in die Gemeinschaft. Die fünf Neupriester besuchten uns, und wir feierten ein großes Fest! Vormittags hielten die Priester in einem kleinen Kapellchen am See ihre Primizmesse, am Nachmittag kamen alle Schwestern und Brüder mit P. Bonifatius zusammen, und er sprach zu uns. Gemeinsam mit vielen

Schwestern und Brüdern aus den umliegenden Stationen bildeten wir eine große Runde.

Einige Tage nach diesem Treffen richtete mir Moni von P. Bonifatius aus, ich solle zuerst die Formungszeit in der Gemeinschaft zu Ende machen und meine Ausbildung zur Krankenschwester bis dahin verschieben. Das kam überraschend für mich. Mich wunderte, dass die Oberen einfach über meinen Kopf hinweg solch eine wichtige Entscheidung trafen. Damals war es durchaus üblich, dass Schwestern ihre Ausbildung außerhalb der Gemeinschaft machten, und nur am Wochenende und im Urlaub in der Gemeinschaft waren. So hatte ich mir das auch bei mir vorgestellt. Doch ich konnte auch verstehen, dass die Zeit im Formungshaus so wertvoll war, dass es schade gewesen wäre, sie jetzt abzubrechen. Außerdem handelte es sich ja nur um einen zeitlichen Aufschub, sagte ich mir. Also schrieb ich an den Ausbildungsleiter in Würzburg mit dem Wunsch nach einer zeitlichen Verschiebung, was er mir gewährte. Nun durfte ich also in aller Ruhe erst einmal hierbleiben und mein Glaubensleben vertiefen. Das wusste ich durchaus zu schätzen. Doch schon bald begannen große Schwierigkeiten.

Die Verleumdungen

Meine Eltern kündigten einen Besuch in unserer Niederlassung an. Ich hatte ihnen von der Verschiebung meiner Ausbildung erzählt, und sie wollten mit Moni darüber sprechen. Als sie ankamen, fand gleich das Gespräch statt, bei dem ich auch dabei war. Meine Eltern teilten der Oberin ihre Bedenken bezüglich der Verschiebung meiner Ausbildung mit. Moni versuchte, sie zu beruhigen, und betonte, wie ernst die Zeit sei und dass sie es nicht verantworten könne, dass ich gerade jetzt so etwas Weltliches wie eine Ausbildung mache. Schließlich sollte ich diese ja zu einem späteren Zeitpunkt nachholen. Meine Eltern waren einigermaßen beschwichtigt und luden nun Miriam und mich in ein Restaurant zum Essen ein.

Doch das Mittagessen war eine einzige Katastrophe. Meine Eltern hatten über eine Frau aus unserem Dorf Kontakt zu ehemaligen Mitgliedern der Gemeinschaft der Liebe bekommen. Die Mitglieder berichteten ihnen von Missständen in der Gemeinschaft und empfahlen, dass ich diese umgehend verlassen solle. Meine Eltern erzählten voll Sorge, was sie von Ehemaligen gehört hatten. Mit Nachdruck verlangten sie, dass ich sofort mit ihnen mit nach Hause fahre, ebenso Miriam.

Wir waren beide schockiert und konnten mit dem, was wir hörten, nicht viel anfangen. Wir bekräftigten unseren Entschluss, hierzubleiben und wehrten uns vehement gegen den „Entführungsversuch“ meiner Eltern. Schließlich fuhren sie unverrichteter Dinge wieder ab.

Völlig aufgewühlt kehrten wir in das Formungshaus zurück und erzählten, was geschehen war. Moni nahm uns beiseite und ging mit uns spazieren.

Sie beruhigte uns und meinte, dies sei ein Angriff des Bösen gegen meine Berufung gewesen. Es habe ihm nicht gefallen, dass ich eingetreten war, und er versuche nun, mich von meinem Weg abzubringen. Nun ging es darum, diesen geistigen Kampf durchzustehen und treu den Berufungsweg weiterzugehen. Diese Erklärung verlieh dem ganzen einen Sinn. Ich war betroffen davon, wie groß meine Berufung sein musste, wenn das Böse so sehr dagegen ankämpft, was mich schließlich auf meinem Weg bestärkte. Heute erkenne ich, wie schlüssig dieses Argumentationssystem in sich war. Es gab für alles eine spirituelle Erklärung, und jeder Zweifel an der eigenen Berufung oder der Gemeinschaft wurde als ein Zweifel an Gott ausgelegt.

Von nun an folgten immer wieder Telefonanrufe meiner Eltern mit neuen Informationen, die sie gesammelt hatten. Meine Mutter informierte sich an den verschiedensten Stellen bis hin zum Vatikan über die Gemeinschaft und hörte überwiegend Negatives.

Das war eine enorme seelische Belastung für mich. Meine Eltern hatten sich ja aus Sicht der Gemeinschaft nun quasi auf die Seite des Widersachers gestellt, der versuchte, meine Berufung zu zerstören. „Wie konnten sie nur so blind sein für das wahre Gesicht der Gemeinschaft und diesen Verleumdungen glauben!", dachte ich.

Für mich war es in dieser Zeit fast unmöglich, nach Hause zu fahren. Wenn ich heimkam, dann nur ganz kurz. Bei meinem nächsten Heimatbesuch legten mir meine Eltern Schriften vor, die sie von ehemaligen Mitgliedern bekommen hatten, mit der Bitte, sie durchzulesen. Erst weigerte ich mich, aber etwas später entschloss ich mich tatsächlich, den Stapel durchzuarbeiten. Ich wollte mir durchaus eine unabhängige Meinung bilden, so viel hatte ich dann doch im Gymnasium gelernt. Dort standen viele Anklagen, die sich auf Georg und P. Wendelin bezogen. Vieles schien mir überzogen, es ging auch um Homosexualität, was ich für völlig undenkbar hielt. Nein, das konnte so nicht stimmen. Trotzdem verunsicherte mich das ein oder andere.

Zuhause bekam ich auch mit, wie ein „Ehemaliger" mit meinen Eltern telefonierte. Da sie das Telefon immer auf laut stellten, konnte ich alles mithören. Die Stimme am anderen Ende klang vorwurfsvoll und unversöhnlich. So spricht kein Mensch, der vom Heiligen Geist erfüllt ist, dachte ich.

Im Gebet bat ich Gott um Hilfe bei der Entscheidung, was ich jetzt tun solle: Zuhause bleiben und meine Ausbildung beginnen oder wieder fahren? Ich bekam tiefen inneren Frieden beim Gedanken, wieder in die Gemeinschaft zurückzugehen. Vor meiner Abreise musste ich noch einen Überzeugungsversuch meiner Eltern sowie meiner Tante und meines Onkels über mich ergehen lassen, meine Ausbildung jetzt anzutreten. Mannomann, warum konnten sie denn nicht verstehen, dass die Formungszeit Vorrang hatte! Ich war heilfroh, als ich endlich wieder im sicheren Hafen des Formungshauses angekommen war.

Mittlerweile verstehe ich sehr gut, wie es meinen Eltern damals ergangen sein muss. Hätte ich doch nur auf sie gehört!

Aber ich war schon zu tief in das Gedankengut der Gemeinschaft verstrickt.

Als ich mit Moni über die Ereignisse zuhause sprach, bat sie mich, mit P. Bonifatius über alles zu reden, was mich verunsichere, damit nichts davon übrigbleibe. Das machte ich bei nächster Gelegenheit. P. Bonifatius versicherte mir, dass die Anschuldigungen nicht stimmten, das beruhigte mich ganz und gar, und ich hatte wieder Frieden im Herzen.

Im Januar sollten sieben Schwestern nach Sibirien und Kasachstan entsandt werden, um dort die ersten festen Missionsstationen der Gemeinschaft der Liebe zu errichten. Seit der Wende waren jeweils Schwestern den Sommer über in Moskau gewesen, wo sie beeindruckende Erfahrungen gemacht hatten. Während des Augustputsches 1990 wagten sich sogar zwei Schwestern auf den Roten Platz, sie verteilten unter den Soldaten, die auf den Panzern saßen, wundertätige Medaillen. Diese ovale Gedenkprägung wurde in Bezug zu einer Marienerscheinung aus dem 19. Jahrhundert angefertigt, bei der die Gottesmutter versprochen haben soll, alle, die die Medaille mit Vertrauen trügen, empfängen große Gnaden. Ausschließlich alle Soldaten nahmen die Medaille gerne an. Die Schwestern führten das Scheitern des Putsches schließlich auf die Fürsprache der Gottesmutter zurück, die, nicht zuletzt durch die Bereitschaft der Soldaten, die Medaille zu tragen, dieses Wunder gewirkt habe.

Die Missionarinnen, die nun die ersten festen Niederlassungen im weiter entfernten Osten gründen sollten, waren für einige Tage bei uns im Formungshaus, um sich auf ihre große Aufgabe vorzubereiten. Sie erhielten ein paar Unterrichtsstunden von einer professionellen Russischlehrerin, die mit der Gemeinschaft befreundet war. Nur wenige Minuten vor ihrer Abreise, als sie sich schon – in dicke Daunenjacken gehüllt und mit gepackten Koffern in der Hand – auf den Weg machen wollten, kam die Nachricht, P. Wendelin sei gestorben. Die Abreise wurde daher abgeblasen und um einige Wochen nach hinten verschoben. Jene Schwestern, die den Gründer

der Gemeinschaft persönlich gekannt hatten, bekamen die Möglichkeit, zu seiner Beerdigung nach Österreich zu fahren, wo zwei Schwestern während der letzten Zeit seines Lebens liebevoll für ihn gesorgt hatten.

Einige Zeit später war es dann endlich soweit: Die ersten Missionarinnen reisten ab, und mit großem Stolz entließen wir die mutigen Pionierinnen in ihre zukünftigen Missionsgebiete. „Würde ich vielleicht auch einmal eine von ihnen sein?", fragte ich mich.

Umzug und erste Jahresexerzitien

Wenig später kamen auch in der Diözese des Formungshauses Widerstände gegen die Gemeinschaft auf. In der Zeitung erschien ein Artikel über uns, in dem behauptet wurde, wir arbeiteten mit dem umstrittenen Engelwerk zusammen, eine 1949 von Gabriele Bitterlich gegründete geistliche Bewegung, die 2008 von Papst Benedikt XVI. für die römisch-katholische Kirche anerkannt wurde. Tatsächlich hatte sich unser Präsident, der slowakische Bischof, für die Anerkennung des Engelwerks eingesetzt, und ganz in unserer Nähe befand sich eine Niederlassung dieser Kommunität, die wir immer wieder besuchten. Eine Zusammenarbeit fand allerdings nicht statt. Wir erfuhren in diesem Zusammenhang, dass der Diözesanbischof Vorbehalte gegen unsere Präsenz in seiner Diözese hatte. Was die genauen Vorwürfe gegen uns waren, weiß ich nicht mehr. Moni suchte das Gespräch mit ihm, was dieser jedoch ablehnte. Das enttäuschte uns. Sah so Dialog aus?

Moni sah dies als Hinweis dafür, dass der „Feind" das Wirken der Gemeinschaft zu behindern versuche, da in letzter Zeit gerade aus Deutschland einige neue Berufungen eingetreten waren. Mein Bild von der „missgünstigen Kirche", die gegen unsere „gute Gemeinschaft" kämpfte, verfestigte sich. Ich wollte unbedingt auf der Seite der „Guten" stehen.

Als sich alles zuspitzte, erreichte Moni zu guter Letzt die Nachricht, die Benediktinerinnen bräuchten das Ferienhaus wieder für die Waisenkinder, die im Sommer kommen sollten. Wie sollte es nun weitergehen? Es schien im Moment keine Möglichkeit zu geben, in der Diözese zu bleiben. Daher entschied Moni, dass wir uns vorläufig in verschiedene Häuser der Gemeinschaft in Österreich und Italien aufteilen sollten, bis eine endgültige Lösung gefunden sei.

Ich wurde also einer Wohnung in Österreich zugeteilt. Diese war mit nun etwa 20 Schwestern völlig überfüllt. Während dieser Zeit trat meine Freundin Melanie nach dem Abschluss ihrer Altenpflegeausbildung in die Gemeinschaft ein und wohnte bei uns. Auch Miriam hatte sich inzwischen für die Gemeinschaft entschieden. Wir bekamen zu dritt ein Zimmer, in dem ein Bett stand und zwei Matratzen auf dem Boden lagen. Ansonsten hatte nur noch ein Schreibtisch und ein Schrank Platz, wir mussten uns also sehr einschränken und unsere Sachen größtenteils in den Koffern lassen. Das Leben auf so engem Raum erforderte extrem viel Rücksichtnahme und Geduld. Uns Schwestern standen nur zwei Badezimmer zur Verfügung, von denen eines gleichzeitig als Waschküche diente. Nicht selten mussten wir bis zu einer halben Stunde warten, um einen freien Platz im Bad zu ergattern. Aber wir hatten ja gelernt: Alles aus Liebe zu Jesus!

Tagsüber stellte sich das Programm ähnlich dar wie im Formungshaus, mit dem Unterschied, dass wir in den Pfarreien zur heiligen Messe gingen. Da wir nach außen hin nicht auffallen sollten, teilten wir uns in kleine Gruppen auf. Ich erfuhr, dass wir in der Diözese nicht öffentlich auftreten durften, da es sich um die gleiche Diözese handelte, in der P. Wendelin und Georg verfolgt worden waren. Die Gemeinschaft hatte dort ein Seminar für die Ausbildung ihrer Priester geführt, das schließlich auf Anordnung der Diözese geschlossen wurde. Natürlich wurde alles als Verfolgung dargestellt. Dass es in diesem Seminar verheerende Missstände gab und „mystische Priesterweihen“ ohne Erlaubnis der

Amtskirche durchgeführt wurden, erfuhr ich erst nach meinem Austritt.

Viele der Schwestern gingen sogar zweimal täglich zum Gottesdienst, darunter die Generaloberin Moni und ihre Stellvertreterin Gisela. Deshalb fühlte auch ich mich gedrängt, neben der Morgenmesse auch noch die Abendmesse zu besuchen, um wirklich alle Gnadenmöglichkeiten zu nützen. Das Opfer war für mich nicht klein, da diese genau in die einzig freie Zeit fiel, die uns während des Tages zur Verfügung stand.

In der Gemeinschaft wurde Wert darauf gelegt, dass die Mitglieder fröhlich waren. Dies gelang mir nicht immer. Besonders die Situation mit meinen Eltern bedrückte mich. Einmal, als ich traurig war, sprach mich eine Schwester darauf an. Sie meinte, ich solle mich mehr um die Freude bemühen. Zum Beispiel Gisela, die nach außen immer fröhlich sei, habe es innerlich auch nicht immer leicht. Ich fühlte mich beschämt. Von da an versuchte ich mich nach außen hin fröhlich zu geben, auch wenn es in meinem Herzen anders aussah. Ich begann eine Maske der Fröhlichkeit zu tragen, die alles verbarg, was dahinter lag. Heute finde ich das unauthentisch.

In dieser Zeit begann mich vieles zu verwirren. Gisela betonte in ihren Vorträgen, der Selbstverzicht sei fundamental wichtig, um heilig zu werden. Dem Opfer aus dem Weg zu gehen, sei mangelndes Mitwirken mit der Gnade, wodurch man sich weiteren Gnaden gegenüber verschließe. Wir sollten also im Alltag kein Opfer auslassen, um immer in der vollkommenen Gnade Gottes zu sein. Dieser Gedanke führte bei mir zu permanenten inneren Gewissenskonflikten. Gab es nicht ständig Gelegenheiten für ein Opfer? Wenn ich mich morgens dem Sprachstudium widmen wollte, für das ich mir mühevoll Zeit freigeschaufelt hatte, sah ich das ungespülte Geschirr neben dem Spülbecken stehen. Jetzt einfach weggehen, würde ja bedeuten, dem Opfer auszuweichen, dadurch würde ich weitere Gnaden an diesem Tag verwirken. Also verzichtete ich auf das Sprachstudium und widmete mich dem Geschirr. Wollte ich spazierengehen, sah ich in einem Korb ungebügelte Wäsche stehen. Wieder ein Opfer, das gebracht werden muss, um in der Gnade zu sein, folgerte ich. Ich sah also von meinem Plan ab, ins Grüne zu gehen, und bügelte die Wäsche.

Allmählich entwickelte sich bei mir ein innerer Zwang, kein Opfer verstreichen zu lassen. Ließ ich eines aus, entwickelte ich Skrupel, nicht mit der Gnade mitgewirkt zu haben und keine weiteren Gnaden empfangen zu können. Welch verhängnisvoller Trugschluss! Ich verlor immer mehr meine innere Freiheit. Sehr oft brachte ich in die heilige Beichte ein, dem „Opfer ausgewichen zu sein". Erst als eine Mitschwester einmal zu mir sagte, man könne ab und zu auch auf ein Opfer „verzichten", fand ich innerlich wenigstens einen kleinen Freiraum. Ich erschrecke heute darüber, in welche geistige Enge ich hineingeraten war, wie ich zunehmend den Bezug zu mir selbst, zu meinen Gefühlen und Impulsen verlor. Ich hatte ein falsches Bild von Heiligkeit vermittelt bekommen. Mir fehlte eine Person, die mir gesagt hätte, dass ich mich auch abgrenzen und meine eigenen Bedürfnisse ernst nehmen dürfe, ohne dass dies egoistisch und verwerflich sei.

Manchmal organisierte Moni Ausflüge zu umliegenden Wallfahrtsstätten, die oft in wunderschöner Natur lagen. Sie erzählte uns dann, welche Bedeutung diese für die Kommunität haben und was sie dort schon mit P. Wendelin und Georg erlebt hatten. Die Abwechslung tat mir gut, und ich fühlte mich privilegiert, Teil dieser besonderen Kommunität zu sein.

So vergingen die Wochen und Monate. Im Sommer standen die großen Exerzitien der Gemeinschaft an, bei denen ich nun zum ersten Mal teilnehmen durfte. Ich war gespannt. Sie fanden in der Slowakei statt, ein für mich bis dahin völlig fremdes Land. Ich machte mich gemeinsam mit anderen Schwestern im Auto auf die weite Reise. Schon einige Kilometer vor der slowakischen Grenze bemerkte ich, wie die Häuser mit ihren Grundstücken wesentlich schlichter wurden. An der Grenze wurde damals jeder Pass noch ganz genau kontrolliert. In der Hauptstadt Bratislava angekommen, fiel mein Blick sofort auf die hässlichen Betonblöcke, die aus der ansonsten schönen Stadt herausragten. Auf der Weiterfahrt faszinierte mich die Weite der Landschaft mit ihren fruchtbaren Feldern. Gleichzeitig bedrückten mich die im Vergleich zum Westen eher ungepflegten Häuser und Grundstücke in den Dörfern und Städten. Nach vielen Stunden Fahrt kamen wir schließlich an unserem Zielort in der Ostslowakei an: einer Schule mit Internat. Die Vorträge fanden in der Turnhalle statt.

Ich genoss es, mit allen Schwestern und Brüdern gemeinsam diese Tage der geistlichen Vertiefung zu verbringen. Damals hielten verschiedene Priester der Gemeinschaft Vorträge, und zwischen dem Programm war genügend Zeit, um sich zu begegnen und gemeinsam spazieren zu gehen.

Erste Sommermission

Auf die Exerzitien folgte jedes Jahr die „Sommermission". Die Mitglieder der Gemeinschaft brachen dann in verschiedene Orte auf, die hauptsächlich in der ehemaligen Sowjetunion lagen. Ihre Aufgabe bestand darin, den Menschen „Gott zu bringen". Moni legte fest, dass ich diesen Sommer in der Slowakei verbringen solle, und zwar in einem Dorf, in welchem neben der slowakischen Bevölkerung viele Sinti und Roma wohnten. Ein österreichischer Diakon und einige Brüder und Schwestern eröffneten dort eine Missionsstation. Ich war gespannt, was mich erwartet.

Zunächst half ich aber noch auf einem Zeltlager für slowakische Schüler aus. Im Anschluss daran nahm mich P. Bonifatius mit einigen anderen Schwestern auf eine Besichtigungsfahrt mit. Der Bischof einer slowakischen Diözese hatte uns einige Häuser angeboten, die früher der Kirche gehört hatten, dann von den Kommunisten beschlagnahmt und nun wieder in den kirchlichen Besitz übergegangen waren. Eines davon sollte das Mutterhaus für uns Schwestern werden. Wir besichtigten die Häuser, die allesamt stark renovierungsbedürftig waren. Ich erachtete es als Privileg, als Novizin bei dieser Fahrt dabei sein zu dürfen und um meine Meinung gefragt zu werden.

Danach fuhr ich mit einer Schwester in das Dorf mit den Sinti und Roma, wo sich die anderen Schwestern und Brüder bereits aufhielten. Ich zog ins Pfarrhaus ein, ein riesiges Haus, in dem es weder Fußböden noch Möbel gab. Nur einige Zimmer im Erdgeschoss waren für den slowakischen Pfarrer eingerichtet, der sich zeitweise hier aufhielt. Da er sehr viel unterwegs war, sahen wir ihn aber nur selten. Ich breitete meine dünne Isomatte auf dem rauen Betonboten aus und legte meinen Schlafsack darauf. Gott sei Dank war ich noch jung, sodass mir das Schlafen auf dem harten Boden nicht viel ausmachte. Da wir keine Waschmaschine hatten, wuschen wir unsere Wäsche in großen Kochtöpfen. Wenigstens die Küche war eingerichtet. Gemeinsam mit einer anderen Schwester kochte ich, ging einkaufen, wusch, bügelte, spielte mit den Roma-Kindern und besuchte ab und zu die Familien. Manchmal fuhren wir auch in umliegende soziale Einrichtungen wie Kinderheime oder Behindertenheime und verteilten dort wundertätige Medaillen. Später kamen einige slowakische Brüder der Gemeinschaft zu uns, die gerade Semesterferien hatten. Sie machten sich daran, das Haus in einen bewohnbaren Zustand zu bringen.

Nach einigen Wochen stand plötzlich die Polizei vor unserer Tür und wollte in unser Haus. Als sie sahen, wie wir wohnten, beanstandeten sie, dass wir keine Betten hatten, und machten uns zur Auflage, möglichst bald welche zu besorgen, da dies gegen die Vorschriften verstoße. Ich fand das interessant. Wir lebten in einem Dorf, in dem die meisten Sinti und Roma auf engstem Raum in Häusern lebten, die sich oft in einem desolaten Zustand befanden. Dies bemängelte die Polizei nicht. Anscheinend schienen unsere Wohnverhältnisse noch mehr zu wünschen übrig zu lassen als die der übrigen Dorfbevölkerung.

Die temperamentvollen Roma-Kinder freuten sich über die willkommene Abwechslung und schlugen täglich bei uns auf. Wir spielten und sangen dann mit ihnen und erzählten ihnen etwas von Gott. Eine slowakische Schwester übersetzte. Oft wichen die Kinder den ganzen Tag nicht von unserer Seite, sodass wir kaum eine ruhige Minute fanden.

Den Alltag in dem unfertigen Haus und mit der anstrengenden Mission empfand ich als tägliche Herausforderung. Gegen Ende des Sommers war ich ziemlich erschöpft. Eines Morgens fuhr ich mit Michael, einem Mitbruder, der die Verantwortung für die Station hatte, im Auto zum Einkaufen in die nächste Stadt. Er merkte, dass ich bedrückt war, und gab mir den Tipp, schon morgens beim Frühstück auf eine Kleinigkeit zu verzichten. So komme Freude ins Herz. Dieser Gedanke war mir neu, und ich kam mir dem Bruder gegenüber schlecht vor. War ich also traurig, weil ich zu wenige Opfer brachte? Von nun an bemühte ich mich bei jeder Mahlzeit, auf etwas zu verzichten. Tatsächlich dachte ich dann mehr an Jesus. Aber ich kann nicht sagen, dass der „Mechanismus" Opfer bringen – Freude ins Herz immer funktionierte. Wenn ich trotzdem traurig war, dachte ich, das Opfer wahrscheinlich mit zu wenig Liebe gebracht zu haben. Heute erscheinen mir solche Schlussfolgerungen skurril. Michael löste nach seiner Priesterweihe den slowakischen Priester ab und übernahm die Leitung der Pfarrei. Die Missionsstation entfaltete sich, und es entstand ein fruchtbares Wirken unter den Sinti und Roma sowie der slowakischen Bevölkerung.

Ich war erst einmal froh, als der Sommereinsatz vorbei war und ich meinen Urlaub antreten konnte. In unserer österreichischen Wohnung erholte ich mich gut. Hierher kamen auch einige der Schwestern, die den Sommer in Russland verbracht hatten und eine Auszeit benötigten. Im Herbst startete wieder unser normaler Tagesablauf mit den Vorträgen. P. Bonifatius hatte sich mittlerweile für eines der Häuser entschieden, die wir im Sommer besichtigt hatten. Ich erinnerte mich gut an das kleine Häuschen, an das ein ehemaliger Kuhstall angeschlossen war, der nun zum Refektorium umgebaut werden sollte. Hier würde also unser Mutterhaus entstehen.

Mittlerweile war im Dorf mit den Sinti und Roma das Noviziat für die Brüder der Gemeinschaft entstanden. P. Erik, der verantwortliche Priester, kümmerte sich nebenbei um die Bauarbeiten für das Mutterhaus, das ungefähr eine Dreiviertelstunde davon entfernt lag. Slowakische Bauarbeiter führten die Renovierung durch.

Im Herbst wurden ich und zwei weitere Novizinnen ausgewählt, um gemeinsam mit Gisela den Boden für das zukünftige Mutterhaus zu bereiten. Einerseits war ich stolz, dass ich bei den Pionierinnen dabei sein durfte, andererseits war mir auch ein bisschen mulmig zumute bei dem Gedanken, nun ganz in die Slowakei zu ziehen. Sie war für mich immer noch ein fremdes Land, dessen Sprache ich kaum sprach. Wenige Wochen später machten wir vier uns auf den Weg. Wir wohnten zunächst in zwei Zimmern im Obergeschoss des Pfarrhauses, in dem der ortsansässige slowakische Pfarrer lebte. Dieses befand sich in unmittelbarer Nähe zum zukünftigen Mutterhaus.

Wir kümmerten uns um den Haushalt und aßen gemeinsam mit dem Pfarrer. Da die slowakische Küche mir nicht vertraut war und auch weit und breit kein Kochbuch auf Deutsch zur Verfügung stand, stellte sich das Kochen für mich als Herausforderung dar. Ich erinnere mich, wie der slowakische Pfarrer einmal einen riesigen frischen Fisch nach Hause brachte, den ich zubereiten sollte. Das hatte ich noch nie zuvor gemacht. Gott sei Dank gab er mir Tipps, die schließlich das Mittagessen retteten.

Die Bauarbeiten zogen sich länger hin als gedacht, sodass wir sehr froh waren, als das neue Mutterhaus endlich soweit bezugsfertig war, dass die anderen Schwestern anreisen konnten. Gleichzeitig bekamen wir noch das ehemalige Schulhaus des Dorfes zur Verfügung, das ebenfalls gerade frisch renoviert worden war. Die zwei Klassenzimmer dienten uns von da an als Schlafräume für je fünf und vier Schwestern. Ich zog dorthin um und kam in das Fünferzimmer, das wir durch Schränke abteilten, sodass jede Schwester ihre kleine Nische hatte. Das einzige Problem war, dass für neun Schwestern nur ein einziges Bad zur Verfügung stand. Da wir alle zur gleichen Zeit aufstanden, konnten wir es nur so lösen, dass das Bad nicht abgesperrt wurde. Ich schämte mich, mich vor den anderen Novizinnen zu entkleiden und zu waschen. Dusche stand uns nur eine zur Verfügung. Deshalb bemühte ich mich, morgens schon früher aufzustehen, um dem großen Ansturm im Bad zu entkommen. Abends war es schwieriger.

Im Herbst begannen die täglichen Vorträge und Katechesen, die allerdings immer wieder durch die noch andauernden Bauarbeiten unterbrochen wurden. Manchmal kam plötzlich ein Lastwagen voll Sand oder Kies vorgefahren. Dann mussten wir Schaufeln in die Hände nehmen, um diesen auf die Seite zu schaffen. Immer wieder kamen auch freiwillige Helfer aus Deutschland, die mithalfen, zum Beispiel beim Dachdecken. P. Erik hatte nämlich ein zweites Stockwerk auf das erste bauen lassen, sodass der komplette Dachstuhl erneuert werden musste.

Die geistliche Formung

Die geistliche Formung im Mutterhaus erlebte ich als besonders intensiv, vielleicht weil mich in diesem kleinen abgeschiedenen slowakischen Dörfchen wirklich gar nichts von Gott ablenkte. Moni, die jetzt Sr. Monika genannt wurde, leitete uns an, den ganzen Tag über die Verbundenheit mit Jesus und der Gottesmutter einzuüben. Vormittags, während der Arbeitszeit, wurde geschwiegen, um diese Zeit mit Jesus zu verbringen und das Herzensgebet zu erlernen. Auch ansonsten sollte nichts Unnötiges gesprochen werden. Der Höhepunkt eines jeden Tages war die heilige Messe, Zentrum und Quelle der Einheit mit Gott. Wir wohnten ihr täglich in der Pfarrkirche des Dorfes bei, wo der slowakische Pfarrer zelebrierte. Leider verstanden wir nichts von dem, was er sagte, aber es kam ja schließlich auf das innige Mitfeiern der Messe und den Empfang der heiligen Kommunion an. Im Alltag ging es darum, das Geschehen des heiligen Messopfers wirksam werden zu lassen durch ein beständiges „Geopfert-Sein“ mit Jesus. Das bedeutete, alle kleinen Opfer und Leiden des Alltags ganz bewusst anzunehmen, Gott zu schenken und gänzlich auf sich selbst zu verzichten. Sr. Monika sagte uns einmal, sie merke genau, ob eine Schwester, die zur Tür hereinkomme, geopfert sei oder nicht. Seitdem bemühte ich mich jedes Mal, wenn ich einen Raum betrat, in dem Sr. Monika war, möglichst „geopfert“ zu sein.

In das Opfer einbezogen war auch der Selbstverzicht durch den vollkommenen Gehorsam, der der Hausverantwortlichen, der Mutter Oberin und dem Seelenführer gegenüber geleistet werden sollte.

Bei uns Schwestern spielte zudem die Berufung zur geistigen Mutterschaft für die Priester eine wichtige Rolle. Wir lernten: Alles, was wir tun, beten und aufopfern, komme direkt den Priestern zugute, sodass sie daraus geistige Kraft schöpfen könnten und heilige Priester würden. Es sei also ein geistiges Nähren der Priester, ähnlich wie eine Mutter ihrem Kind irdische Nahrung gebe. Dieser schöne Gedanke verlieh jedem kleinen Leiden einen übernatürlichen Sinn, und alles wurde kostbar. Heute sehe ich, welche problematischen Rollenmodelle zwischen Frauen und Männern, Ordensfrauen und Priestern damit transportiert werden. Sr. Monika betonte auch den unendlichen Wert des persönlichen Leidens, wenn es mit dem Leiden Jesu vereint und aufgeopfert werde, um dann direkt in den Seelen der Menschen fruchtbar zu werden. Dieser Gedanke der Miterlösung nahm einen zentralen Platz in der Spiritualität der Gemeinschaft ein.

Die Kraft für das gottgeweihte und geopferte Leben ströme aus der innigen Einheit mit der Gottesmutter Maria, der sich alle Mitglieder der Gemeinschaft täglich weihten. An die Stelle der Gelübde, wie sie üblicherweise in Ordensgemeinschaften abgelegt werden, trat bei der Gemeinschaft der Liebe die Weihe an die Gottesmutter. Durch das kindliche Sich-Anvertrauen an die himmlische Mutter ströme von ihr her die Gnade zu, Gehorsam, Armut und Keuschheit im Alltag leben zu können.

Die tägliche Anbetung des Allerheiligsten, die in allen Häusern durchgeführt wurde, gestaltete sich bei uns sehr schwierig, vor allem im Winter. Im Mutterhaus hatten wir noch keine Kapelle, daher gingen wir zur Anbetung in die große Pfarrkirche, die im Winter nicht beheizt war. Selbst mit Wärmflasche unter dem Anorak war es nicht immer leicht, die ganze Stunde in der eiskalten Kirche durchzuhalten, sodass wir schließlich auf eine halbe Stunde reduzierten. Es war eine riesige Freude, wenn P. Erik einmal pro Woche vorbeikam, um bei uns die heilige Messe zu lesen, Beichte zu hören und uns das Allerheiligste zur Nachtanbetung dazulassen.

Zum Beichten gingen wir im Normalfall alle zwei Wochen. Manche gingen auch jede Woche, je nach Möglichkeit und Bedarf. Das war für mich aufgrund der Sprachbarrieren allerdings nur möglich, wenn ein deutsch sprechender Priester vorbeikam.

Besonders freuten wir uns, wenn uns P. Bonifatius besuchte. Er war ja der Seelenführer von uns Schwestern, und jede bekam dann die Möglichkeit, mit ihm ein Gespräch zu führen. Doch irgendetwas ließ mich mich selbst in seiner Gegenwart klein und schuldig fühlen. Die Schwestern hielten ihn für heilig, sodass mir meine eigenen Fehler und Unzulänglichkeiten neben ihm riesig zu sein schienen. Auch hatte ich oft Angst, ihm meine persönlichen Fragen zu stellen, denn ich wusste ja, dass ich seine Antwort als Willen Gottes für mich annehmen musste. Was wäre, wenn ich das nicht könnte? Ich fühlte mich ihm ausgeliefert.

Manche Gespräche verliefen in großer Liebe. Er sprach mir Mut zu, bestätigte mir meine große Berufung und spornte mich an, heilig zu werden. Manchmal strich er mir zum Schluss des Gesprächs mit dem Handrücken über die Wange oder sagte „mein Kind" oder „mein Engel" zu mir. Dies erlebte ich durchaus als angenehm, und Liebe durchströmte mich. In solchen Begegnungen verstärkte sich die innere Bindung an ihn, heute würde ich auch sagen die emotionale Abhängigkeit von ihm.

Andere Seelenführungsgespräche waren von Ermahnungen geprägt, ja, manchmal verletzte und erniedrigte mich P. Bonifatius. Ich hatte dann das Gefühl, durch mein Nicht-Entsprechen seine Liebe verloren zu haben, und fühlte mich wie der größte Sünder der Welt. In solchen Momenten dachte ich, seiner besonderen Zuwendung nicht mehr würdig zu sein. Er war für mich ein Sprachrohr Gottes. Wenn er nicht mit mir zufrieden war, könnte Gott es auch nicht sein, schien mir. Auch aus diesem Grund versuchte ich mich umso mehr anzustrengen.

Dabei erkannte ich keinen Zusammenhang zwischen meinem Bemühen und seinen Reaktionen. Wenn ich meinte, mich bemüht zu haben, folgten trotzdem Vorwürfe. Und wenn ich das Gefühl hatte, der Gnade nicht entsprochen zu haben, zeigte er sich liebevoll und zugewandt. Das verunsicherte mich, da ich seine Reaktion nie vorhersehen konnte.

Sr. Monika betonte die Bedeutung des Strebens nach Heiligkeit, das Bedingung dafür sei, in der Gemeinschaft der Liebe zu sein. Wer nicht nach Heiligkeit strebe, sei nur „ein Esser mehr" und werde früher oder später weggehen. Auch sei es wichtig, die Zeit sehr gut zu nützen. Wir sollten keine Minute vergeuden, sondern möglichst immer innerlich im Gebet sein.

Eine weitere Schwierigkeit bestand darin, dass wir nur ein Telefon für die ganze Schwesterngemeinschaft zur Verfügung hatten, das mitten im Flur stand. Alle hörten mit. Da es nahezu ausgeschlossen war, in den knappen Pausen das Telefon zu erwischen, wenn es gerade frei war, gab es die Anweisung, nur das Allernötigste mit der Person am anderen Ende der Leitung zu besprechen und darauf zu verzichten zu fragen, wie es dem anderen gehe. Telefonate mit der Familie konnten daher nur in sehr geringem Umfang geführt werden. Für mich war es in dieser Zeit eine Erleichterung, kaum Kontakt zu meinen Eltern zu haben. Durch die räumliche Distanz gewann ich auch innerlich Abstand zu dem Druck meiner Eltern. Dies ermöglichte mir, ungestört meinen Berufungsweg zu gehen.

Was eher unterschwellig vermittelt wurde, war die Einstellung, es sei nicht wichtig, wie es einem gehe. Sr. Monika sagte immer wieder: „Hauptsache, es geht den anderen gut." Wir sollten nur um das Wohl der anderen bemüht sein und schnell von uns „wegdenken", wenn sich selbstbezogene Gedanken einschlichen. Wenn man innerlich litt, empfahl sie, den anderen etwas Gutes zu tun, um sich selbst zu vergessen. Auch P. Bonifatius gab den Rat, einmal einen ganzen Tag lang nur an die anderen zu denken und für sie da zu sein, um festzustellen, wie glücklich man dann am Abend sei. Allerdings funktionierte das bei mir oft nicht. Manchmal war ich sogar eher unzufrieden und fragte mich dann, was ich falsch gemacht habe. Diese altruistische Einstellung prägte das ganze Leben in der Gemeinschaft. Mittlerweile weiß ich, dass es wichtig ist, auch die eigenen Bedürfnisse im Blick zu haben, um auf Dauer ein glückliches Leben führen zu können.

In diese Zeit fiel eine schöne Begebenheit. Wir waren öfters zwischen der Slowakei und Österreich unterwegs, und als ich mich einmal in der österreichischen Niederlassung aufhielt, fand ich in meinem Zimmer bei einer Muttergottesstatue einen Ring. Ich fragte, wem der Ring gehöre, doch niemand wusste, woher er komme. Als sich nach langer Zeit immer noch niemand gemeldet hatte, durfte ich den Ring behalten, da er mir genau passte. Ich gab ihn P. Bonifatius. Eines Abends bekam ich ihn nach der Anbetung feierlich von ihm angesteckt, sozusagen als meinen „Ehering" von Jesus. Nun war ich auch nach außen hin sichtbar mit Jesus vermählt, der Ring erinnerte mich immer daran. Das freute mich sehr.

Ich lebte nun ein Leben, das ganz und gar auf das Geistliche ausgerichtet war. Dabei vernachlässigte ich meinen Körper. Der Mangel an Bewegung sowie an Vollkornprodukten, Obst und Gemüse schlug sich mit der Zeit auf mein körperliches Wohlbefinden nieder. Zuhause hatte meine Mutter viel Wert auf eine vollwertige, gesunde Ernährung gelegt, was hier auf diese Weise nicht möglich war. Meine Verdauung reagierte entsprechend. Auch nahm ich in dieser Zeit stetig ab. Da es in der Gemeinschaft keine Waagen gab, fiel mir das gar nicht so sehr auf. So erschrak ich umso mehr, als ich mich einmal bei meinen Eltern wog und dabei feststellte, dass ich seit meinem Eintritt in die Gemeinschaft insgesamt 18 kg abgenommen hatte! Nach ungefähr eineinhalb Jahren im Noviziat blieben meine Monatsblutungen aus. Darüber machte ich mir allerdings keine Gedanken, das Körperliche war ja nicht so wichtig, hatte ich gelernt. Ich kam nicht einmal auf die Idee, mit jemandem darüber zu sprechen oder zum Arzt zu gehen, was mir heute völlig unverständlich ist, es hätte ja auch eine körperliche Erkrankung vorliegen können!

Einmal besuchte mich meine Freundin Beate im Mutterhaus. Sie dachte in dieser Zeit darüber nach, eventuell auch in die Gemeinschaft der Liebe einzutreten. Da P. Bonifatius bei uns war, feierten wir die heilige Messe mit ihm. In der Predigt begann er unversehens darüber zu reden, dass Beate eine Berufung zum gottgeweihten Leben habe. Sie habe große Verantwortung, ihrer Berufung zu entsprechen, und wenn sie dies nicht tun würde, würde ihr Leben in einer Katastrophe enden. Mir blieben diese Sätze immer im Kopf. Natürlich hoffte ich deshalb, sie werde eintreten. Aber sie entschied sich trotzdem für die Ehe. Mit meinem heutigen Wissen muss ich sagen: Beate hatte Gott sei Dank die nötige innere Freiheit, ihren eigenen Weg zu gehen. Sie ist heute eine glückliche Familienmutter – die Katastrophe ist nicht eingetreten.

Schließlich standen wieder die Jahresexerzitien an, die dieses Jahr eine besondere Bedeutung hatten, denn alle Schwestern der Gemeinschaft sollten das weiße Schwesternkleid erhalten. Es gab sozusagen eine „Masseneinkleidung". Wie groß war meine Freude, als mir Sr. Monika mitteilte, dass auch ich bereits das weiße Kleid erhalten solle. Obwohl ich noch keine zwei Jahre in der Gemeinschaft lebte, meinte sie, ich habe bereits vieles verstanden. Dies sah ich als großes Privileg.

Die Einkleidung

Die Exerzitien waren ganz von der Einkleidung der Schwestern geprägt. Da sich die Produktion der Kleider verzögert hatte, mussten zwei Schwestern in Italien warten, bis diese fertig waren, um sie dann direkt zu den Einkehrtagen zu transportieren. Unterwegs hatten sie einen Unfall, somit erreichten sie erst kurz vor der Feierlichkeit die Slowakei. Da vor großen Gnadenereignissen sich oft solche Schwierigkeiten zeigten, wurden sie als Machenschaften des „Feindes" gedeutet, um die Feiern zu verhindern oder zumindest zu stören.

Als die Kleider endlich ankamen, mussten sie noch angepasst und gekürzt werden. Alle Schwestern, die nähen konnten, saßen in allen Pausen an den Nähmaschinen. Mit dem neuen Kleid bekamen wir auch einen neuen Namen, der meist der Name unserer Beschützerin war. Gemäß meiner Namenspatronin entschied ich mich für den Schwesternnamen „Sr. Therese". Kurz vor der Einkleidung waren schließlich alle Kleider fertig und alle neuen Namen festgelegt. Die Feierlichkeit konnte beginnen.

Wir Schwestern erhielten, jede einzeln, von dem slowakischen Bischof und P. Bonifatius feierlich das Schwesternkleid überreicht. Draußen kleideten wir uns an und zogen anschließend mit einer brennenden Kerze in Zweier-Reihen ein. Da im Saal nur noch wenige Brüder und Priester anwesend waren, fand der Einzug ganz in Stille statt. Anschließend erneuerten alle gemeinsam ihre Weihe an die Gottesmutter.

Nun war ich also eine vollgültige Schwester der Gemeinschaft der Liebe! Ich deutete es als gutes Zeichen, dass ich so schnell zur Einkleidung zugelassen wurde, anscheinend waren die Oberen mit mir zufrieden. Auch freute ich mich auf meine Ausbildung zur Krankenschwester, die im nächsten Frühjahr beginnen sollte. Mein Leben als Mitglied der Gemeinschaft schien sich gut zu entwickeln.

Im Anschluss an die Exerzitien stand wieder die große Sommermission an. Dieses Mal durfte auch ich zum ersten Mal nach Russland.

3
Auf in den Osten

An der Wolga

Am Ende der Exerzitien wurden diejenigen Mitglieder, die sich auf den Weg in den Osten machten, vom Rest der Gemeinschaft gebührend verabschiedet. Wie stolz war ich, auch dabei zu sein! Unsere Gruppe bestand aus ungefähr zwanzig Personen: überwiegend recht junge Brüder und Schwestern, einige Jugendliche, die sich zu einem Sommereinsatz entschlossen hatten, und auch Priester der Gemeinschaft. Zunächst brachen wir mit dem Zug nach Moskau auf.

Einige Schwestern hatten einen reichen Lebensmittelvorrat an Brot, Wurst, Käse, Süßigkeiten und Getränken für uns besorgt, sodass es uns an nichts fehlte. In den Waggons wurde an Boilern jederzeit heißes Wasser zur Verfügung gestellt, mit dem wir uns einen Tee oder Kaffee zubereiten konnten. Die Wagen bestanden aus vielen kleinen Abteilen für vier Personen. In diesen gab es insgesamt vier Liegen, von denen die oberen zwei so umgeklappt werden konnten, dass man auf den unteren gut sitzen konnte. Die Priester der Gemeinschaft feierten in ihrem Abteil die heilige Messe, während ein Teil der Gruppe im Gang stehend mitfeierte. Einige hatten ihre Gitarren dabei, wir beteten und sangen gemeinsam oder machten Spiele, die wir mitgenommen hatten. Insgesamt verbrachten wir eine schöne Zeit im Zug, abgesehen von den hygienischen Verhältnissen im „Sanitärbereich“, der aus einem Zugplumpsklo und einem Waschbecken mit Kaltwasser bestand. In Moskau hatten wir eine Zwischenübernachtung und konnten am nächsten Tag noch die wunderschöne Mariä-Verkündigungs Kathedrale des Kremls mit ihren berühmten Ikonen besichtigen.

Am nächsten Tag teilten sich die Gruppen auf. Ich fuhr mit Jenny, die jetzt Sr. Maria Anastasia hieß, sowie einem italienischen Diakon und zwei amerikanischen Novizen an die Wolga. Dort übernahm unser Diakon die Urlaubsvertretung für den ortsansässigen Stadtpfarrer, indem er Wortgottesdienste mit Kommunionausteilung anbot. Später sollte noch ein italienischer Priester einer anderen Kongregation kommen, der die heilige Messe für die Pfarrei feierte. Ich bewunderte die spektakuläre Landschaft, die sich entlang der Wolga präsentierte. Hügelige und zum Teil bergige Bereiche, in die sich kleinere und größere Flüsse eingegraben haben, wechselten sich ab mit flachem Wiesenufer. Die dünne Besiedlung dieser Gegend ließ die Natur auf beeindruckende Weise zur Geltung kommen. In Saratow legten wir einen kleinen Zwischenaufenthalt ein. Insgesamt waren wir ca. 1 ½ Tage unterwegs, bis wir unser Ziel erreichten. Am Bahnhof begrüßte uns eine Mitarbeiterin der Pfarrei. Leider hatte sie kein Auto, sodass wir den langen Weg zur Kirche mit unserem ganzen Gepäck zu Fuß zurücklegen mussten.

Wir wohnten im Pfarrhaus, in dem uns mehrere Zimmer zur Verfügung gestellt wurden. Sr. Maria Anastasia und ich bezogen eines davon. Auf dem Pfarrgelände wurden gerade Bauarbeiten durchgeführt, allerdings kann ich mich nicht mehr daran erinnern, was genau gebaut wurde. Den Bauarbeitern – ich meine, es waren freiwillige Helfer – wurde jeden Mittag eine vollwertige Mahlzeit angeboten. Nach ihnen bekamen ungefähr zehn arme Kinder und auch Kinder der Angestellten eine warme Suppe. Wir sollten gemeinsam mit den Kindern essen und somit bestand unser Mittagessen fast jeden Tag aus Suppe und Brot. Immer wieder erwischte ich mich dabei, wie ich mit Sehnsucht auf das reichliche Essen der Arbeiter blickte. Auch morgens und abends war das Essen spärlich. Die Pfarrei war arm und konnte sich nur das Nötigste leisten, da hatten die Bauarbeiter Vorrang, die schwer arbeiten mussten. Ich hatte öfters Hunger. Manchmal konnte ich deshalb nachts nicht schlafen. Sr. Maria Anastasia ging es wohl ähnlich, denn einmal trafen wir uns mitten in der Nacht in der Küche und schauten beide, was im Kühlschrank war. Wir fanden etwas Brot und Marmelade, das dem Hunger schließlich Abhilfe leistete.

Am Wochenende hielt unser Diakon vier Wort-Gottes-Feiern mit Kommunionausteilung, drei davon in den umliegenden Dörfern. Sr. Maria Anastasia und ich fuhren mit, spielten Gitarre und sangen mit den Leuten. Von Samstag auf Sonntag übernachteten wir in einem der Dörfer, denn die Strecke war zu weit, um wieder an unseren Standort zurückzufahren. Wir zwei Schwestern wurden in der Kapelle untergebracht, da sonst kein freies Zimmer zur Verfügung stand. In dieser sollte am nächsten Morgen der Sonntagsgottesdienst stattfinden.

Da ich gerade erst das weiße Schwesternkleid empfangen hatte, fühlte ich mich verpflichtet, den hohen Erwartungen gerecht zu werden, die an eine Schwester der Gemeinschaft der Liebe gestellt wurden. An einem Sonntagmorgen passierte es mir, dass ich nach dem Klingeln des Weckers nicht sofort aufgestanden war, sondern wohl wieder eingedöst sein muss. Plötzlich waren die Stimmen der Babuschkas, der „Mütterchen" zu hören, die bereits in die Kirche kamen, obwohl es noch viel zu früh dafür war. Auf jeden Fall war ich zutiefst erschrocken und machte mich schnurstracks auf den Weg ins Bad. Als ich mich angezogen hatte und in die Kapelle kam, um meine Sachen wegzuräumen, waren bereits einige Babuschkas dort. Ich schämte mich für das schlechte Beispiel, das ich durch mein spätes Aufstehen gegeben hatte. Diese kleine Unvollkommenheit erschien mir wie eine große Sünde.

An diesem Beispiel lässt sich gut erkennen, wie stark meine Wahrnehmung damals schon verzerrt war und ich mich für Belanglosigkeiten anklagte. Oft fand ich erst wieder Frieden, wenn ich in der heiligen Beichte die Vergebung Gottes zugesprochen bekam. Eine längere Zeit nicht beichten zu können, war für mich daher eine Qual.

Unter der Woche widmeten wir Schwestern und Brüder uns zunächst der Anbetung und dem Gemeinschaftsgebet. In der übrigen Zeit machten wir uns im Pfarrhaus nützlich, besuchten arme oder kranke Menschen und einige Kinderheime. Bei den Exerzitien in der Slowakei wurden wir mit großen Mengen wundertätiger Medaillen ausgestattet. Sr. Maria Anastasia und ich verteilten diese bei jeder Gelegenheit, auch auf dem Markt der Stadt.

Zwei ortsansässige Schwestern, die in einem der von uns betreuten Dörfer lebten, hatten ein Zeltlager mit ca. 40 Kindern der Pfarrei organisiert. Bei diesem sollten wir Schwestern und der Diakon mithelfen. Eine Wiese neben einem kleinen See, an dem es vor Stechmücken nur so wimmelte, wurde als Zeltplatz auserkoren. Uns Schwestern wurde ein eigenes kleines Zelt zur Verfügung gestellt, in dem wir übernachteten. In einem Holzhaus beim See befand sich eine kleine Küche, in der wir die Mahlzeiten zubereiteten. Mit dem Kochen wechselten wir uns ab: die Schwestern der Pfarrei, Sr. Maria Anastasia und ich. Das war für mich eine echte Herausforderung! Noch nie zuvor hatte ich für so viele Personen gekocht, außerdem war mir die russische Küche nicht vertraut. Das Resultat war, dass sich die Kinder über mein Essen beschwerten und nur wenig davon aßen. Wie froh war ich, als das Zeltlager endlich vorbei war! Gegen Ende steckten Sr. Maria Anastasia und ich uns noch mit einem Virus an, das starken Durchfall verursachte. Es war schon Mitte August, und die Schwestern aus Moskau hatten um Verstärkung für ihr Kinderlager gebeten. Da unser Zustand sich aber nicht besserte, fuhren nur die beiden Novizen dorthin, wir zwei Schwestern durften noch zehn Tage an unserem Standort bleiben, um uns auszukurieren. Als die Zeit der Sommermission abgelaufen war, fuhren wir mit dem Zug zurück nach Moskau. Es ging uns immer noch nicht gut. Aber die göttliche Vorsehung half: In Moskau hielten sich gerade zwei Priester auf, beides Ärzte. Diese verabreichten uns ein Antibiotikum, welches das Virus endlich besiegte.

In Moskau trafen sich alle Schwestern und Brüder, die den Sommer in Russland und Kasachstan verbracht hatten, wieder. Diejenigen, die in Sibirien waren, erzählten, wie sie von den Babuschkas überaus reichlich mit Essen versorgt worden waren. Ich war neidisch. Nach den vergangenen Wochen fühlte ich mich sehr müde und ausgelaugt. Ich war froh, als wir wieder in der Slowakei ankamen, und dann ging es in den wohlverdienten Urlaub.

Die Sache mit der Ausbildung

Ich meine, es fiel in diese Zeit, als mich P. Bonifatius in unserer österreichischen Niederlassung um ein Gespräch bat, was selten vorkam. Er musste mir wohl etwas Wichtiges zu sagen haben, und ich war sehr gespannt und auch ziemlich aufgeregt, was das wohl sein könne. Schließlich saß ich ihm in einem Zimmer gegenüber. P. Bonifatius begann über meine Ausbildung zu sprechen, die ja nun bald anstehe, und sagte, er möchte, dass ich diese verschiebe und zunächst für eine Zeit lang in die Mission gehe. Ich würde es jetzt noch nicht schaffen, die Ausbildung zu machen. Wenn ich bereits in der Mission gearbeitet hätte, würde das dann die anderen Auszubildenden beeindrucken.

Ich wagte nicht nachzufragen, wie er zu dieser Entscheidung kam. Schließlich galten seine Worte als der Wille Gottes, und ich hatte Gehorsam versprochen. Trotzdem trafen sie mich wie ein Blitz.

Das, was ich die ganze Zeit vor Augen gehabt hatte, sollte plötzlich wieder ins Ungewisse verschoben werden? Seine Erklärung konnte ich nicht nachvollziehen. Was wollte er damit sagen, dass ich „die Ausbildung nicht schaffen würde"? Hatte er Angst, dass ich meiner Berufung untreu würde? Das war der einzige Grund, der mir denkbar schien, denn gesundheitlich hatte ich keine Probleme. Wie sollte ich das meinen Eltern klarmachen? Warum hielt er sich nicht an das, was er ursprünglich zugesagt hatte, nämlich dass ich die Ausbildung nach der Formungszeit machen dürfe? Mir schossen viele Fragen durch den Kopf, für die ich keine Antworten fand. Das verwirrte mich. Aber uns war beigebracht worden, dass der

Gehorsam die Garantie dafür sei, immer zu 100 % den Willen Gottes zu erfüllen. Und das wollte ich ja, auch wenn es mir sehr schwerfiel und ich es nicht verstehen konnte.

Also schrieb ich dem Ausbildungsleiter erneut, kündigte meinen Ausbildungsplatz und bat um eine weitere Verschiebung auf unbestimmte Zeit. Er schrieb zurück, bedauerte meine Absage und wünschte mir alles Gute. Ich brauchte noch eine ganze Weile, bis ich das einigermaßen verdaut hatte. Hier wird deutlich, wie P. Bonifatius zunehmend meine persönlichen Grenzen überschritt. Was ich selbst dachte oder für gut befand, spielte keine Rolle. Meine eigenen Interessen sollte ich unterordnen und wenn nötig aufgeben.

Mir wurde zugedacht, in die ehemalige Sowjetunion zu gehen. Vor einigen Monaten hatte eine Mitschwester, die in Sibirien wirkte, einen Diavortrag über ihre Missionsarbeit gehalten. Dieser hinterließ bei mir einen bleibenden Eindruck: Ähnlich wie die Mutter-Teresa-Schwestern für die Ärmsten der Armen da zu sein, Kranke zu besuchen und den Menschen, die so viele Jahre nichts von Gott gehört hatten, den Glauben zu vermitteln, so ein Apostolat konnte ich mir gut vorstellen. Ich dachte nicht, dass sich dieser Wunsch schon so bald erfüllen sollte.

Aufbruch nach Kasachstan

Unsere Oberin, die bei der Einkleidung den neuen Namen „Sr. Angelika“ bekommen hatte, teilte mir eine Missionsstation in einer Stadt in Kasachstan zu, die es zu eröffnen galt. Mit mir sollten P. Anselm, der erst vor Kurzem seine Priesterweihe empfangen hatte, P. Beda und Sr. Paula dort wirken. Vorerst war für mich nur ein Aufenthalt von einem Jahr vorgesehen. Ich freute mich, auch wenn ich sehr gespannt war auf das, was mich dort erwarten würde.

Einige Monate vor unserer Abreise erzählte mir ein russlanddeutscher Mitbruder, der aus Kasachstan stammte, dass sich in der Nähe unseres zukünftigen Missionsgebiets ein ehemaliges Atomwaffentestgelände der Russen befand. Das erschreckte mich sehr. Ich sollte mich also in ein radioaktiv stark verstrahltes Gebiet begeben! Was könnte das für Auswirkungen haben? Würde ich krank werden? Oder sterben? Der Gedanke erfüllte mich zunächst mit Angst. Doch Sr. Angelika sagte uns, P. Bonifatius habe genau für jenes Gebiet die „Gnade Gottes" erlebt und verstanden, dass wir als Gemeinschaft dorthin gehen sollten, um auch diesen besonders leidenden Menschen die frohe Botschaft des Evangeliums zu bringen. Gott werde uns schützen, ähnlich wie den heiligen Maximilian Kolbe und seine Mitbrüder in Nagasaki, die von der radioaktiven Strahlung der Atombombe verschont geblieben waren. Das beruhigte mich etwas.

Doch das war noch nicht alles: P. Anselm hatte sich informiert und herausgefunden, dass die Luftwerte in der Stadt, in die wir reisen sollten, so schlecht waren, dass sie noch kurz zuvor im Guinnessbuch der Rekorde als die Stadt mit der zweitschlechtesten Luft weltweit gelistet war. Auch das noch! Was würde das werden? Also glauben und vertrauen! Insgeheim erfüllte es mich mit etwas Stolz, dass ich mit meinen 21 Jahren, noch keine zwei Jahre in der Gemeinschaft, für so ein schwieriges Missionsgebiet auserwählt wurde. Es schien, dass mir die Oberen einiges zutrauten, dachte ich. Aus heutiger Sicht halte ich es für völlig unverantwortlich, junge Menschen in so ein Gebiet zu schicken. Sie hatten meine jugendliche Begeisterung und meinen kindlichen Gehorsam für ihre Zwecke ausgenützt!

Ich wusste, dass meine neue Aufgabe gesundheitlich hochriskant war, war aber bereit, im Namen Gottes die Konsequenzen auf mich zu nehmen, damit sich das Reich Gottes auch dort verbreiten könne. Hauptsache, es geht den anderen gut, das hatte uns Sr. Angelika im Noviziat immer wieder gesagt, und ich war bereit, mich ganz dem Willen Gottes hinzugeben, der sich ja vermeintlich durch meine Oberen mitteilte.

Ende Oktober brachen also P. Anselm, P. Beda, Sr. Paula und ich von Tschechien aus mit dem Zug auf. P. Anselm schärfte uns ein, jeder solle nur das mitnehmen, was er selbst tragen könne, damit wir in Moskau den zeitlich knappen Umstieg in einen anderen Zug gut schaffen würden. Also hieß es, sich einzuschränken. Was war wirklich wichtig, und auf was konnte ich verzichten? Es begann eine Reise ins Ungewisse, und alles war sehr spannend für mich.

Zunächst fuhren wir mit dem Zug durch Tschechien und Polen bis nach Weißrussland. An der weißrussischen Grenze mussten wir nachts mehrere Stunden im abgeschlossenen Zug warten. Jeder Waggon wurde einzeln in die Höhe gehoben, um die Räder zu wechseln, denn die Schienen sind in Russland breiter als in Europa. Das schien ewig zu dauern. Während dieser Zeit kontrollierten die weißrussischen Zollbeamten unsere Pässe und Visa. Sie verzogen keine Miene und wirkten sehr streng, was in mir ein mulmiges Gefühl auslöste. Schließlich war es geschafft, und der Zug fuhr weiter nach Moskau. Am nächsten Tag feierte ich meinen 22. Geburtstag. Die anderen hatten ihn wohl in der ganzen Aufregung der Abreise vergessen, was mich etwas traurig machte. Bislang wurden alle Geburtstage in meinem Leben immer gefeiert. Schließlich entschloss ich mich, ihnen zu sagen, dass ich Geburtstag hatte. Daraufhin gab es doch noch eine kleine Feier mit den wenigen Dingen, die wir dabeihatten.

Nach zwei Tagen kamen wir am Bahnhof in Moskau an. Dort erwartete uns Sr. Regina, eine Schwester der Gemeinschaft, die hier stationiert war, mit einem riesigen Berg an Schachteln voll von humanitären Hilfsgütern. Diese sollten wir alle nach Kasachstan mitnehmen. Davon hatten wir nichts gewusst. Als unser Zug schon anfuhr, schob uns Sr. Regina noch die restlichen Schachteln durch das Zugfenster in unser Abteil hinein. Wir hatten eine ganze Weile mit dem Verstauen zu tun, bevor wir uns überhaupt hinsetzen konnten. Ein Wunder, dass alles in unser Zugabteil hineinpasste!

Nun saß ich also in der Transsibirischen Eisenbahn. Ich fand es toll, in meinem jungen Alter schon so viel erleben zu dürfen. Gleichzeitig war ich sehr gespannt, was mich erwarten würde. Mit einer Reisetasche ins Ungewisse zu fahren war ein richtiges Abenteuer! Wir entfernten uns immer mehr von der Stadt und fuhren stundenlang an weißen Birkenwäldern vorbei. Alles war flach.

An den Haltestationen standen Händler und Babuschkas am Bahngleis und boten ihre Ware zum Verkauf an: frisches Brot, heiße Kartoffeln, in Fett ausgebackene, mit Fleisch oder Kraut gefüllte Teigtaschen, Eis und Ähnliches. Wir versorgten uns reichlich und genossen es, neben unserem eigenen Proviant etwas Warmes zu bekommen. Nach ca. zwei Tagen passierten wir die Grenze zu Kasachstan. Hier starrte uns die karge, topfebene Steppe entgegen, welche die heiße Sonne tiefbraun verfärbt hatte. Auf mich wirkte sie sehr öde. Mir fiel ein, was eine Mitschwester, die selbst in Kasachstan arbeitete, mir einmal gesagt hatte: In Kasachstan könne man sich ganz auf Jesus ausrichten, da es äußerlich nichts Schönes gebe. Ja, das schien wohl zu stimmen. Das versuchte ich nun. Insgesamt waren wir eine ganze Woche unterwegs.

Auf Zwischenstation

Das Ziel unserer Reise war eine kasachische Stadt, in der wir vorübergehend bleiben sollten, um uns auf unser eigentliches Missionsgebiet vorzubereiten. In dieser befand sich eine katholische Pfarrei, in der zwei Priester und auch einige Ordensschwestern wirkten.

Der Ortspriester holte uns am Bahnhof ab und brachte uns zunächst zu einer Babuschka, die für uns Krautwickel mit Kartoffelpüree zubereitet hatte. Nach der langen Zeit im Zug war ich sehr dankbar für eine warme Mahlzeit. Ich fühlte mich freundlich aufgenommen. Dann ging es weiter in unsere Unterkünfte.

Sr. Paula und ich wurden in einem kleinen Häuschen untergebracht, in dem weder fließendes Wasser noch sanitäre Anlagen zur Verfügung standen. Das „Badezimmer" bestand aus einem Gestell im Eingangsbereich des Hauses, in das oben Wasser hineingegossen wurde und wo man sich, indem man einen Hebel nach oben drückte, die Hände waschen konnte. Da dieser Bereich durch seine Verglasung von außen gut einsehbar war, wuschen wir uns aber nur mit einer Waschschüssel im Zimmer. Einmal pro Woche durften wir die Banya, eine Art Sauna, in der man sich wusch, auf dem nahegelegenen Grundstück der Ordensschwestern mitbenützen. Ca. 150 m von unserem Haus entfernt befand sich ein Klohäuschen mit einem Plumpsklo. In der Nacht musste also ein Nachttopf herhalten, mit dem ich mich allerdings nie anfreunden konnte, sodass ich lieber den Weg zum Plumpsklo auf mich nahm, auch bei Schnee und klirrender Kälte.

Wir Schwestern wohnten in einem winzigen Zimmer, in dem gerade einmal zwei Betten und ein Tisch mit Stuhl Platz hatten. Mit uns lebte noch eine alleinerziehende Mutter mit ihrem Baby sowie Nadja, eine Deutschstudentin. Das Haus gehörte den Ordensschwestern, sie stellten es bedürftigen Menschen zur Verfügung.

Die zwei Priester unserer Gemeinschaft waren in einem etwas komfortableren Haus in einiger Entfernung von uns untergebracht, in dem es sowohl fließendes Wasser als auch ein Badezimmer mit Toilette gab. Die Glücklichen, dachte ich. Ich merkte erst jetzt, wie kostbar solch selbstverständliche Dinge sind und wie sehr sie das Leben erleichtern. Bei ihnen wohnte auch der russlanddeutsche Ortspfarrer, und eine ältere Frau aus der Pfarrei kochte für die drei.

An diese völlig veränderten Lebensbedingungen musste ich mich erst einmal gewöhnen. Morgens machten Sr. Paula und ich uns auf den Weg zur nächsten öffentlichen Wasserstelle, wo wir in Kanistern Wasser holten. Im Winter konnte dies ziemlich herausfordernd sein, da die Gehwege vereist und spiegelglatt waren, ganz besonders der Platz um die Wasserstelle herum. Meist brauchte es mehrere Male, bis wir das nötige Wasser für den Tag zusammen hatten, vor allem wenn Waschtag war. In unserem Haus hatten wir keine Waschmaschine, daher mussten wir die Wäsche von Hand waschen. Eine mechanische Schleuder leistete sehr gute Dienste, und aufhängen konnten wir unsere Sachen draußen, wo sie selbst bei eisigen Temperaturen trockneten.

Einmal pro Woche gingen wir einkaufen. Von Supermärkten wie in Europa konnten wir nur träumen. Auf dem Wochenmarkt wurde allerdings eine reichhaltige Auswahl der gängigen Lebensmittel angeboten. Also fuhren wir – riesengroße Einkaufstaschen im Rucksack – mit dem Bus zum Markt. Während des Einkaufs verteilten wir wundertätige Medaillen, die die Leute gerne annahmen. Da sie golden glitzerten, obwohl es sich nur um billiges Blech handelte, schien es für die Einheimischen etwas Besonderes zu sein. Schließlich machten wir uns wieder auf den Rückweg, um nach Möglichkeit einen Bus zu ergattern. Oft kam dieser allerdings nicht, sodass wir entweder sehr lange warten mussten oder uns schließlich doch zu Fuß auf den langen Heimweg machten, unsere schweren Einkaufstaschen schleppend. Wenn noch ein Schneesturm dazukam, konnte das überaus anstrengend sein. Wie froh war ich dann, wenn wir endlich wieder zuhause ankamen!

Brot, Wurst und Käse kauften wir in den staatlichen Geschäften der Stadt, in denen ansonsten hauptsächlich Konserven angeboten wurden. Die Wahl fiel bei jeweils zwei Sorten nicht schwer. Öfters war außen an den Geschäften ein Schild mit der Aufschrift „kein Brot“ angebracht. Dann konnte schnell ein Vormittag ausgefüllt sein, bis wir dieses Grundnahrungsmittel auftreiben konnten.

Nach dem Kochen und Mittagessen besuchten uns die Priester. Wir hielten das Gemeinschaftsgebet ab, das aus einigen Gesätzchen vom Rosenkranz bestand. Anschließend gingen wir zu den Ordensschwestern, um in deren Kapelle stille Anbetung zu halten. Danach ging es schnurstracks zu Fuß zur

Pfarrkirche, in der schon bald der Rosenkranz beginnen sollte. Nach der anschließenden heiligen Messe kehrten wir nach Hause zurück und aßen zu Abend. Das Gebet und unsere kleine Gemeinschaft gaben mir viel Kraft, alle Opfer auf mich zu nehmen.

Schon bald wurde in unserem Schwesternhaus zum ersten Mal eingebrochen. Als Sr. Paula und ich einmal von der heiligen Messe nach Hause kamen, entdeckten wir voll Schreck, dass das Fenster unseres Schwesternzimmers eingeschlagen war und einige persönliche Dinge wie Walkman, eine Reliquie der heiligen Theresia von Lisieux, Schokolade und Ähnliches fehlten. Das war schmerzhaft und auch etwas unheimlich.

Einige Wochen später folgte ein zweiter Einbruch und bald darauf ein dritter. Jedes Mal fehlten persönliche Dinge, von denen wir ohnehin nur sehr wenige hatten. Die ortsansässigen Schwestern hatten den Dieb einmal kommen sehen, es war ein Junge aus einem Waisenhaus, der früher in diesem Haus gewohnt hatte. Allerdings konnten wir ihn nie auf frischer Tat ertappen. Anscheinend wusste er genau, wann wir nicht zuhause waren. Mehrere Male lauerten die Priester und wir zwei Schwestern ihm während der Zeit der heiligen Messe in unserem Schwesternhaus auf. Wir machten alle Lichter aus und harrten mucksmäuschenstill aus. Einmal schien er tatsächlich zu kommen. P. Beda stand bereits an der Tür, mit einer Pfanne bewaffnet. Allerdings stellte sich im letzten Moment heraus, dass es eine der Ordensschwestern war, die nach dem Rechten schauen wollte.

Ich bekam immer mehr Angst, in diesem Haus zu sein, vor allem, wenn ich mitten in der Nacht den Weg zum Klohäuschen auf mich nahm. Schließlich fand auch der Ortspriester die Situation nicht mehr zumutbar und erlaubte uns, ein Zimmer im Priesterhaus zu beziehen. Wie froh war ich darüber! Endlich fühlte ich mich wieder sicher und dankte Gott für dieses große Geschenk, nicht zuletzt auch wegen des Badezimmers!

Am Tagesablauf sollte sich nicht viel ändern, außer dass die Priester und wir zwei Schwestern nun sowohl am Morgen als auch am Abend Gemeinschaftsgebet abhielten. Sr. Paula und ich übernahmen das Kochen, und die Haushälterin versorgte uns mit in Essig eingelegten Tomaten und Gurken. In diesem Winter lebten wir äußerst einfach. Außer Karotten, Kraut, roten Beten und kleinen Äpfeln war an Gemüse und Obst nicht zu denken.

Inmitten aller Schwierigkeiten war mir P. Anselm mit seiner väterlichen Art eine sehr große Stütze. Zudem kannte sich Sr. Paula als gelernte Betriebshelferin und Hauswirtschafterin bei allen praktischen Fragen gut aus. P. Beda war stets hilfsbereit und entlastete uns Schwestern mit seinen Dienstleistungen, wenn er beispielsweise für uns einkaufen ging. Ich empfand uns als ein wunderbares Team, in dem ich mich gut aufgehoben fühlte und es auch einiges zu lachen gab.

Nebenbei bemühten wir vier uns, Russisch zu lernen. Da in der Stadt kaum Ausländer lebten, fanden wir diesbezüglich keine Angebote. Schließlich machte P. Anselm eine russische Deutschlehrerin ausfindig, die uns anhand von Deutschbüchern Russisch beibrachte, was nicht ganz einfach war. Zwei Mal pro Woche begaben wir uns mit dem Bus auf den Weg in die Schule, wo wir unterrichtet wurden. Zuhause nutzte ich jede freie Minute, um neue Vokabeln zu lernen, wollte ich doch möglichst gut auf meine zukünftige Mission vorbereitet sein.

Wir mussten sehr lange auf die Erlaubnis für eine erste Fahrt in unser eigentliches Missionsgebiet warten. Ausländer brauchten dazu nämlich eine Sondergenehmigung, da die Stadt dieses Bezirks eng mit dem sowjetischen Atombombenprojekt verflochten war. Es dauerte ein halbes Jahr, bis wir diese endlich erhielten!

Die päpstliche Anerkennung

In diese Zeit fiel ein bedeutendes Ereignis unserer Gesamtgemeinschaft: Wir erhielten die päpstliche Anerkennung! Nun waren wir als Vereinigung päpstlichen Rechts ganz offiziell anerkannt, welche Freude! Aus heutiger Perspektive kann ich nicht nachvollziehen, wie es möglich war, dass der Vatikan ohne nähere Überprüfung der Gemeinschaft, die ja solch eine desaströse Vorgeschichte hatte, eine päpstliche Anerkennung aussprechen konnte. Hier sehe ich ganz klar die Verantwortung bei den damaligen Verantwortlichen in Rom.

Bezüglich des Aufbaus der Gemeinschaft entstanden nun feste Strukturen, was sowohl die Leitung als auch die Formungszeit betraf. P. Bonifatius wurde offiziell der Leiter der Gesamtgemeinschaft, Sr. Angelika die Oberin der Schwesterngemeinschaft. Von da an sollten wir sie nicht mehr mit ihrem Namen ansprechen, sondern nur noch mit „Padre“ und „Madre“, die italienische Bezeichnung für „Vater“ und „Mutter“. Das bringe ihre Stellung in der Gemeinschaft besser zum Ausdruck. Erstmals wurde ein Leitungsgremium konstituiert, das von da an alle Entscheidungen der Gemeinschaft gemeinsam traf. Zumindest offiziell. Dazu gehörten Priester und Schwestern aus allen wichtigen Bereichen der Gemeinschaft. Ob diese gewählt oder ernannt wurden, weiß ich nicht mehr.

Wir Schwestern und Brüder in Kasachstan bekamen die Entwicklungen der Gesamtgemeinschaft nur bruchstückhaft mit, da es damals noch kein Internet gab und sich das Telefonieren höchst kompliziert darstellte. Wenn wir in den Westen telefonieren wollten, mussten wir das Gespräch erst an einer zentralen Stelle anmelden. Dort wurde dann innerhalb der nächsten Stunden versucht, eine Verbindung herzustellen. Sobald das gelungen war, wurden wir zurückgerufen. Daher durften wir uns die ganze Zeit über nicht weit vom Telefon entfernen. Nicht selten mussten wir dann mit möglichst lauter Stimme ins Telefon schreien, um am anderen Ende der Leitung einigermaßen verstanden zu werden. Telefonierte man zu lange, konnte es sein, dass sich die Zentrale meldete und meinte, man solle jetzt aufhören, da das Gespräch sonst zu teuer werde. Die Einwohner hatten uns auch darauf aufmerksam gemacht, dass Telefongespräche abgehört würden. Manchmal funktionierte unser Telefon wochenlang nicht, sodass wir völlig von der Außenwelt abgeschnitten waren. Daher trafen wir notgedrungen manche Entscheidungen allein, ohne diese vorher mit den Oberen abzusprechen.

4
In der geschlossenen Stadt

Erste Eindrücke

Nachdem wir die Einreiseerlaubnis für unser zukünftiges Missionsgebiet bekommen hatten, fuhr P. Anselm, jeweils in Begleitung einer Schwester, ein paar Mal mit dem Bus dorthin. Die Fahrt dauerte zwölf Stunden und erfolgte über Nacht. Dementsprechend gerädert kamen wir am nächsten Tag am Busbahnhof an. Dort holte uns Alexander, ein russlanddeutscher Katholik, mit dem Auto ab. Er brachte uns zu sich nach Hause, einem grauen Wohnblock am Rand der Stadt. In diesem lebte er in einer kleinen Wohnung, zusammen mit seiner Frau und seinem ca. siebenjährigen Sohn. Wir wurden von der Familie liebevoll aufgenommen und gut versorgt. Da Alexander deutsch sprach, genauer gesagt den russlanddeutschen Dialekt, konnten wir uns gut mit ihm verständigen, und er übersetzte für uns, wo es nötig war. Nun ging es darum, ein geeignetes Haus für uns zu finden, in dem auch ein Kirchraum Platz finden sollte. P. Bonifatius wollte ursprünglich, dass wir außerhalb der Stadt wohnten, da er von der schlechten Luft gehört hatte. Dem zuständigen Ortsbischof war es aber wichtig, dass die Kirche zentral gelegen und mit öffentlichen Verkehrsmitteln gut erreichbar sei, damit die Gläubigen, von denen viele kein Auto hatten, die Gottesdienste besuchen konnten. Gemeinsam mit Alexander besichtigten wir also einige Häuser in der Stadt, die zum Kauf angeboten wurden. Bald fanden wir eines, das gut geeignet schien: ein Doppelhaus mit fließendem Wasser, Badezimmer und Zentralheizung, in dem genügend Platz vorhanden war, um einen Raum als vorläufigen Kirchraum einzurichten. Hinter dem Haus befand sich ein kleiner Garten.

Nach einem halben Jahr des Wartens konnten wir also endlich in unser eigentliches Missionsgebiet aufbrechen. Ich freute mich und war gespannt. Der Frühling hatte bereits begonnen, als wir uns mit unserem ganzen Gepäck auf den Weg machten. P. Beda und Sr. Paula fuhren mit dem Nachtbus, während P. Anselm und ich im Auto fahren durften, mit dem uns ein russlanddeutscher Lehrer an unser Ziel brachte. Zum ersten Mal sah ich die Landschaft nun bei Tag. Während wir in der topfebenen Steppe losfuhren, wurde die Gegend, je mehr wir uns unserem Ziel näherten, immer hügeliger. Die kahlen, mit Steppengras und Steinen bedeckten Hügel, Ausläufer des Altai-Gebirges, zeichneten eine fast surreal wirkende Landschaft, die uns eine sehr willkommene Abwechslung bot und mich außerordentlich beeindruckte. Nach der langen Autofahrt war es schon dunkel, als wir schließlich voll Freude in unserem neu erworbenen Haus ankamen.

Zu dieser Zeit wohnte noch eine Frau in einer der Haushälften, die entgegen der Absprache nicht ausgezogen war. Daher stand uns zunächst nur eine Seite zur Verfügung, weshalb wir uns sehr einschränken mussten. Sr. Paula und ich schliefen im großen Schlafzimmer, während sich P. Beda im Esszimmer einrichtete und P. Anselm sich mit der Küche begnügte. Möbel hatten wir noch keine, daher verbrachten wir die Nacht in unseren Schlafsäcken auf Isomatten auf dem Boden. Es zeigte sich, dass P. Anselm dabei den schlechtesten Platz erwischt hatte, denn er machte Bekanntschaft mit einigen Kakerlaken, die mit ihm in der Küche wohnten. Diese waren nachts auf dem Boden unterwegs und krochen ihm dabei einmal über das Gesicht. Auf der Suche nach einer Lösung erwarb Sr. Paula in der Stadt einen Stift, von dem gesagt wurde, sein Wirkstoff locke die Kakerlaken an und das darin enthaltene Gift töte sie anschließend. Ich kann mich noch erinnern, wie sie mit dem Stift alle Wände der Küche bearbeitete und daraufhin riesige Schwärme von Kakerlaken an den Wänden hochkletterten, bis sie schließlich tot zu Boden fielen. Ein entsetzlicher Anblick. Aber von diesem Tag an war das Problem weitestgehend gelöst, nur ab und zu verirrten sich noch wenige Tierchen in die Küche.

Die ersten Tage und Wochen gestalteten sich sehr mühsam. Mittlerweile war es draußen bereits heiß geworden. Da wir noch keinen Kühlschrank hatten, konnten wir nur Lebensmittel kaufen, die nicht verdarben. Aus diesem Grund versuchten wir, möglichst keine Reste übrig zu lassen. Durch diesen Umstand leisteten wir uns sogar Nutella zum Frühstück, da diese nicht gekühlt werden musste. Ein Luxus, den wir uns sonst nicht gegönnt hätten.

Unsere erste Anschaffung war ein Esstisch. Ohne Auto, geschweige denn einen Lieferservice, blieb P. Anselm und Sr. Paula keine andere Lösung, als ihn zu Fuß nach Hause zu tragen. Wie sehr schätzten wir es, als wir endlich ein eigenes Auto kaufen konnten: einen roten russischen Niva, der einem Geländewagen glich und uns auch auf den unwegsamen Straßen mit ihren Schlaglöchern gute Dienste leistete. Das erleichterte unser Leben erheblich.

Vormittags verrichteten Sr. Paula und ich Hausarbeit, nach dem Mittagessen nahmen wir uns für die zahlreichen Kinder Zeit, die sich auf der Straße aufhielten und meist aus sehr armen Verhältnissen kamen. Wir spielten zuerst mit ihnen und erzählten im Anschluss etwas über Jesus. Die ein oder anderen hatten schon etwas im Fernsehen über ihn gehört, vielen war das Christentum jedoch völlig unbekannt, obwohl es sich vorwiegend um russische Kinder handelte.

Der Großteil der Bevölkerung bestand damals aus ungefähr gleich vielen Russen wie Kasachen. Die dort lebenden Katholiken gehörten größtenteils ethnischen Minderheiten europäischer Herkunft an: überwiegend Russlanddeutsche, Polen und Ukrainer. Da während der Zeit des Kommunismus sowohl die orthodoxe Kirche als auch die muslimische Glaubensgemeinschaft verfolgt worden waren, befand sich das religiöse Leben in der Stadt nun überall im Aufbruch.

An unserer westlichen Kleidung waren wir vier sofort als Ausländer erkennbar. Ganz besonders fielen Sr. Paula und ich mit unseren Schwesternkleidern auf. Solche hatten die Einheimischen noch nie zuvor gesehen. Da sich aufgrund der nötigen Sondergenehmigung kaum ausländische Personen in der Stadt aufhielten, waren es die Leute nicht gewohnt, dass jemand ihre Sprache nicht sprach. Wenn ich mit meinen mühevoll erlernten Sprachkenntnissen versuchte, mich verständlich zu machen, konnte es durchaus passieren, dass Leute fragten, warum ich so schlecht russisch spreche. Das war nicht gerade motivierend.

Einige Gebrauchsgegenstände wie etwa Papiertaschentücher wurden nicht zum Kauf angeboten. Da wir diese aber für nötig befanden, waren wir sehr dankbar, wenn wir von unseren Eltern und einigen Wohltätern immer wieder Pakete zugeschickt bekamen, die uns mit den wichtigsten Sachen aus dem Westen versorgten. Ich erinnere mich, wie ich einmal in der Stadt ein Papiertaschentuch herauszog, um mich damit zu schnäuzen. Die Menschen, die dies beobachtet hatten, schauten mich an wie das siebte Weltwunder. Ich begegnete hier einer für mich fremden Welt, das Leben war in so vielem ganz anders als das, was ich von zuhause gewohnt war. Vor allem die Armut der Menschen bedrückte mich oft, während ich das einfachere Leben als befreiend erlebte.

Ein besonderes Erlebnis war die allererste öffentliche heilige Messe, die wir in der Stadt feierten. Da uns damals noch kein Raum zur Verfügung stand, hatten wir zu diesem Zweck den Saal eines Gasthauses angemietet. Von P. Alfred, dem Priester der nächsten Pfarrei, die ca. 250 km von uns entfernt war, hatten wir die Kontaktdaten einiger katholischer Gläubiger erhalten, die von ihm getauft worden waren. Allerdings hatte er noch nie mit ihnen eine heilige Messe gefeiert, da es dazu erst eine ausführliche Unterweisung gebraucht hätte. Die Katholiken besuchten daher zumeist die Gottesdienste der orthodoxen Kirche, der Baptisten oder der neuapostolischen Kirche.

Wir begannen also mit dem Gottesdienst, es hatten sich ca. zehn Personen im Saal des Gasthauses eingefunden.

P. Anselm erklärte ihnen Schritt für Schritt, was im jeweiligen Moment des Messopfers geschah und was einzelne Handlungen des Priesters bedeuteten. Er hielt also quasi eine Katechese innerhalb des Gottesdienstes. Als es schließlich zur Wandlung kam, knieten Sr. Paula und ich uns wie gewohnt auf den Boden. Die Gläubigen schauten uns völlig bestürzt an. Eine Frau dachte, uns sei schlecht geworden und wollte schon zu Hilfe eilen. Erst als P. Anselm erklärte, dass dies eine katholische Gebetshaltung sei, verstanden sie, warum wir uns so verhielten.

Wir mussten also buchstäblich bei „Adam und Eva“ beginnen. Mich freute es außerordentlich, diesen Menschen den Glauben zu vermitteln. Oft dachte ich: Wären wir nicht hier, gäbe es in dieser Stadt mit ihren ca. 300.000 Einwohnern keine katholische Pfarrei! Denn der Ortsbischof wollte aufgrund der schlechten Luft niemandem zumuten, hier zu wirken.

In der ersten Zeit nutzten wir unser Schwesternzimmer für die heilige Messe, zu der einige wenige Gläubige kamen. Das bedeutete für Sr. Paula und mich, dass wir jeden Tag all unsere persönlichen Sachen zur Seite räumen mussten. Als P. Anselm und P. Beda endlich die zweite Haushälfte beziehen konnten, richteten wir dort eine kleine Hauskapelle ein, in welcher wir von da an die Gottesdienste feiern konnten.

Vergiftete Luft und schädliches Wasser

Neben den schönen Erfahrungen wurden wir schon bald mit den erschreckenden Lebensbedingungen in der Stadt konfrontiert: Schon wenige Tage nach unserer Ankunft in der Stadt wurden wir alle krank. Wir hatten Leitungswasser getrunken, das Durchfall verursachte. Unsere Pfarreimitglieder empfahlen uns, das Wasser nur abgekocht zu trinken, was wir von nun an machten. Das hieß, jeden Tag viele Liter Wasser aufzukochen und dann abkühlen zu lassen. Aber selbst im abgekochten Zustand schmeckte das Wasser noch übel. Mineralwasser gab es damals noch nicht zu kaufen. Das Leitungswasser war von sehr schlechter Qualität und wies eine hohe Schadstoffbelastung auf, die von den industriellen Anlagen der Stadt herrührte.

Die Industrie war besonders auf die Verarbeitung von Schwermetallen wie Uran, Beryllium, Tantal, Kupfer, Blei, Silber und Zink spezialisiert. Schon nach kurzer Zeit stellten wir fest, dass unser Haus ganz in der Nähe des Blei- und Zinkkombinats stand, dessen Schornsteine weit in die Luft ragten und ständig weißen Rauch in die Luft bliesen. Die Fabriken benützten keine Filter, um die Bevölkerung und die Natur vor Schadstoffen zu schützen. Im Westen würden solche Fabriken auf der Stelle stillgelegt, hier kümmerte es anscheinend keinen. Nur Greenpeace hatte schon einige Aktionen gestartet, um der schleichenden Vergiftung ein Ende zu setzen, allerdings ohne Erfolg. Wenn wir nach draußen gingen, rochen wir etwas Süßliches, Gasförmiges in der Luft. Wir atmeten also beständig Giftgas ein.

Jeden Sonntagmorgen sah ich Rauch in den verschiedensten Farben von rosarot über grün und blau aus den Schornsteinen des nahegelegenen Kombinats aufsteigen. Was genau in diesem seltsam verfärbten Rauch enthalten war, weiß ich nicht. Allerdings hatte ich lange Zeit über jeden Montag heftigste Kopfschmerzen, auch P. Anselm klagte darüber. Daher vermutete ich einen Zusammenhang mit den giftig aussehenden Abgasen.

Zu den Emissionen aus der Industrie kam, dass in der Stadt eine große Verkehrsdichte herrschte. Durch die qualitativ schlechten Kraftstoffe, die in die Luft abgegeben wurden, verstärkte sich die Luftverschmutzung noch. Wenn wir im Winter auf unsere Stadt zufuhren, nahmen wir manchmal eine riesige Smog-Glocke wahr. Die Einwohner waren sich dieser Situation durchaus bewusst und erfanden sogar Witze darüber, um besser damit klarzukommen. Einer lautete etwa: Wenn ein Bewohner unserer Stadt woanders Urlaub mache, bekomme er so starke Entzugserscheinungen, dass man ihn erst einmal eine Zeit lang hinter den Auspuff eines laufenden Autos stellen müsse, bis es ihm wieder besser gehe. Eine Frau unserer Pfarrei sagte uns, man habe festgestellt, dass die Gifte in der Luft sowohl das Immunsystem als auch das Verdauungssystem und das Nervensystem schädigten. Tatsächlich bekamen wir all dies in den kommenden Jahren zu spüren.

Sosehr wir uns über unseren kleinen Garten freuten, konnten wir das dort angebaute Obst und Gemüse nicht genießen. Schon bald nach unserer Ankunft hatte uns eine Nachbarin einige Gläser mit eingemachten Kirschen geschenkt, die sie in ihrem Garten gepflückt hatte. Als wir davon gegessen hatten, wurde uns allen dermaßen schlecht, dass wir von da an nie mehr etwas von unserem oder den umliegenden Gärten aßen. Wir pflanzten deshalb nur Blumen an. Die Leute in der Stadt waren allerdings auf das Obst, Gemüse und die Kartoffeln aus ihren Gärten angewiesen und aßen sie trotzdem. Wahrscheinlich hatte sich ihr Körper von klein auf an die Schadstoffe angepasst, vermuteten wir.

Zu den täglichen Emissionen kamen gelegentliche Industrieunfälle, bei denen große Mengen giftigen Gases austraten. Wenn man Glück hatte, wurde dann über die überall in der Stadt installierten Lautsprecheranlagen gewarnt, man solle die Häuser nicht verlassen und die Fenster geschlossen halten. An einem solchen Tag stellte ich fest, dass wir kein Brot mehr im Haus hatten. Da wir dringend welches benötigten, entschloss ich mich, mit einem Schal vor der Nase, kurz zum 100 m entfernten Brotstand zu gehen, wobei ich mich bemühte, kaum zu atmen. Wie sehr wunderte ich mich, als ich draußen Kinder spielen sah, deren Eltern die Nachricht wohl nicht gehört hatten bzw. die Kinder sich selbst überließen. Ich sagte den Kindern, sie sollen nach Hause gehen, und wunderte mich über die Nachlässigkeit ihrer Erziehungsberechtigten. Auch die Brotverkäuferin saß ruhig in ihrem Häuschen und ließ sich nichts anmerken, Autos fuhren durch die Straßen: Alles schien ganz normal zu sein. Die Einwohner hatten sich schon so an diese Umstände gewöhnt, dass sie scheinbar nichts aus der Ruhe bringen konnte.

Öfters hörten wir auch, dass Betriebe versuchten, Unfälle zu vertuschen. Man konnte dann nur im Nachhinein Rückschlüsse ziehen, wenn sich etwa besonders viele Menschen mit akuten Beschwerden ins Krankenhaus begaben. Eine öffentliche Bekanntgabe fand auch daraufhin oft nicht statt. Ich erinnere mich an einen Sonntagnachmittag, an dem P. Anselm und eine ukrainische Missionshelferin, die damals für uns übersetzte, einen ausgedehnten Spaziergang gemacht hatten. Nach ihrer Rückkehr mussten sie sich am laufenden Band erbrechen. P. Anselm ging es so schlecht, dass wir Angst hatten, er könne sterben. Auch ich war an diesem Tag spazieren, allerdings nicht so lange. Mir war ebenfalls schlecht, aber ich musste mich nicht übergeben. Später erfuhren wir, dass es einen Industrieunfall gegeben hatte, bei dem Blei ausgetreten war. Wir hatten also eine Bleivergiftung!

Radioaktivität

Als wenn das alles nicht gereicht hätte, kam noch die erschreckend hohe Radioaktivität in unserer Gegend hinzu. Diese war für uns nicht spürbar. Das immense Ausmaß der Verstrahlung wurde uns erst richtig bewusst, als P. Anselm einen unabhängigen Untersuchungsbericht über die Folgen der Atombombentests in die Hände bekam. Diese waren zwischen 1949 und 1989 rund 300 km von unserer Stadt entfernt durchgeführt worden. Die Sowjetunion hatte dabei knapp 500 nukleare Sprengköpfe gezündet, 113 davon oberirdisch. Die dabei freigesetzte Sprengkraft entsprach etwa 2.500 Hiroshima-Bomben. Das Testgelände war damit das größte weltweit.

Im August 1956 war eine Atombombe explodiert, deren radioaktive Welle anschließend direkt über unsere Stadt zog. Über 600 Menschen hatten infolgedessen strahlenkrank ins

Krankenhaus gebracht werden müssen, mehr als viermal so viele wie bei der Katastrophe von Tschernobyl. Wie viele davon starben, weiß niemand. Die ganze Region wurde radioaktiv verseucht, die Folgen davon sind noch heute sichtbar. Die Öffentlichkeit war über die Katastrophe allerdings nicht in Kenntnis gesetzt worden. Einige Leute, die wir trafen, erinnerten sich an diese Bombenzündung, bei der in manchen Häusern unserer Stadt Fensterscheiben zu Bruch gegangen waren. Frauen, die damals schwanger waren, hatten ihre Kinder mit verstümmelten Gliedmaßen zur Welt gebracht. Eine Frau zeigte uns ihren inzwischen erwachsenen Sohn, der nur einen Arm hatte. Besonders rund um das Testgelände herum litten viele Kinder an Leukämie oder geistigen Behinderungen.

Bis heute treten in den betroffenen Regionen im Osten Kasachstans Krebserkrankungen mit einer 25 bis 30 % höheren Häufigkeit auf als im Rest des Landes, besonders Tumore der Lunge, des Magens, der Brust und der Schilddrüse. Immer wieder bekamen wir mit, wie noch relativ junge Menschen plötzlich an Krebs verstarben. Da die Menschen die Kosten für eine Chemotherapie selbst tragen mussten und sich die meisten das nicht leisten konnten, kam die Diagnose Krebs meist einem Todesurteil gleich.

Nach einem Besuch in unserer Nachbarpfarrei, die sich ganz in der Nähe des Testgeländes befand, machten wir eines Tages bei einer russlanddeutschen Familie Halt, die in einem der umliegenden Dörfer wohnte. Diese Begegnung werde ich nie vergessen. Denn was die Familie uns erzählte, ließ mir die Haare zu Berge stehen. Die Großeltern hatten die Atombombentests hautnah mitbekommen. Dabei nahm die Regierung kaum Rücksicht auf die Menschen, die rund um das Gelände lebten. Die Babuschka berichtete uns, sie seien angewiesen worden, bei den Detonationen in ihren Häusern zu bleiben und Matratzen gegen die Fenster zu drücken. Manche gingen aus Neugierde trotzdem hinaus, um zu sehen, was geschah. Sie hatte selbst einmal eine Explosion beobachtet: Erst hatte sie einen riesigen weißen Blitz gesehen, dann war Feuer in den Himmel gestiegen mit schwarzem Rauch, der von den Seiten der roten Flamme ausströmte. Es hatte sich ein Atompilz gebildet. Was ich mir in meinen schlimmsten Albträumen nicht vorstellen hätte wollen, erzählte diese Frau ohne sichtliche Erregung. Weil die Folgen für die Bevölkerung dramatisch waren, wurden die Tests später unterirdisch durchgeführt.

Wie stark die radioaktive Strahlung immer noch war, konnte ich auf dem Markt feststellen: Manchmal wurde dort Gemüse angeboten, das ungefähr dreimal so groß war wie normal. So große Karotten hatte ich in meinem ganzen Leben noch nie gesehen! Natürlich kaufte ich sie nicht. Auch Pilze aus der Region um das Testgelände wurden verkauft. Ich wunderte mich sehr, dass die Leute anscheinend immer noch nicht über die Gefährlichkeit des Verzehrs solcher Lebensmittel aufgeklärt worden waren und diese frei verkauften.

Diese immensen Umweltbelastungen bedrückten mich. Als ich bei den Gemeinschaftsexerzitien im Sommer Gelegenheit hatte, mit der Oberin zu sprechen, erzählte ich ihr vom hohen Ausmaß der Luft-, Wasser- und Strahlenbelastung an unserer Missionsstation. Obwohl sie auch erschüttert war, sah sie anscheinend keinen Bedarf, etwas zu unternehmen. Vielmehr zitierte sie die Stelle aus dem Evangelium, wo Jesus sagt: „Wenn sie Schlangen anfassen oder tödliches Gift trinken, wird es ihnen nicht schaden“ (Mk 16,8). Sie verwies dann noch auf P. Damian de Veuster, der sich auf der Insel Molokai um Leprakranke gekümmert hatte, bis er sich schließlich selbst mit Lepra ansteckte und an der Krankheit starb. So wie er sollte auch ich die Bereitschaft haben, mein Leben Gott ganz hinzugeben. Ich fühlte mich von ihr in meiner Not nicht verstanden. Gleichzeitig schämte ich mich nach dem Gespräch, da ich anscheinend noch nicht „so weit war“, mein Leben Gott zurückzuschenken. Ich nahm mich selbst noch zu wichtig, folgerte ich daraus.

Heute finde ich es erschütternd, wie verantwortungslos die Oberen mit unserer Gesundheit umgegangen sind. Während es bei jedem Arbeitgeber Maßnahmen zum Gesundheitsschutz ihrer Mitarbeiter gibt, schien dieser Wert in der Gemeinschaft keine besondere Rolle zu spielen. Damals dachte ich, ich müsse alle Umstände im Gehorsam annehmen. Es wurde vereinbart, dass ich ein weiteres halbes Jahr an dieser Station bleiben solle.

Wir richten uns ein

Während ich mich im Sommerurlaub befand, erreichte ein Hilfstransport aus dem Westen unsere Niederlassung. In dem riesigen Lastwagen befanden sich Betten und Matratzen sowie einige andere Möbel, die unser Doppelhaus nun endlich wohnlich machten. Wie freute ich mich darüber, als ich wieder zurückkam! Die restlichen Möbel, wie zum Beispiel Schreibtische und Stühle, kauften wir in der Stadt.

Bald schon fragten zwei russische Handwerker bei uns an, ob wir ihre Hilfe benötigten. P. Anselm nahm ihr Angebot sehr gerne an. Da unsere winzige Hauskapelle für die Sonntagsmesse viel zu klein geworden war, brauchte es einen größeren Kirchraum, in dem die zunehmende Zahl der Messbesucher Platz finden konnte. Der Durchbruch einer Zwischenmauer schaffte schließlich einen Gebetsraum mit angemessener Größe. Da sich in der Stadt die Nachricht verbreitet hatte, dass es jetzt eine katholische Kirche gebe, füllte sich der Raum an den Sonntagen immer mehr. Das freute uns natürlich! Unsere kleine Pfarrgemeinde war für viele der Gläubigen etwas ganz Besonderes, manche sagten sogar, sie sei das einzig Schöne, das sie im Leben hätten. Die Menschen zeigten sich außerordentlich dankbar für unsere Anwesenheit und drückten das auch oft aus. Sie wunderten sich, warum wir aus so einem schönen Land wie Deutschland in diese Stadt gekommen waren.

Bei der heiligen Messe begleitete ich die Kirchenlieder mit der Gitarre. Da es kein offizielles Liederbuch gab, stellte sich jede Pfarrei ihr eigenes zusammen. Anfangs tippte ich die Lieder mit einer russischen Schreibmaschine sehr mühsam ab. Meist handelte es sich um Übersetzungen aus dem Polnischen. Da nur die Texte, aber keine Noten verfügbar waren, kannte ich die Lieder nur vom Hören aus den anderen Gemeinden. Dementsprechend hatte jede Pfarrei ihre eigenen Variationen beim Singen, was Schwierigkeiten bereitete, wenn mehrere Pfarreien zusammenkamen, um gemeinsam Gottesdienst zu feiern. Unsere Gläubigen mussten die Lieder erst lernen. Manche waren das Singen nicht gewohnt, daher wurden einstimmige Melodien oft ungewollt „mehrstimmig", sodass ich mit meiner Gitarre kaum mehr dagegen ankam. Später besorgte P. Anselm ein Keyboard, das die Begleitung der Lieder sehr erleichterte.

Über unsere Stadt hinaus versuchten wir, auch in den umliegenden Dörfern und Städten Katholiken ausfindig zu machen. Diese waren ja nirgendwo registriert. Wir hörten uns um und bekamen immer wieder Hinweise, wo es katholische Familien gab. Wie spannend war es, wenn wir uns auf die Fahrt zu ihnen machten. Mir ist noch gut im Gedächtnis, wie wir in ein Dorf fuhren, das ca. eine Dreiviertelstunde von uns entfernt war. Da die Familie kein eigenes Telefon hatte, kamen wir unangemeldet. Während die mittlere Generation, die ja noch nie einen Priester oder Schwestern gesehen hatte, eher skeptisch war, war die Freude der Großeltern unermesslich, als wir plötzlich vor ihnen standen. Sie baten uns in die Küche und erzählten uns, wie sich mehrere Babuschkas des Dorfes während all den Jahren der kommunistischen Verfolgung jeden Sonntag, oft unter Lebensgefahr, zum Gebet getroffen hätten. Diese hätten ihre Kinder und Enkel selbst getauft und ihre Toten beerdigt. Etwas überrascht waren wir, als die Großmutter ganz selbstverständlich erzählte, sie hätten sonntags immer die heilige Messe gefeiert. Als wir nachfragten, wie sie das gemacht hätten, zeigte sie uns ihr handgeschriebenes Gebetsbüchlein, in dem sie alle Texte, inklusive des Hochgebets und der Wandlung, auf Deutsch, allerdings mit kyrillischen Buchstaben, aufgeschrieben hatte. Die gläubigen Frauen hatten bei ihren Treffen gemeinsam diese Texte gelesen, im tiefen Glauben, dass Gott bei ihnen ist. Ob es eine Kommunion gab, weiß ich nicht mehr, ich vermute aber eher nicht. Auch Weihwasser machten die Babuschkas selbst, indem sie das wenige, das sie hatten, tropfenweise mit normalem Wasser verdünnten, ähnlich einer homöopathischen Rezeptur. Mich berührte dieser tiefe und kindliche Glaube.

Wir vereinbarten einen Termin, an dem wir zum ersten Mal eine heilige Messe mit den noch verbliebenen Babuschkas feierten. Es kamen ungefähr zehn von ihnen. Das Treffen erlebte ich als außerordentlich beeindruckend, denn es war für sie die erste heilige Messe seit ihrer Kindheit bzw. Jugend, die sie wieder miterlebten! Sie stammten alle aus der Wolgagegend, wo sie vor ihrer Vertreibung nach Kasachstan ein blühendes katholisches Leben kennengelernt hatten. Zum Singen holten sie ihre handgeschriebenen Lied- und Gebetshefte heraus, in denen die Liedtexte der wolgadeutschen Kirchenlieder standen. Diese sangen sie so innig, dass mir das Herz warm wurde.

Mit der Zeit besuchten wir regelmäßig dieses und auch andere Dörfer und Städte unserer riesigen Pfarrei und feierten, meist in einer Wohnung beziehungsweise einem Haus der Gläubigen, die heilige Messe. Nur von einer Stadt, die am weitesten von uns entfernt war, hatten wir noch keine Adresse von Katholiken ausfindig machen können. Daher beteten wir in diesem Anliegen. Eines Tages, P. Anselm war gerade auf dem Flughafen der Stadt, um seinen wohlverdienten Heimaturlaub anzutreten, sprach ihn eine Frau an, ob er katholischer Priester sei, was er bejahte. Daraufhin berichtete sie von einer russlanddeutschen Großmutter, die in dieser Stadt lebe und sehr gläubig sei. Diese wünsche sich nichts sehnlicher, als einen katholischen Priester zu treffen. Die Frau ließ uns die Adresse zukommen und wir vereinbarten einen Termin für die heilige Messe.

Als der Tag gekommen war, machten wir uns auf die Reise. Es waren fast drei Stunden Fahrt. Ungefähr auf der Hälfte der Strecke lag ein riesiger und herrlicher See. Je mehr wir uns unserem Ziel näherten, umso montaner wurde die Landschaft, es gab sogar eine Passstraße zu überwinden. Wir fuhren immer mehr in das wunderschöne Altai-Gebirge hinein. Wie sehr staunten wir, als wir eine Markierung entdeckten, auf der stand, dass die Gegend, in die wir fuhren, früher zu China gehört hatte. Wir befanden uns also auf ehemaligem chinesischem Gebiet! Nach all diesen Eindrücken erreichten wir schließlich die Stadt, die, wie in der ehemaligen Sowjetunion üblich, zum großen Teil aus vielen hässlichen Betonhochhäusern bestand. In einem solchen Wohnblock lebte auch die gläubige Katholikin, zu der wir uns auf den Weg gemacht hatten.

Wir stellten unser Auto ab, gingen die Treppe hoch und klingelten. Als die Frau öffnete und P. Anselm, den sie an seinem Kollar sofort als Priester erkannte, sah, rief sie voll Freude aus: „Jesus, der gute Hirte!" Dieser Moment ist mir bis heute in guter Erinnerung geblieben, wie viele Jahre hatte diese Babuschka wohl auf ihn gewartet! In ihrem hohen Alter hatte sie schon fast die Hoffnung verloren, in ihrem Leben noch einen katholischen Priester zu sehen. Sie bat uns in ihre kleine Wohnung herein und berichtete uns, dass sie während der Verfolgungszeit einen Gebetskreis treuer katholischer Frauen gehabt hätten. Sie habe den Kreis geleitet und Taufen und Beerdigungen durchgeführt. Einmal pro Jahr sei sie mit dem Zug viele hundert Kilometer weit zu einem Priester gefahren, um dort die heilige Eucharistie zu empfangen, und sei mehrere Wochen dortgeblieben. Sowohl ihr Mann als auch einer ihrer Brüder seien von den Kommunisten ermordet worden. Im Glauben habe sie die Kraft gefunden, alles zu ertragen. Schon seit zwanzig Jahren habe sie keinen Priester mehr gesehen, denn mittlerweile war sie schon über achtzig und konnte nicht mehr reisen. Die meisten der Frauen des Gebetskreises waren inzwischen entweder nach Deutschland ausgewandert oder gestorben. Nur eine treue Mitbeterin war noch in der Stadt. Diese holten wir von da an immer mit dem

Auto ab. Dort die heilige Messe zu feiern, war für uns immer etwas ganz Besonderes, denn die beiden Babuschkas waren uns in ihrem tiefen Glauben Vorbild.

Das Gespräch mit Padre

Während mir die Arbeit in der Mission gut gefiel, hatte ich innerlich das Ziel vor Augen, bald mit meiner Ausbildung zur Krankenschwester zu beginnen. Bei uns waren mittlerweile mehrere Arbeiter angestellt, die verschiedene Bauprojekte durchführten. Dabei passierte es immer wieder, dass sich einer von ihnen verletzte und um die Erstversorgung seiner Wunde bat. Auch wegen sonstiger gesundheitlicher Beschwerden wandten sie sich an uns und suchten um ein Medikament an. Wir hatten inzwischen eine gut ausgestattete Hausapotheke. Da die medizinische Versorgung hier zu wünschen übrigließ, mussten wir Brüder und Schwestern uns in gesundheitlichen Fragen oft selbst weiterhelfen. Umso mehr freute ich mich darauf, bald zu lernen, wie man eine Spritze verabreicht, einen Verband fachgerecht anlegt, und mir Wissen über Medikamente anzueignen. Da das Jahr, das ich in Kasachstan verbringen sollte, bald ablaufen würde, suchte ich nach einer Gelegenheit, um mit Padre über meine Zukunft zu sprechen.

Daher kam es mir gelegen, als P. Bonifatius ankündigte, nach Kasachstan zu kommen, um Einkehrtage für die hier eingesetzten Brüder und Schwestern abzuhalten. Am vereinbarten Termin fuhren wir vier aus unserer Station zu dem Treffen, das in einer benachbarten Missionsstation stattfand. Meine Gefühle waren sehr gemischt.

Ich hoffte sehr, dass Padre mir erlaube, nun endlich meine Ausbildung zu machen. Allerdings hatte uns Sr. Angelika ans Herz gelegt, ihn nicht durch unsere Art, wie wir ihn etwas fragten, in eine Richtung zu lenken oder ihn durch unsere Wünsche zu beeinflussen. Es herrschte in der Gemeinschaft ja die Auffassung, dass unser Leiter direkt von Gott das „Licht“ für jede Entscheidung bekomme, welches exakt den Willen Gottes für die ihm anvertraute Person ausdrücke. Da es mir wichtig war, diesen göttlichen Willen in allem zu erfüllen, betete ich um innere Kraft, seine Entscheidung akzeptieren zu können, wie auch immer sie ausfallen möge.

Erst spät am Abend konnte ich endlich mit Padre sprechen. Ich saß ihm gegenüber und bemühte mich, möglichst neutral meine Frage zu stellen, wie es denn nun mit meiner Ausbildung weiterginge. Ich sah, wie Padre einen Moment in sich ging, so tat er es immer, wenn er Gott um „Licht“ für die ihm anvertraute Person bat, und dann sagte, ich solle noch in der Mission bleiben, auf unbestimmte Zeit. Die Ausbildung sei im Moment nicht wichtig für mich.

Ich versuchte, mir äußerlich nichts anmerken zu lassen, doch innerlich war ich im Schockzustand. Ich rang heftig mit seinen Worten. Gott wollte also nicht, dass ich die Ausbildung mache? Innerlich rang ich heftig damit, seinen vermeintlichen Willen für mich anzunehmen. Nach dem Gespräch war ich völlig aufgewühlt. Ob ich jemals noch die Ausbildung machen würde, stand jetzt in den Sternen. Ich war bedrückt und schlief in dieser Nacht nur wenig. Am nächsten Morgen muss Padre meine Niedergeschlagenheit wohl bemerkt haben. Anstatt nachzufragen, was mich belaste, zeigte er auf eine Mitschwester und sagte zu mir: „Die Sr. Adelheid ist doch so eine fröhliche Schwester!“ Tatsächlich zeigte sie sich an diesem Morgen bestgelaunt. Was er damit sagen wollte, wurde mir sofort klar: Ich solle mich mehr um Freude bemühen. Diese konnte ich im Moment aber selbst beim besten Willen nicht empfinden, und ich fragte mich, was mit mir nicht stimme. War ich noch zu wenig bereit, mich Gott ganz zu schenken und meinen Willen aufzugeben? Ich schämte mich dafür, dass ich noch so an Weltlichem hing. Nach dem Ende der Einkehrtage reisten wir wieder ab. Ich sprach mit niemandem darüber, wie es mir ging. Nur beiläufig teilte ich P. Anselm, P. Beda und Sr. Paula mit, dass ich jetzt meine Ausbildung nicht machen werde, sondern bei ihnen bliebe. Sie freuten sich sehr darüber.

Doch in mir war es dunkel. Die nächsten Wochen und Monaten fühlte ich mich oft niedergeschlagen. Mein Leben hatte irgendwie seinen Sinn und sein Ziel verloren, es war plötzlich ein Gefühl der Leere in mir, wenn ich an die Zukunft dachte. In mir hallten die Worte meiner Eltern nach, die oft betont hatten, wie wichtig eine gute Ausbildung sei. Jetzt war ich eine Abiturientin ohne Ausbildung. Ich litt zunehmend unter dem Gefühl, für nichts wirklich qualifiziert zu sein, und fühlte mich deswegen minderwertig. P. Anselm und P. Beda hatten Theologie studiert und wirkten als Priester. Sr. Paula war Betriebs- und Hauwirtschaftshelferin, ihr Wissen war hier in Kasachstan Gold wert! So gerne hätte ich mich mit meinen beruflichen Fähigkeiten zum Wohl der Gesamtgemeinschaft eingebracht. Nun war ich eine ungelernte Helferin. Das nagte an meinem Selbstwert.

In der Gemeinschaft war es oft der Fall, dass Schwestern keine Ausbildung machten und dann in Bereichen eingesetzt wurden, für die sie nicht geschult waren. Padre betonte, dies sei viel verdienstvoller, als wenn man eine gelernte Tätigkeit ausübe, da man viel mehr auf Gott vertrauen müsse. Es kam sogar vor, dass Schwestern, die vor ihrem Eintritt eine Ausbildung begonnen hatten, diese abbrechen und in die Gemeinschaft kommen sollten. Andere wiederum durften die Ausbildung oder auch das Studium beenden, es kam immer darauf an, was Padre für die jeweilige Schwester als den Willen Gottes erkannte.

Als Therapeutin weiß ich heute, dass mangelnde Qualifikation für eine Tätigkeit das Burnout-Risiko erheblich erhöht. Eine Ausbildung oder ein Studium zu absolvieren ist für die Entfaltung der Persönlichkeit und eine gesunde Entwicklung des Selbstwertgefühls von immenser Bedeutung. Einer Person dies aus Glaubensgründen nicht zu ermöglichen, stellt eine massive Form spiritueller Gewalt dar. Diese hat in mir viel zerbrochen.

Der Missionsalltag ging weiter. Wie es mir innerlich ging, sagte ich niemandem. Eine Entscheidung von Padre oder Madre anzuzweifeln, hätte ja bedeutet, sich gegen Gott zu stellen. Lange betete ich um innere Kraft, seinen Willen ganz annehmen zu können. Wenn ich die äußere und auch innere Not der Bevölkerung sah, relativierte sich meine Situation. Eigentlich ging es mir ja sehr gut, im Vergleich zu den Menschen hier. „Warum nehme ich mich also so wichtig?", dachte ich. Das half mir. Ich besuchte regelmäßig bedürftige Personen und brachte ihnen Lebensmittel vorbei. Die Menschen waren überaus dankbar, was mir das Gefühl gab, etwas Sinnvolles zu tun und gebraucht zu werden.

Auch die musikalische Begleitung aller Gebetszeiten und der heiligen Messe machte mir Freude. Sowohl unser kleines Team als auch die Pfarrgemeinde zeigte sich erkenntlich dafür. Was mir schwerer fiel, waren die verschiedenen Kindergruppen, die ich leiten sollte. Die Arbeit mit Kindern lag mir nicht, aber da ich inzwischen einigermaßen gut russisch sprach, sollte ich diese Aufgabe übernehmen. „Hätte ich doch wenigstens ein bisschen pädagogisches oder pastorales Grundwissen", sagte ich mir oft.

In der Stadt befand sich ein sogenannter „deutscher Kindergarten". In diesem lernten Kinder verschiedener Abstammung auf spielerische Art und Weise Deutsch und erfuhren etwas über die deutsche Kultur. Die Leiterin, die selbst gläubig war, bat uns darum, den Kindern nebenbei etwas über den katholischen Glauben zu erzählen. Diese Aufgabe wurde mir zugeteilt. Da Religionsunterricht in Kasachstan verboten war, erzählte ich den Kindern also allgemein etwas über christliche Feste und ließ dabei am Rande etwas über den Glaubenshintergrund einfließen. Ich war froh, dass die Erzieherin, die für mich übersetzte, dabei war und die Kleinen immer wieder in die Schranken wies, wenn sie unruhig wurden.

Jeden zweiten Sonntag hielt ich außerdem im deutschen Kulturzentrum katholischen Religionsunterricht für russlanddeutsche Kinder. Es gab so gut wie kein Unterrichtsmaterial auf Russisch, daher musste ich mir selbst etwas ausdenken und die Wörter auf Russisch heraussuchen. Das war eine große Herausforderung. Doch die Kinder kamen gerne und mochten mich, was den Aufwand aufwog.

In der Pfarrei hatte ich zwei feste Kindergruppen: eine für die Mädchen der Pfarrei, mit denen ich spielte, sang, bastelte und über Gott redete, und eine für kleinere Kinder, die tagsüber auf der Straße lebten und sehr lebhaft waren. Mit ihnen war meist nur Spielen möglich, auf das sie sich immer sehr freuten. Sie wären am liebsten täglich gekommen!

Dazu kamen noch Vorbereitungsgruppen auf die Erstkommunion und die Taufe, mit denen mich P. Anselm beauftragt hatte. Auch hier: kein Material und keine Erfahrung. Aber mir schien, am Ende waren die Kinder doch ganz gut vorbereitet.

Ansonsten bestanden meine Aufgaben hauptsächlich in Hausarbeiten wie Kochen, Einkaufen und Putzen. Die Wäsche übernahm Sr. Paula. Inzwischen hatten wir mit dem Hilfstransport eine Waschmaschine bekommen! Allerdings konnten wir diese nicht an die Wasserleitung anschließen, sondern mussten das Wasser mit Eimern von oben einfüllen und über die Badewanne ableiten. Nach einiger Zeit stellten wir fest, dass unsere Sickergrube nicht alles Wasser fassen konnte. Das bedeutete, dass wir das Abwasser rechtzeitig auffangen und dann eimerweise hinter dem Haus in den Abfluss schütten mussten. Trotzdem waren wir froh, überhaupt eine Waschmaschine zu haben. Die Pfarrmitglieder beneideten uns dafür, denn fast alle wuschen ihre Wäsche von Hand. Wie froh war ich, dass uns dies erspart blieb, denn zeitlich wäre das nicht zu schaffen gewesen.

Da die Arbeit immer mehr wurde und wir uns in zunehmendem Maß um arme Menschen kümmerten, bekamen wir immer wieder einen Bruder oder eine Schwester der Gemeinschaft zur Seite gestellt, meist solche, die aus dem Gebiet der ehemaligen Sowjetunion stammten und sehr gut russisch sprachen. Diese konnten dann selbstständig und in größerem Umfang Bedürftige besuchen oder Katechesen übernehmen, was uns eine große Hilfe war. Je größer unsere kleine Missionsfamilie allerdings wurde, desto mehr galt es auch Spannungen und Schwierigkeiten anzusprechen und zu klären. Die Oberin hatte mir die Verantwortung für uns Schwestern übertragen, doch ich fühlte mich für diese Aufgabe nicht gut gerüstet. Ich hatte noch nie etwas von Konfliktmanagement oder Gesprächsführung gehört und wusste nicht, wie ich in solchen Fällen am besten vorgehen sollte. Mir stand ja nur eine Bewältigungsstrategie zur Verfügung, die ich in der Gemeinschaft kennengelernt hatte: Alles durch das Gebet zu lösen. P. Anselm war da glücklicherweise erfahrener und nahm die Zügel in die Hand, wenn ich nicht mehr weiterwusste.

Neben solchen innergemeinschaftlichen Diskrepanzen kämpften wir mit den klimatischen Bedingungen. Wir hatten kontinentales Klima, was bedeutete, dass es im Sommer sehr heiß und im Winter sehr kalt war. Sibirische Temperaturen von –40 Grad, oder nachts auch darunter, waren im Januar und Februar keine Seltenheit. Die Straßen befanden sich dann im Dauerfrost, und es war gefährlich, auf dem Glatteis lange Strecken mit dem Auto oder Bus zurückzulegen. Wenn dann noch ein Schneesturm aufzog, konnten wir oft die Straße vor Schnee nicht mehr erkennen, oder Schneeverwehungen machten das Durchkommen unmöglich. Daher hatten wir in dieser Jahreszeit immer eine Schaufel im Kofferraum, um uns im Notfall freischaufeln zu können, auch warme Zusatzkleidung sollte uns schützen, falls wir irgendwo unterwegs liegen blieben. Immer wieder mussten wir geplante heilige Messen aufgrund der Wetterverhältnisse absagen. Tatsächlich hatten wir im Winter aufgrund des Glatteises mehrmals einen Unfall, aber Gott sei Dank kam es dabei nie zu größeren Personenschäden. Wie glücklich war ich, wenn im April der Schnee endlich zu tauen begann und sich der Frühling ankündigte.

Die Kontakte zur Gesamtgemeinschaft waren, wie schon erwähnt, spärlich. Sr. Regina, eine Schwester der Gemeinschaft, die in Moskau arbeitete, rief uns immer wieder an, um sich zu erkundigen, wie es uns gehe. Sie erzählte uns dann Neuigkeiten aus der Gemeinschaft und teilte uns mit, auf was Padre im Moment Wert lege. Als wir ein Faxgerät bekamen, schickten uns Novizinnen aus dem Mutterhaus Faxe mit Worten von Madre und Padre, die sie beim Gebet oder bei den Predigten mitgeschrieben hatten. Mit der Zeit nahmen einzelne Schwestern und Brüder die Predigten von P. Bonifatius auf Kassetten, später dann auf CDs auf und versandten diese an alle Stationen der Gemeinschaft. Diese hörte ich mir oft beim Bügeln oder Kochen an, sie halfen mir, mich mehr mit den Mitgliedern der Stationen im Westen verbunden zu fühlen.

Darüber hinaus erfuhren wir in unserer Missionsarbeit auch materielle Unterstützung. Die bereits erwähnten Pakete meiner Eltern sowie der Eltern von P. Anselm und einigen Wohltätern zeigten uns, dass wir nicht allein waren. Ich war froh, dass sich das Verhältnis zu meinen Eltern allmählich entspannte und sie nun hinter meiner Arbeit zu stehen schienen. Es tat mir gut zu sehen, wie sie die Projekte der Gemeinschaft förderten und sich allmählich mit anderen Eltern von Mitgliedern anfreundeten. Meine jährlichen Besuche zuhause waren künftig von viel Wohlwollen und praktischer Hilfe geprägt. Meistens machte ich entweder vor oder nach den Jahresexerzitien, die immer im Juli stattfanden, Urlaub. Wir Missionarinnen hatten Anspruch auf sechs Wochen Heimaturlaub, den wir auch brauchten. Denn es standen neben der Erholung meist noch viele Erledigungen an: Arzttermine und Einkäufe, Visa besorgen, Vorträge über die Missionsarbeit halten oder Wohltäter besuchen. Spätestens im August kehrte ich wieder an meine Missionsstation zurück, in der ich mich mittlerweile zuhause fühlte.

5
Die Krankheit

Erste Symptome

Nachdem ich ungefähr zwei Jahre in Kasachstan war, bekam ich ernsthafte gesundheitliche Probleme. Zu meinem 24. Geburtstag hatte eine ukrainische Missionshelferin eine ziemlich fetthaltige Mahlzeit zubereitet, die bei mir eine Magenverstimmung auslöste. Ich dachte mir nichts dabei und war sicher, die Beschwerden würden bald wieder vergehen. Doch dieses Mal war es anders: Anstatt sich zu bessern nahmen die Magenschmerzen sogar noch zu. Dazu gesellten sich kontinuierliche Darmprobleme. Interessanterweise begannen bei P. Anselm – etwas zeitverzögert – die gleichen Symptome. Zwieback, Haferschleimsuppe und Kohletabletten wurden zu unseren ständigen Begleitern. Ich frage mich heute, warum wir damals nicht gleich zum Arzt gingen. Doch wir hatten nicht viel Gutes von Ärzten gehört, und in der Stadt litten viele, selbst schon Kinder, unter Magen- und Darmproblemen. Daher führten wir diese auf die vergiftete Luft zurück. So kam es, dass ich erst bei meinem nächsten Heimaturlaub, etwa ein halbes Jahr später, zum Arzt ging. Er meinte, ich habe wohl eine Schleimhautentzündung und verschrieb mir Säureblocker, die nach einiger Zeit auch Wirkung zeigten. Ich war froh, dass das nun überstanden war, und flog zuversichtlich in die Mission zurück. Aber schon bald kehrten die Magenschmerzen vehement zurück und wichen die nächsten drei Jahre nicht mehr von meiner Seite.

Auch P. Beda bekam nach und nach gesundheitliche Beschwerden. Er musste deswegen sogar vorübergehend die Station verlassen. Wir nahmen alle stark ab. Bei P. Anselm und mir stellten sich im Laufe der Zeit immer mehr Lebensmittelunverträglichkeiten ein, sodass wir vieles nicht mehr essen konnten. Ich fragte mich immer wieder, ob wir zu wenig an den Schutz Gottes für uns glaubten. Hatte Madre nicht gesagt, die Radioaktivität und die schlechte Luft werde uns nicht schaden? Warum wurden wir dann doch krank? Mir fällt auf, dass ich mich dabei eher selbst in Frage stellte, als eine Aussage der Oberin anzuzweifeln.

Unter Druck heilig werden

Trotz meiner Gesundheitsprobleme absolvierte ich das normale Missionsprogramm. Im Grunde gefiel es mir gut an meiner Station. Mit unseren Pfarreiangehörigen pflegten wir ein enges, familiäres Verhältnis. Darum wäre es für mich ein großes Opfer gewesen, woandershin versetzt zu werden. Ich informierte Sr. Angelika über meine Magenschmerzen. Sie sah darin keinen Anlass zur Beunruhigung und meinte, ich solle alles Gott aufopfern. Während ich das niederschreibe, schrillen in mir die inneren Alarmglocken: Wieso hat sie nicht auf einer weiteren Abklärung bestanden? Wäre es nicht besser gewesen, mich sofort aus Kasachstan zurückzuholen?

Bei den nächsten Exerzitien in der Slowakei konnte ich mit P. Bonifatius sprechen. Ich erzählte ihm, wie es mir ging. Daraufhin sagte er mir, ich würde schnell heilig werden, aber unter großem Druck. Bei diesen Worten drückte er meine Schulter mit seiner Hand nach unten. Ich schloss daraus, dass alle Schwierigkeiten für meine Heiligung wichtig seien. Wie hätte ich sie da nicht annehmen können? Einige Stunden später sah Padre, wie Sr. Paula und ich uns auf dem Korridor unterhielten. Er kam zu uns her, wechselte ein paar Worte mit uns und spornte uns schließlich an, einen Wettbewerb zu machen, wer von uns mehr Opfer bringe. „Das ist es also, was zählt“, dachte ich.

Zurück in der Mission wurde der Alltag für mich immer mehr zu einer Herausforderung, da ich aufgrund meiner Beschwerden und der Schmerzen oft wenig Kraft hatte. Zu den körperlichen Problemen kamen in zunehmendem Maß auch äußere Schwierigkeiten, die unsere Arbeit betrafen, hinzu: Unser Kirchraum war mittlerweile zu klein geworden. Daher beschloss P. Anselm, eine Haushälfte abzureißen und an dieser Stelle eine Kirche zu bauen. Die Behörden legten uns dabei viele Steine in den Weg, wir hatten oft den Eindruck, dass sie durch nahezu unerfüllbare Auflagen versuchten, den Kirchenbau zu verhindern. Außerdem wurde mehrmals bei uns eingebrochen und eine große Summe Geld gestohlen, die wir für die Bezahlung der Bauarbeiter dringend gebraucht hätten. Hinzu kam, dass viele der russlanddeutschen Familien, die uns tatkräftig unterstützt hatten, nach Deutschland auswanderten und eine Lücke hinterließen. Im Übrigen belastete uns die hohe Kriminalitätsrate in der Stadt. Wir hörten oft von Morden und Selbstmorden. Eines Nachts fand ganz in der Nähe unseres Hauses eine Schießerei statt, die ich hautnah miterlebte. Ich war damals mit einer Postulantin allein im Haus und hatte große Angst.

Mit den Jahren verschlechterte sich mein Gesundheitszustand zunehmend. Ich brauchte konstant strenge Schonkost. Im letzten Sommer in Kasachstan bekam ich auch noch eine Sonnenallergie, die es mir unmöglich machte, mich an der direkten Sonne aufzuhalten. Unter all den inneren und äußeren Belastungen merkte ich, wie mir immer mehr die Freude abhandenkam. Da ich gelernt hatte, dass mangelnde Freude ein Zeichen dafür sei, Opfer zu wenig anzunehmen, machte ich mir zusätzlich noch Schuldgefühle. Ich dachte daran, vielleicht bald zu sterben. Das wäre mir durchaus recht gewesen. Mein Leben bedeutete mir damals nicht viel.

Der Abschied

Im Frühling 1999, ich war damals 26 Jahre alt, teilte mir Madre am Telefon mit, sie könne es nicht länger verantworten, dass ich an dieser Station bleibe. Ich solle möglichst bald in den Westen kommen. Das überraschte mich. Auf einmal war meine Gesundheit anscheinend doch wichtig. Der Gedanke, von unserer kleinen Brüder- und Schwesterngemeinschaft und den Gläubigen, die mir ans Herz gewachsen waren, Abschied nehmen zu müssen, fiel mir außerordentlich schwer.

Während ich mich zunächst noch innerlich gegen meine Abreise wehrte, musste ich bald feststellen, wie wichtig sie war: Wenige Wochen vor meinem Abschied bekam ich unversehens eine etwas erhöhte Körpertemperatur. Ich dachte zunächst an eine leichte Grippe, doch die Temperatur normalisierte sich nicht wieder, sondern blieb konstant. Das schwächte mich sehr. Mit letzter Kraft packte ich meine Sachen zusammen und erledigte alles, was noch anstand. Ich wusste damals nicht, wie ich die lange Reise überstehen sollte.

Nach der letzten Sonntagsmesse verabschiedeten sich die Gläubigen unter Tränen von mir, ich bekam Geschenke und viele gute Wünsche mit auf den Weg. Das zerriss mir fast das Herz. Wie gerne wäre ich geblieben. Als der Tag der Abreise gekommen war, brachte mich Sr. Paula zum Flughafen. Dort hieß es, das Flugzeug fliege einige Stunden später als vorgesehen. Wie freute ich mich, noch einmal an meine Station zurückkehren zu dürfen und alle nochmals zu sehen. Als ich schließlich definitiv im Flieger saß, war mein Herz schwer wie Blei. Ich wusste nicht, was die Zukunft bringen würde, und hoffte, nach einer Zeit der Genesung wieder hierher zurückkehren zu können.

6
Zur Rekonvaleszenz in den Westen

Zwischenstation in Österreich

Ich flog zunächst nach Moskau, wo mich ein Mitarbeiter unserer Moskauer Schwestern abholte und zur Schwesternwohnung brachte. Am Abend war ich damit beschäftigt, für den nächsten Tag etwas vorzukochen, da ich das Essen im Flugzeug nicht vertrug. Sr. Regina schaute sehr überrascht, als sie das sah. Ja, es war wirklich Zeit, die Station zu verlassen! Am nächsten Tag brachte sie mich zum Flughafen, von wo aus es zunächst nach München ging und dann mit dem Zug weiter in unsere österreichische Niederlassung. Sr. Marilen, die Hausmutter, holte mich mit dem Auto am Bahnhof ab. Darüber war ich sehr froh, denn obwohl der Weg zur Wohnung der Gemeinschaft nicht weit war, hätte ich ihn mit meinem vielen Gepäck und der Gitarre nicht allein geschafft, da ich sehr erschöpft war. Es war Abendzeit. Nun war ich im Westen. Ein seltsames Gefühl. In der Wohnung der Schwestern ging alles seinen gewohnten Gang. Ich kam mir fremd vor.

Sr. Marilen hatte einen Arzttermin für den nächsten Morgen ausgemacht. Ich sehnte mich sehr nach diesem Termin in der Hoffnung, der Arzt könne etwas gegen meine erhöhte Temperatur unternehmen. Als ich zur Praxis ging, war ich auf alles gefasst. Der Allgemeinmediziner untersuchte mich gründlich und nahm eine Blutprobe. Beim nächsten Termin, wenige Tage später, fragte er mich, ob ich in einer Gegend gewesen sei, die entweder sehr hoch lag oder in welcher schlechte Luft gewesen sei. Dies hatte er an der Zahl meiner Blutkörperchen gesehen. „Aha“, dachte ich, „es schien also wirklich einen Zusammenhang mit der Luftverschmutzung zu geben.“ Alle anderen Blutwerte waren weitestgehend in Ordnung. Er verschrieb mir ein paar pflanzliche Tropfen gegen meine Magenschmerzen, für meine erhöhte Temperatur fand er allerdings keine Erklärung. Ich war enttäuscht. Trotzdem war ich mir sicher, hier im Westen bald wieder gesund zu werden.

Den Sommer verbrachte ich in der österreichischen Station. Im August fuhr ich nach Hause zur Hochzeit meines Bruders, an der ich teilnehmen durfte. Meine Eltern waren äußerst besorgt über meinen Gesundheitszustand. Ich hatte immer noch erhöhte Temperatur und musste mich daher oft hinlegen.

Anscheinend waren Madre und Padre recht unschlüssig, in welche Station ich kommen werde. Zunächst war ich für das italienische Büro vorgesehen. Mein restliches Gepäck, das ich vorerst in Kasachstan lassen musste, hatte Sr. Paula inzwischen in die Slowakei geschickt. Von dort aus wurde es nach Italien transportiert. Offenbar hieß es zwischenzeitlich, ich solle ins Mutterhaus in der Slowakei gehen. Mein Gepäck wurde also wieder zurück in die Slowakei verfrachtet. Schlussendlich entschied P. Bonifatius, ich komme ins Noviziat der Brüder, das sich mittlerweile in Italien befand. Hier sollte ich für drei russische Novizen übersetzen, die vor kurzem eingetreten waren. Also wanderten meine Schachteln ein zweites Mal zurück nach Italien. Ich hatte von alldem nur wenig mitbekommen.

Als der Sommer vorbei war, ging es mir immer noch nicht besser. Ich hoffte, noch eine Zeit lang in Österreich bleiben zu können. Aber Sr. Angelika wollte, dass ich bereits Anfang September nach Italien fahre, um dort eine Schwester zu vertreten. Nicht einmal zur Hochzeit meiner besten Freundin, die mich eingeladen hatte, durfte ich bleiben. Das war hart für mich.

Ich konnte mir nicht vorstellen, wie ich in meinem Zustand eingesetzt werden könnte. Daher betete ich inständig, dass Gott mir helfen möge. Im Vertrauen fuhr ich also mit Sr. Gudrun, einer deutschen Mitschwester, nach Italien. Als wir am Abend von der Autobahn auf die Landstraße ausfuhren, war ich verzaubert von der wunderschönen Landschaft mit ihren sanften Hügeln, die sich mit Bergen abwechselten. Ich war zum ersten Mal in den Abruzzen.

Im Formungshaus der Brüder

Als wir an unserem Ziel ankamen, war es schon dunkel. Über dem idyllischen Dörfchen, dessen alte Häuser sich an einem Hügel entlangzogen, ragte eine große und hell beleuchtete Festung. Welch beeindruckender Anblick! Und was für ein Unterschied zu Kasachstan! Hier durfte ich also nun wohnen.

Sr. Gudrun parkte am Fuß eines kleinen Felsens. Von dort aus mussten wir unser Gepäck ca. hundert Meter zu Fuß hinauf zum Schwesternhaus tragen. Da ich völlig erledigt war, schaffte ich das nur mit großer Mühe, und Sr. Gudrun musste mir helfen. Das kleine schnuckelige Häuschen mit den alten Steinmauern war einladend. Mein Zimmer befand sich im Erdgeschoss. Als ich es betrat, saß mitten auf dem Boden ein großer Skorpion, der mich wohl begrüßen wollte. Ich war keineswegs erfreut und zeigte mich sehr erleichtert, als Sr. Gudrun das Tierchen aus dem Haus beförderte. Nach diesem Willkommensgruß war ich froh, endlich in mein Bett gehen zu können.

Am nächsten Morgen nahm mich Sr. Gudrun mit zum Haus der Novizen. Dieses lag nur einige hundert Meter von uns entfernt. Ich staunte nicht schlecht, als ich das ehemalige Kloster betrat, das die heilige Klara selbst gegründet haben soll. Nach dem geräumigen Eingangsbereich gelangten wir in das riesige Refektorium, das nach oben zum ersten Stock hin offen war. Das imponierte mir, so einen Bau hatte ich noch nie gesehen. Sr. Gudrun zeigte mir dann das übrige Haus. Die Novizen waren vorwiegend im ersten Stock untergebracht, während man über eine kleine Treppe in den zweiten Stock gehen musste, um in unser kleines Schwesternzimmer zu gelangen, in dem wir uns tagsüber aufhielten.

Sr. Silvia, die Hausmutter, hielt sich zu dieser Zeit zu einem Missionseinsatz in Amerika auf. Daher hatte Sr. Gudrun vorübergehend die Verantwortung für unsere kleine Schwesterngemeinschaft. Die Aufgabe von uns Schwestern bestand im Wesentlichen in der Haushaltsführung des Noviziats: kochen, einkaufen, putzen, waschen und bügeln. Die Novizen und auch Tessa, eine amerikanische Missionshelferin, halfen dabei mit.

Wie bereits befürchtet, war ich in den ersten Wochen nicht einsatzfähig. Ich musste viel liegen und hatte kaum Kraft. Das fiel mir sehr schwer, denn ich sah, wie viel Sr. Gudrun zu tun hatte. Wie gern hätte ich ihr geholfen, aber es ging einfach nicht. Im Oktober kehrte Sr. Silvia endlich aus Amerika zurück. Ich war sehr froh darüber. Wenige Wochen später feierten alle Schwestern und Brüder, die in Italien stationiert waren, den 50. Geburtstag von P. Bonifatius. Zu diesem Zweck hatten sie ein Ferienhaus angemietet, in dem wir zwei oder drei Tage verbrachten. Wir machten uns mit unseren Autos auf den Weg. Als wir uns unserem Ziel näherten, standen an allen Weggabelungen Brüder, die uns Schwestern halfen, den etwas komplizierten Weg zu finden. Das war lustig. Da P. Bonifatius nicht wollte, dass sein Geburtstag im Mittelpunkt stehe, nützte er die Zeit, um für uns Einkehrtage zu halten. Sein Jubiläum feierten wir deshalb nur am Rand. Ich konnte nur mit größter Mühe am Programm teilnehmen.

Vorübergehende Besserung

Wieder zurück, fragte ich mich, wie es mit mir nur weitergehen solle. Ich bat Gott inständig um Hilfe für meine Gesundheit. Meine Mutter machte sich auch Gedanken, was mir helfen könnte, und versorgte mich von Deutschland aus mit einigen Nahrungsergänzungsmitteln. Von einer Nachbarin, einer Ernährungsberaterin nach Dr. Bruker, hatte sie Ernährungstipps für mich erhalten. Diese versuchte ich nun umzusetzen, und tatsächlich stellte sich nach und nach eine Besserung ein. Allmählich konnte ich sogar etwas Rohkost vertragen. Die Unverträglichkeiten besserten sich. Langsam bekam ich mehr Kraft und die Temperatur normalisierte sich. Wie glücklich ich war!

Ich genoss die gute Luft und das frische Wasser in diesem italienischen Dörfchen, es war genau der richtige Platz für mich, um wieder gesund zu werden, schien mir. Ich stand öfters um 5 Uhr morgens auf, um eine Runde entlang des Felsens zu joggen, der unterhalb unseres Hauses lag. Die Dorfbewohner schliefen um diese Zeit noch, daher dachte ich mir nichts dabei. Die Bewegung tat mir sehr gut. Nach der Frühmesse um 7 Uhr konnte ich nun endlich meinen Aufgaben nachkommen: Ich übersetzte alle Vorträge und Gebete für die drei russischen Novizen. Auch ansonsten nahm ich mir Zeit für sie, um mit ihnen zu sprechen oder ihnen etwas über Heilige zu erzählen. Es gab ja kaum russische Literatur. Nach dem Mittagessen machte ich einen kleinen Spaziergang durchs Dorf. Die übrige Zeit half ich Sr. Silvia beim Kochen und übernahm Putz- und Bügeldienste. Am Abend blieb noch Zeit für die persönliche Anbetung. Der Tagesablauf gestaltete sich fast jeden Tag gleich, sodass ich mich oft nach Abwechslung sehnte, die ich in der Mission zur Genüge gehabt hatte.

Da es in der Gemeinschaft vorgesehen war, dass alle Mitglieder täglich ca. ½ Stunde in Heiligenbüchern lasen, bat ich Sr. Regina, in Moskau einige Bücher für die drei Novizen zu besorgen. Ich freute mich sehr, als sie endlich ankamen, und gab sie gleich weiter. Eines Tages war ich allein in der Kapelle und entdeckte in der Bank vor mir eines der russischen Bücher. Ich nahm es und las etwas darin. Da fiel mir auf, dass es sich nicht um ein „gewöhnliches“ Heiligenbuch handelte, sondern die Inhalte von psychologischen Anmerkungen durchzogen waren. Ich wurde stutzig, galt Psychologie in der Gemeinschaft doch als etwas Gefährliches, das einen eher von Gott weg als zu ihm hinbringe. Kurz entschlossen nahm ich das Buch mit und versteckte es in unserem Schwesternzimmer. Ich wollte nicht, dass einer der Novizen dadurch Schaden nehme.

Heute erschrecke ich über mein damaliges Verhalten. Ich war von der Doktrin der Gemeinschaft so durchdrungen, dass ich nicht nur selbst Opfer davon war, sondern auch zur Täterin wurde. Was gab mir das Recht, ihnen dieses Buch vorzuenthalten? Als der Novize, der das Buch gerade gelesen hatte, mehrmals nachfragte, wo es sei, erzählte ich Sr. Sylvia von dem Vorfall. Sie forderte mich dazu auf, ihm das Buch wieder zurückzugeben, was ich dann auch tat. Heute schäme ich mich für mein damaliges Verhalten. Wie eng ich in meinem Denken und Handeln doch war!

Der Kontakt zu den drei Novizen tat mir im Großen und Ganzen gut. Durch sie fühlte ich mich ein Stück weit mit der Mission in der ehemaligen Sowjetunion verbunden. Ich konnte es sehr gut nachvollziehen, dass sie, wie ich, im Winter sehr den Schnee vermissten. Hier regnete es die meiste Zeit. Was mich allerdings belastete, war das Übersetzen von Streitgesprächen zwischen dem Novizenmeister und den drei mir anvertrauten Novizen. Ich war teilweise erschrocken über den Ton, in dem diese geführt wurden, mir fehlte dabei die Wertschätzung gegenüber den Dreien. Schließlich wurde ich von dieser leidigen Aufgabe befreit.

Insgesamt fühlte ich mich im Noviziat wohl. Es herrschte eine Atmosphäre der Leichtigkeit und der Freude. Das war wohltuend nach all den Problemen, die ich in Kasachstan erlebt hatte. Trotzdem plagte mich starkes Heimweh nach der Mission. Hier waren wir sehr abgeschottet und hatten kaum Kontakt nach außen. Das fehlte mir.

In dieser Zeit fragte mich Sr. Angelika bei einem Telefonat, ob ich meine Ausbildung zur Krankenschwester noch machen wolle. Ich freute mich sehr und sagte sofort zu. Eigentlich hatte ich aufgrund meines Gesundheitszustands schon gar nicht mehr damit gerechnet, die Ausbildung noch machen zu können. Aber da es mir nun besser ging, war ich zuversichtlich, es doch zu schaffen. Also bewarb ich mich, jetzt schon zum dritten Mal, auf die Ausbildungsstelle in Würzburg. Die Zusage ließ nicht lange auf sich warten, es war immer noch derselbe Ausbildungsleiter, der mich vom ersten Vorstellungsgespräch her kannte.

Ich rief Madre sofort an und sagte ihr Bescheid. Ihre Reaktion verwirrte mich. Sie war sehr verlegen und druckste herum. Dann sagte sie mir, sie habe eigentlich gehofft, dass ich eine Absage erhalte. Mittlerweile habe sie mit Padre über meine Ausbildung gesprochen. Dieser habe gesagt, ich sei jetzt so viele Jahre außerhalb der Gemeinschaft gewesen, daher sei es für mich wichtig, wieder in der Gemeinschaft zu leben. Ich war vor den Kopf gestoßen. Ich hatte doch die ganze Zeit „in der Gemeinschaft" gelebt, nur eben in der Mission. Galt das nicht? Ihre Worte trafen mich wie ein Schlag. Im Gehorsam nahm ich den vermeintlichen Willen Gottes an. Dieses Mal machte es mir nicht mehr so viel aus. Ich war es schon gewohnt, meine eigenen Wünsche aufzugeben. Also blieb ich im Noviziat.

Warten auf den Eingriff Gottes

P. Bonifatius kam ungefähr einmal im Monat bei uns vorbei, um Gespräche mit den Novizen zu führen und die heilige Messe mit uns zu feiern. Meistens beichteten wir Schwestern dann bei ihm. Er schien mit mir zufrieden zu sein, auf jeden Fall kann ich mich aus dieser Zeit an keine besonderen Vorkommnisse bei der Beichte erinnern. Gut in Erinnerung blieb mir jedoch das Silvesterfest 2000, der Übergang ins neue Jahrtausend. Dafür reisten alle Schwestern und Brüder aus Rom zu uns, denn P. Bonifatius wollte dieses Ereignis in großer Runde feiern. Unsere Zimmer waren überfüllt. Unterschwellig herrschte eine angespannte Stimmung, denn manche Schwestern munkelten, um Mitternacht werde der „Eingriff Gottes" geschehen oder etwas Schlimmes passieren. Ich war daher besorgt. Um 23.30 Uhr feierte P. Bonifatius die Mitternachtsmesse mit uns. Als es 0 Uhr war, hörten wir das Feuerwerk von draußen. Nichts Außergewöhnliches geschah. Alles war wie an jedem gewöhnlichen Silvester. Welche Erleichterung!

All die Jahre zuvor hatten wir uns sehr intensiv auf einen nahe bevorstehenden Eingriff Gottes vorbereitet. Padre sagte immer wieder, dieser würde noch vor dem Jahr 2000 kommen. Nun waren wir bei diesem Datum angelangt, und nichts war geschehen. Das überraschte mich. Bei solchen Ankündigungen handelte es sich um keinen Einzelfall. Seit ich in der Gemeinschaft war, sprach unser Leiter oft vom Eingriff Gottes, der nicht mehr fern sei. Immer wieder waren Jahreszahlen oder sogar konkrete Monate dafür im Umlauf. Wir beteten viel in diesem Anliegen und sehnten die „Neue Zeit" herbei. Dies sei eine wunderbare Zeit, in der, nach einer Intervention Gottes, alle Menschen im Frieden miteinander und mit Gott lebten.

Auch nach der Jahrtausendwende bekam unser Oberer immer wieder das „Licht" von Gott dafür, der Eingriff stehe unmittelbar bevor. Ich erinnere mich, dass einmal sogar Priesterweihen vorgezogen wurden, da die Priester in der „Neuen Zeit" dringend gebraucht würden. Diese Naherwartung nahm einen so großen Raum ein, dass alles Weltliche daneben unwichtig erschien. Sie diente auch gerne als Argument dafür, dass eine Schwester ihr Studium nicht beenden oder keine Ausbildung machen solle. In der Neuen Zeit brauche man das alles nicht mehr.

Doch die genannten Zeitangaben verstrichen, ohne dass etwas geschah. P. Bonifatius sagte dann jedes Mal, Gott habe durch unser intensives Gebet und unsere Ganzhingabe die Zeit der Barmherzigkeit verlängert. Das bestärkte uns in dem Glauben, wie wertvoll und mächtig unser Gebet und Opfer in den Augen Gottes war.

Ein letzter Sommer in Kasachstan

Obwohl mir das Übersetzen für die drei Novizen Spaß machte, plagte mich das Heimweh nach „meiner“ Missionsstation in Kasachstan. Sehr gerne wäre ich, nachdem es mir jetzt besser ging, wieder dorthin zurückgekehrt. Das Gefühl der Zugehörigkeit, das einfache Leben, das familiäre Miteinander in der kleinen Missionsgemeinschaft und die sinnvollen Aufgaben, all das konnte ich im Westen nicht in dieser Form finden. Sr. Angelika erlaubte mir, den nächsten Sommer dort zu verbringen und Sr. Paula zu vertreten, die in Heimaturlaub ging. Nach den Exerzitien im Juli machte ich mich voll Freude auf die Reise in meine gefühlte „Heimat“. Wie und mit wem ich dorthin flog, weiß ich nicht mehr. Als ich ankam, war vieles nicht mehr so, wie ich es gekannt hatte. Sr. Fidelis und Sr. Gundula, meine ehemalige Freundin Melanie, wirkten jetzt in der Station. Sie wohnten mittlerweile in einem anderen Haus. Zudem hatte P. Anselm ein neues Haus für die Missionsarbeit erworben. Einige der Gläubigen waren nach Deutschland ausgereist oder verstorben, dafür hatten sich neue dazugesellt, die mich nicht kannten. Auch wenn ich mich erst an die neue Situation gewöhnen musste, freute ich mich, hier zu sein. Aber zu meiner großen Enttäuschung kehrten die Magen-Darm-Beschwerden schon wenige Tage nach meiner Ankunft wieder zurück und blieben den ganzen Sommer über. Ich erkannte, dass mein Körper selbst nach einer Zeit der Erholung nicht mit den Lebensbedingungen hier zurechtkam. Trotz der gesundheitlichen Schwierigkeiten verbrachte ich einen guten Sommer und der Abschied am Ende meines mehrwöchigen Aufenthalts fiel mir schwer.

Im Studienhaus nahe Rom

Nach einem dreiwöchigen Erholungsurlaub kehrte ich wieder ins Formungshaus der Novizen zurück. Hier herrschte Aufbruchstimmung. P. Bonifatius hatte in der Nähe von Rom ein neues Haus für das Noviziat der Brüder erworben, das gerade renoviert wurde. Dorthin sollten sie zeitnah umziehen. Da es nur einige hundert Meter vom Studienhaus der Brüder entfernt lag, war geplant, die Mahlzeiten für beide Häuser gemeinsam zuzubereiten. Sr. Sylvia teilte mir mit, die Schwestern dort bräuchten dringend Unterstützung in der Küche. Sie hatte mit ihnen vereinbart, dass ich bereits dorthin aufbreche, um ihnen zu helfen. Madre wisse schon darüber Bescheid und sei einverstanden. Da ich dachte, es handele sich nur um eine kurze Zeit des Aushelfens, war das für mich in Ordnung. Also packte ich meine Sachen und zog um. Bis die Vorträge wieder beginnen würden, sollten die Novizen nachkommen.

Die Fahrt in mein neues Zuhause dauerte ungefähr zwei Stunden. Ich bezog das Schwesternhaus, das neben dem Studienhaus der Brüder lag. Hinter dem Haus erstreckte sich ein großer Hang, an dessen oberem Ende eine anmutige Marienstatue ihre Hände über unser Haus ausbreitete. Etwas rechts davon lag ein kleiner Olivengarten. Beide Häuser befanden sich in einem Tal, das man auch das „Tal des Heiligen Geistes“ nannte. Tatsächlich hatte die Gegend etwas Friedliches. Hier wohnte auch P. Bonifatius. Ich war sozusagen im „Herzstück“ der Gemeinschaft angelangt. Es machte mich dankbar, hier wirken zu dürfen.

Nachdem ich mein Zimmer eingerichtet hatte, begann meine Arbeit in der Großküche. Die Hausmutter, Sr. Adelheid, teilte mir und Sr. Anita, einer jungen slowakischen Schwester, jeden Morgen unsere Aufgaben für diesen Tag zu. Meine bestanden meistens aus Einkaufen, Putzen und einfachen Küchendiensten wie Kartoffelschälen oder Salat waschen. Für das Einkaufen kam mir zugute, dass ich in der Schule eine Zeitlang Italienischunterricht hatte und daher wenigstens das Nötigste sprechen konnte. Am Anfang vermischte sich mein Italienisch allerdings häufig mit russischen Wörtern. Niemand von uns hatte hauswirtschaftliche Kenntnisse.

Insgesamt kochten wir täglich für ca. 25 Personen, sowohl mittags als auch abends. Vormittags besuchte ich oft verschiedene Supermärkte und Wochenmärkte, wo ich diverse Lebensmittel, Obst und Gemüse einkaufte. Der Wochenmarkt erinnerte mich an Kasachstan. Hier saßen die Händler, oft ältere Großmütter und Großväter, an ihren Ständen und verkauften Obst und Gemüse aus ihrer eigenen Ernte. Nachdem wir den Preis ausgehandelt hatten, lud ich die Kisten in den Kofferraum unseres kleinen Schwesternautos. Nach meiner Rückkehr verräumte ich den Einkauf und half danach meist beim Kochen oder erfüllte verschiedene Putzdienste. Das Mittagsgebet verrichteten wir gemeinsam mit den Brüdern. Diese kamen in verschiedenen Etappen aus Rom zurück, wo sie studierten. Eine oder zwei Schwestern blieben, bis alle versorgt waren. Oft verblieb dann nicht mehr viel Zeit bis zur Barmherzigkeitsstunde um 15 Uhr, bei der wir in unserer Schwesternkapelle den Kreuzweg und den Barmherzigkeitsrosenkranz beteten. Danach ging es schon bald wieder in die Küche, um das Abendessen vorzubereiten. Die heilige Messe war meist am Abend, da die Studenten schon früh am Morgen an die Uni mussten. Wenn P. Bonifatius die Messe hielt, konnte diese gut und gerne zwei Stunden dauern, inklusive Messvorbereitung und Danksagung. Im Anschluss daran hielten wir persönliche Anbetung in unserer kleinen Hauskapelle.

An großen Festtagen trafen sich alle Mitglieder der Gemeinschaft, die in Italien wirkten, bei uns. Hierbei füllte sich das Brüderhaus mit an die 100 oder mehr Personen, sodass es fast aus allen Nähten platzte. Auch Bischöfe oder Kardinäle aus dem Vatikan kamen immer wieder zu Besuch. Zu diesen Anlässen kochten wir sehr festlich auf. Das ganze Jahr über reisten viele Besucher, meist Freunde der Gemeinschaft, an und verbanden ihren Aufenthalt bei uns mit einem Besuch in

Rom. Einige Schwestern oder Brüder nahmen sich Zeit für sie und boten ihnen Stadtführungen an.

Feste wurden in der Kommunität sehr feierlich begangen. Der wunderschöne Blumenschmuck in der Kapelle, die festliche und ergreifende Liturgie und das gute Essen verliehen diesen Tagen etwas Himmlisches. Nie zuvor hatte ich so wunderschöne Feiern erlebt. Das jährlich voller Hingabe begangene Ostertriduum ist mir bis heute in guter Erinnerung. Immer wieder nahmen wir auch an Papstmessen auf dem Petersplatz teil. Dann fühlte ich mich als Teil der Weltkirche und war glücklich, solch schöne Erfahrungen machen zu dürfen.

P. Bonifatius sagte mir, es sei ein Privileg, im Brüderhaus zu wirken. Tatsächlich war es ein Knotenpunkt der Gemeinschaft. Er legte großen Wert darauf, dass sich die Schwestern sehr zurückhaltend gegenüber den Brüdern verhielten. Da ich ohnehin eher schüchtern war, fiel mir dies nicht besonders schwer. Sr. Angelika sagte mir einmal, ich sei gut für die Arbeit im Brüderhaus geeignet.

Doch trotz aller vermeintlichen Privilegien empfand ich die Arbeit als anstrengend und eintönig. Während die Brüder an der Universität studierten, verrichteten wir Schwestern einfachste Aufgaben im Haushalt. Da sich diese Rollenverteilung in der Gemeinschaft als völlig normal darstellte, dachte ich nicht weiter darüber nach, litt aber innerlich darunter. Ich sehnte mich danach, bald wieder für die Novizen übersetzen zu dürfen. Allerdings zog sich die Renovierung des Hauses aufgrund baulicher Schwierigkeiten immer länger hin. Im Oktober hörte ich, die Vorträge im Noviziat hätten mittlerweile bereits begonnen. Ein slowakischer Bruder, der einfache Russischkenntnisse hatte, sprang für mich beim Übersetzen ein. Mich ärgerte, dass man mich bereits vorausgeschickt hatte und ich nun meiner eigentlichen Aufgabe nicht nachkommen konnte.

Es dauerte ein halbes Jahr, bis der Umzug des Noviziats endlich stattfand! Ich hatte sehr darauf gewartet. Doch als es soweit war, teilte mir Sr. Sylvia mit, „meine“ drei Novizen hätten inzwischen so gut Italienisch gelernt, dass sie bei der italienischen Übersetzung mithören konnten. Sie brauchten mich also nicht mehr. Das kam überraschend für mich, ich war zugegebenermaßen enttäuscht. Darüber hinaus blieben die Novizen von nun an unter sich, es fand keine Zusammenlegung der beiden Häuser zu den Mahlzeiten statt, wie dies ursprünglich vorgesehen war. Nun hatte ich also nichts mehr mit dem Noviziat zu tun, sondern diente als Hilfskraft in einer Großküche. Das war nun wirklich nicht die Aufgabe, die ich mir ausgesucht hätte. Aber da Madre mit meinem Umzug einverstanden war, dachte ich, den Willen Gottes zu erfüllen. Immer wieder sagte sie uns Schwestern, die Station, in der wir seien, sei genau die richtige für uns. Also versuchte ich, meinen Dienst treu zu erfüllen.

Allerdings zehrte der anstrengende Tagesablauf immer mehr an meinen Kräften. Eine zunehmende Erschöpfung machte sich breit, sodass ich nur noch eingeschränkt einsatzfähig war. Nach mehreren Monaten, in denen ich mich durchgekämpft hatte, geschah, womit ich nicht mehr gerechnet hatte: Mein Körper reagierte wieder mit erhöhter Temperatur.

Als ich Sr. Angelika mitteilte, dass ich wieder krank war, bestand sie darauf, mich in einer Klinik gründlich durchchecken zu lassen. Sie war gerade bei uns, um mit den Schwestern Gespräche zu führen, und nahm mich bei ihrer Abreise mit in unsere österreichische Niederlassung. Auf der Fahrt dorthin beteten wir für eine junge slowakische Schwester, die in Österreich aufgrund eines Herzfehlers im Sterben lag. Als wir ankamen, war sie bereits gestorben. Ihr Gesicht strahlte großes Glück aus. Noch ein paar Tage vorher hatte ich mit ihr telefoniert. Sr. Angelika blieb zur Beerdigung, bei der wir Schwestern sangen. Bei ihrer Abreise machte sie eine Andeutung, ob ich vielleicht die nächste sei, die sterbe. Ich hätte nichts dagegen gehabt! Schließlich erfolgte meine Untersuchung, für die ich zwei Tage im Krankenhaus verbrachte. Meine Erwartungen waren groß. Endlich würde ich einmal ganz genau untersucht, inklusive Magen- und Darmspiegelung. Doch außer einigen Unverträglichkeiten konnten die Ärzte keine Krankheit feststellen. Das machte mich ratlos. Ich sah nur den Zusammenhang mit meiner Vergiftung.

Allerdings war mir damals nicht bewusst, dass ich völlig gegen meine eigene Natur lebte. Zum einen gab es kaum Zeit zur Erholung oder zu einem angemessenen Ausgleich neben der Arbeit. Sport sollten wir aufgrund der Nähe zum Brüderhaus nicht treiben. Auch ließen die weisungsgebundenen Dienste jegliche persönliche Gestaltungsmöglichkeiten vermissen. Selbst die Art und Weise, wie ich die Kartoffeln schneiden sollte, wurde mir vorgegeben. Ein Großteil meines Potentials lag brach, ich selbst als Person kam in diesem Leben nicht vor. Innerlich fühlte ich mich verpflichtet, der Gemeinschaft dort zu dienen, wo die Oberen mich hingestellt hatten. Etwas dagegen zu sagen, hätte für mich Untreue gegenüber Gottes Willen bedeutet. Um aus diesem Dilemma herauszukommen, übernahm schließlich mein Körper die Führung: Er trat in einen Generalstreik.

7
Dunkle Jahre

Hoffnungslosigkeit

Sr. Angelika war bemüht, eine neue Aufgabe für mich zu finden, die mir entsprach. Schon bald wurde sie fündig: Ich sollte für die Zeitschrift der Gemeinschaft Artikel über die Missionsarbeit schreiben. Das freute mich. Denn dadurch konnte ich in regelmäßigem Austausch mit allen Missionsstationen sein und blieb auf dem Laufenden, was bei ihnen geschah. Unsere Oberin wünschte, dass ich für meine neue Aufgabe in der Nähe von Rom bleibe.

Also zog ich nach meiner Rückkehr von Österreich dorthin um. Gemeinsam mit drei anderen Schwestern wohnte ich nun in einer Doppelhaushälfte, die mit einigen anderen Häusern einen eigenen, vom nächsten Dorf abgelegenen Komplex bildete. Auf unserem Grundstück befand sich ein größerer Garten, in dem sogar zwei Zitronenbäume wuchsen. Leider wurde diese Idylle durch eine Hauptverkehrsstraße gestört, die von Rom herausführte und nur ca. 200 m von unserem Haus entfernt verlief. Da sehr dichter Verkehr herrschte, kehrte nur nachts zwischen 3 und 4 Uhr Ruhe ein. Wenn es im Sommer recht heiß war, schliefen wir mit offenem Fenster, was mir nur mit Ohropax möglich war. Mir wurde ein großzügiges Zimmer im zweiten Stock zugeteilt, in dem ich mich wohlfühlte. Insgesamt wohnte ich fünf Jahre in diesem Haus.

Schon bald stellte ich fest, dass sich das Zusammenleben in dieser kleinen Schwesterngemeinschaft immer wieder als herausfordernd darstellte. Machtkämpfe, Reibereien und Missverständnisse machten das Miteinander manchmal unnötig schwer. Wie konnte das passieren, da sich doch alle aufrichtig um „die Liebe bemühten"? Im Nachhinein sehe ich auf der einen Seite einen Zusammenhang mit den Aufgaben in diesem Haus. Alle Schwestern übten gemeinschaftsinterne Tätigkeiten aus, ein Apostolat nach außen gab es nicht. Dadurch waren wir fast komplett von der Außenwelt abgeschnitten, unsere Kontakte beschränkten sich vorwiegend auf die Gemeinschaft. Einige der Schwestern fühlten sich mit ihrer Aufgabe nicht wohl und hätten gerne etwas anderes gemacht. Man kann sich vorstellen, wie sich eine Person fühlt, die vorher im Berufsleben stand, in der Mission tätig war oder ein Studium absolvierte und nun als Haushaltshilfe und Reinigungskraft arbeiten sollte.

Auf der anderen Seite orientierten wir uns an viel zu hohen spirituellen Vorgaben, die sich im realen Leben als unerfüllbar erwiesen und zu Frustration führten. In solch einem dysfunktionalen System kann es schnell passieren, nicht nur sich selbst, sondern auch die anderen nach diesen Maßstäben zu bewerten. Heute weiß ich: Nur in einem guten Kontakt zum eigenen inneren Selbst ist es möglich, den anderen authentisch und auf Augenhöhe zu begegnen. In diesem Umfeld erlebte ich meine eigene Unzulänglichkeit stark. Ich suchte Zuflucht im Gebet und in der heiligen Beichte, die einzigen Lösungsstrategien, die mir damals zur Verfügung standen. Doch es hätte mehr gebraucht, um zu einem ausgeglichenen Miteinander zu finden. Immer wieder blieben Verletzungen zurück.

Da ich immer noch erhöhte Temperatur hatte, bestand meine einzige Aufgabe zunächst im Schreiben der Missionsartikel. Zwischendurch gab es Phasen, in denen es mir besser ging und ich im Haushalt mithelfen konnte. Doch sie hielten bedauerlicherweise nicht an. Bald schon wieder lag ich im Bett. Das ging vier Jahre lang so. In dieser Zeit verschlechterten sich meine Nahrungsmittelunverträglichkeiten immer mehr, sodass ich über Jahre hinweg in meiner Lebensmittelauswahl äußerst eingeschränkt war. Lange Zeit konnte ich nur Dinkelnudeln, Fenchel und Spinat essen, sonntags ein Stück gekochtes Putenfleisch. Nicht sonderlich abwechslungsreich. Mir war oft schlecht und ich fühlte mich unwohl. Obendrein konnte ich mich im Sommer wegen meiner Sonnenallergie nur im Haus aufhalten.

Diese Gesundheitsprobleme zermürbten mich, vor allem, weil es keinerlei Hoffnung auf Besserung gab. „Würde es mir jemals wieder gut gehen? Würde ich irgendwann wieder gesund?“, fragte ich mich oft. Dazu kam, dass wir kaum mit der Welt draußen in Berührung kamen und sehr abgeschottet lebten. Etwas Ablenkung hätte mir gutgetan, um mich auf andere Gedanken zu bringen. Wenn Schwestern Ausflüge nach Rom machten, hatte ich meist nicht die Kraft mitzufahren. Das machte mich mehr und mehr traurig. Einmal rief Madre bei uns an. Ich nahm den Hörer ab, und sie fragte mich, ob es mir gut gehe. Da dies nicht der Fall war, sagte ich, es gehe mir im Moment nicht so gut. Daraufhin war sie sichtlich unzufrieden und tadelte mich, ich solle nicht um mich selbst kreisen und meine Krankheit annehmen. Die Oberen forderten mich oft auf, zuversichtlich zu sein und alles aufzuopfern. Doch das war nicht so einfach.

Ihre Ermahnungen beschämten mich. Ich fühlte mich schuldig und meinte in zunehmendem Maß, der Gnade Gottes nicht zu entsprechen. Offensichtlich schienen die Oberen nicht mit mir zufrieden zu sein. Immer wieder kam in mir Verzweiflung auf. Ich sah keinen Ausweg. Die einzige Zukunftsperspektive, die ich in dieser Zeit hatte, war die Hoffnung, möglichst bald zu sterben. Ich sehnte mich intensiv nach dem Tod. Wie sehr wünschte ich mir, irgendeine Katastrophe möge passieren, ein Flugzeug über unserem Haus abstürzen oder eine Bombe einschlagen, um mich aus diesem Zustand zu befreien. Mein Leben erschien mir nicht mehr lebenswert. Da in der Gemeinschaft innere Schwere als Zeichen für den geistigen Kampf gegen die Dämonen gewertet wurde, dachte ich, diese ertragen und aufopfern zu müssen.

In dieser Zeit fühlte ich mich innerlich wie tot. Ich zweifelte an Gott, der mich in diese Situation gebracht hatte. Hatte ich nicht alles für ihn gegeben? Warum hilft er mir jetzt nicht? Ich verlor das Vertrauen in ihn. Eine Zeit lang wollte ich nichts mehr mit ihm zu tun haben und hörte auf zu beten. Das heißt, äußerlich nahm ich zwar an den Gebetszeiten teil, aber innerlich wandte ich mich immer mehr von Gott ab. Er wurde für mich zum Problem, dem ich aus dem Weg ging. Ich sprach mit niemandem darüber, um nicht noch mehr beschämt zu werden. Bei P. Bonifatius kam es nämlich vor, dass er Vertraulichkeiten, die ihm im Gespräch offenbart wurden, ohne den Namen der betreffenden Person zu nennen, sozusagen als abschreckendes Beispiel in der Predigt erzählte. Manchmal konnte man anhand des Inhalts dann doch auf die betreffende Schwester schließen. Also hielt ich lieber meinen Mund.

Wenn ich im Urlaub zuhause war, machten sich meine Eltern große Sorgen um meine Gesundheit. Einmal vereinbarte meine Mutter für mich einen Termin bei einem Arzt für Naturheilkunde, von dem sie Gutes gehört hatte. Da bei mir schulmedizinisch ja nie etwas festgestellt wurde, war meine Hoffnung groß. Tatsächlich stellte der Arzt eine Vergiftung fest. Endlich! Er verschrieb mir ein homöopathisches Medikament dagegen, das die Giftstoffe ausleiten sollte. Voll Zuversicht kehrte ich nach Italien zurück.

Bei einer seiner nächsten Predigten sprach P. Bonifatius über die Gefahr homöopathischer Medikamente und dass wir nur zu schulmedizinischen Ärzten gehen sollten, nicht zu Heilpraktikern. Da Madre uns gesagt hatte, Padre habe die Gabe der Seelenschau, fühlte ich mich aufs Äußerste alarmiert. Gott muss ihm zu verstehen gegeben haben, dass ich etwas tat, was gefährlich war. Gleich nach der heiligen Messe berichtete ich ihm von meinem Arztbesuch und den verordneten Homöopathika. Ich fragte ihn, ob ich das Medikament nehmen dürfe oder nicht. Er sagte mir darauf, er würde es nicht einnehmen. Ich hatte also nicht direkt ein Verbot bekommen, es zu verwenden, aber offensichtlich befürwortete Padre das Medikament nicht. Wenn es tatsächlich einen dämonischen Einfluss auf mich haben und mich vom rechten Weg abbringen könnte, wollte ich es unter keinen Umständen einnehmen. Mit Entschlossenheit, aber schweren Herzens warf ich das Medikament noch am selben Tag in den Mülleimer, und damit auch meine Hoffnung auf Besserung. Von da an mied ich Homöopathika entschieden.

Leidensverherrlichung

P. Bonifatius betonte oft den Wert des miterlösenden Leidens. Er gab uns Mystiker und Sühneseelen zum Vorbild. Das Ja zum Leiden löse so viel Gnade aus, dass man es mit einer geistigen Atombombenexplosion vergleichen könne, sagte er einmal. Kranke, die ihre Beschwerden mit dem Leiden Jesu vereinten und Gott schenkten, trügen dabei mehr zum Heil der Seelen bei als die Gesunden. Diese Gedanken halfen mir, meinen schlechten Gesundheitszustand immer wieder anzunehmen. Ich glaubte dann, dass Gott mir meine Krankheit anvertraut habe, um Seelen zu retten. Aus diesem Grund war ich manchmal sogar etwas stolz darauf, krank zu sein.

Bei den großen Jahresexerzitien im Sommer erwähnte Padre einmal vor der ganzen Gemeinschaft, P. Anselm und ich hätten eine „Wurzelberufung". Das bedeutete, wir sollten wie eine Wurzel im Verborgenen sein und leiden, damit sich die Mission der Gemeinschaft nach außen hin entfalten könne. Diese Worte bestärkten mich in der Annahme, eine außergewöhnliche Berufung zu haben! Die Spiritualisierung meiner Erkrankung band mich noch fester an sie, ja sie gab mir das Gefühl, auf besondere Weise von Gott erwählt zu sein.

Heute erkenne ich, wie das Konzept der Miterlösung in der Gemeinschaft missbraucht wurde, um Schwestern und Brüder in ihren körperlichen oder auch seelischen Leiden keine adäquate Hilfe zukommen zu lassen. Eine professionelle Begleitung durch Personen außerhalb der Gemeinschaft hätte meines Erachtens vielen unerklärlichen Beschwerden Abhilfe verschaffen können, die ich bei zahlreichen Mitgliedern beobachtete. Massive Schwächezustände waren keine Seltenheit.

Interessanterweise ging es mir, während ich mich eine Zeit lang für eine Behandlung in München aufhielt, sofort besser. Schon nach wenigen Tagen war meine erhöhte Temperatur weg und die Kraft kam wieder, während ich in der Gemeinschaft wieder krank war. Ich konnte das damals nicht nachvollziehen. Heute sehe ich einen klaren Zusammenhang mit der einengenden und toxischen Spiritualität der Gemeinschaft, die mir die Kraft zum Leben nahm.

Während meiner Zeit in der Nähe von Rom kam ich in einer nie dagewesenen Dichte mit dieser Spiritualität in Berührung. Sr. Angelika besuchte uns öfters, um mit uns Schwestern zu sprechen und uns geistliche Unterweisungen zu geben. Wenn P. Bonifatius bei uns war, hielt er mehrfach Einkehrtage ab, bei denen ich so tief in die geistige Welt eintauchte, dass mir das Leben draußen fast irreal schien. Wenn ich beispielsweise nach einem Einkehrtag noch etwas im Supermarkt zu besorgen hatte, brauchte ich eine gewisse Zeit, um von der geistigen Welt wieder in die äußere Realität zu wechseln. Im Folgenden möchte ich näher darauf eingehen, wie mich diese spirituellen Anleitungen geprägt haben, und auch meinen heutigen Blick darauf aufzeigen.

8 Intensive Spiritualität

Ohne Gott bin ich nichts

P. Bonifatius forderte uns auf, „große Beter" und „Anbeter" zu werden. Was wir ohne das Gebet seien, drückte er immer wieder mit dem Satz aus: „Ich bin nichts, ich kann nichts, ich weiß nichts – ohne Gott". „Ohne Gott bin ich nichts", das sollten wir uns bei allem, was wir tun, vor Augen halten und nicht auf unser eigenes Können oder Wissen zählen. Das Gebet hatte daher eine sehr hohe Relevanz und wurde über alles andere gestellt. Drei Rosenkränze am Tag waren verpflichtend. Die Gebetszeiten wurden immer mehr ausgedehnt, sodass die Relation zwischen Gebet, Arbeit und Erholung unverhältnismäßig wurde. Fünf bis sechs Stunden tägliches Gebet stellten sich als völlig normal dar.

Padre lehrte uns, unser Ich müsse ganz ausgelöscht werden, damit Gott den ganzen Platz in uns einnehmen könne. Eigene Wünsche und Bedürfnisse sollten deshalb aufgegeben werden. Er hielt uns an, nicht zu denken, sondern nur zu lieben. Auch legte er uns nahe, nicht auf unsere Gefühle zu achten, da diese uns täuschen könnten. Allein der Wille sei entscheidend.

Wie ich heute weiß, widerspricht eine solche Auffassung einer authentisch-christlichen Mystik. Diese schließt immer alle Aspekte des Menschseins, also Leib, Seele und Geist, mit ein. Besonders für die Unterscheidung der Geister nach dem heiligen Ignatius von Loyola spielt die Wahrnehmung der eigenen Gefühle eine zentrale Rolle. Gott wirkt durch unser Selbst und unsere Persönlichkeit. „Die Gnade setzt die Natur voraus", sagte schon der heilige Thomas von Aquin, „sie zerstört sie nicht, sondern vollendet sie." Ich erlebte hingegen, dass sich bei vielen in der Gemeinschaft keine gesunde Persönlichkeit entwickeln konnte oder gar einzelne Teile der Persönlichkeit unterdrückt wurden. Manche zerbrachen unter der Last des Systems. Wenn der Mensch stattdessen in seinem Ganz-Sein beachtet wird und sich entfalten darf, erhält er alles, was er zum Leben braucht. Aus meiner heutigen Sicht frage ich mich: Setzen sich Leitende durch eine Entwertung des Menschlichen nicht letztendlich über den Schöpfer hinweg, der den Menschen nicht nur mit Geist, sondern mit Körper, Gefühlen und Bedürfnissen versehen hat?

Keine weltliche Hilfe suchen

In der Gemeinschaft erfuhr nicht nur das Menschliche, sondern auch das Weltliche eine starke Abwertung. Das Irdische wurde von den Oberen als Gegenpol zum Göttlichen dargestellt. Wir sollten möglichst keine weltliche Hilfe suchen, sondern alles allein von Gott erwarten. P. Bonifatius würdigte Humanwissenschaften, insbesondere die Psychologie, herab, ja im schlimmsten Fall stellte er sie als Hindernis für das Wirken Gottes dar.

Diesen Dualismus halte ich für gefährlich. Kann sich Gott nicht auch menschlichen Wissens und Könnens bedienen, um dadurch den Menschen seine Zuwendung zukommen zu lassen? Wird er durch ein solches Weltbild nicht in seinen Wirkungsmöglichkeiten begrenzt?

Die folgende Geschichte, die Sie vielleicht kennen, veranschaulicht dies gut: Ein Mann stand bei starkem Hochwasser auf dem Dach seines Hauses und bat Gott um Hilfe. Erst kam ein Boot vorbei, der Mann stieg aber nicht ein und sagte, er vertraue auf Gott. Als er schon fast nicht mehr stehen konnte, flog ein Hubschrauber zu ihm hin und wollte ihn mitnehmen. Er stieg wiederum nicht ein. Schließlich ertrank der Mann und kam in den Himmel. Dort beschwerte er sich bei Gott, warum dieser ihm nicht geholfen habe. Gott sagte daraufhin, er habe ihm erst ein Boot, dann sogar noch einen

Hubschrauber geschickt. Da der Mann nicht eingestiegen sei, hätte er ihn leider nicht vor dem Ertrinken retten können.

Was einen beim Hören der Geschichte zum Schmunzeln bringt, erfuhr ich häufig im alltäglichen Miteinander und besonders in den Entscheidungen der Oberen. Alle Probleme sollten möglichst durch das Gebet gelöst werden. Eine besondere Macht wurde dabei dem Rosenkranz zugeschrieben, von dem Sr. Lucia von Fatima einmal gesagt hatte: „Ich sage Ihnen, es gibt kein Problem, ganz gleich wie schwierig es auch ist, das wir nicht lösen können durch das Beten des Heiligen Rosenkranzes" (in einem Interview mit Pater Fuentes vom 26. Dezember 1957). So hoffnungsvoll diese Aussage sein mag, so sehr kann sie auch missbraucht werden, wenn dadurch weltliche Lösungsansätze in Misskredit geraten. Im Umkehrschluss bedeutet dies ja, wenn sich ein Problem nicht durch den Rosenkranz lösen lässt, habe ich zu wenig gebetet bzw. dabei nicht genug auf Gott vertraut. Wenn ich also trotz des Gebets Schwierigkeiten habe, liegt das an meinem mangelnden Glauben und Vertrauen. Eine solche Weltsicht wirkt sich schädlich auf das Selbstbild aus und ruft Selbstzweifel hervor. Die Person stellt sich dann mehr und mehr infrage.

Überhöhung der eigenen Spiritualität

P. Bonifatius betonte oft die Schlechtigkeit der Welt und sagte, wie froh wir sein könnten, in der geistigen Oase der Gemeinschaft leben zu dürfen. Manchmal behauptete er, viele der Schwestern würden keine gute Ehe führen, wenn sie in der Welt lebten. Dadurch manipulierte er sie massiv. Wir sollten mit „geistigen Scheuklappen" durch die Welt gehen, um uns vor ihren negativen Einflüssen zu schützen. Tatsächlich lebten wir wie unter einer Käseglocke in einer geistlichen Parallelwelt. Bei all dem sollten wir glücklich sein. Heute kommt mir immer wieder der bildliche Vergleich eines Vogels in den Sinn, der in einem goldenen Käfig lebt und dem permanent gesagt wird, er solle dankbar für seinen wunderschönen Käfig sein. Der Vogel vergisst mit der Zeit, dass er eigentlich zum Fliegen in der Natur berufen ist, und fragt sich, warum er unglücklich ist. Genau so waren wir im inneren Gefängnis geistlichen Missbrauchs gefangen und merkten nicht, wie wir immer mehr unsere persönliche Freiheit und den Bezug zu uns selbst und zu Gott verloren.

Erst nach meinem Austritt stellte ich fest, dass die Welt gar nicht so schlecht war, wie sie in der Gemeinschaft dargestellt wurde. Es gab auch sehr viel Gutes und unglaublich liebevolle Menschen in ihr. Tatsächlich bekam ich hier sehr viel mehr Verständnis und Unterstützung als in der Gemeinschaft. Heute scheint mir dieses extreme Schwarz-Weiß-Denken auch ein Druckmittel zu sein, um den Mitgliedern Angst vor einem möglichen Austritt zu machen.

Selbst die Kirche wurde in gut und schlecht eingeteilt. Gegenüber der Amtskirche herrschte Skepsis, ja sie wurde viele Male als verschlossen gegenüber dem Wirken des Heiligen Geistes dargestellt, nicht nur von den Oberen, sondern auch von den Mitgliedern. Selbst der Heilige Vater entsprach in den Augen von Padre nie vollkommen seiner Sendung, egal welcher Papst es war. Umso wichtiger schien unsere Berufung für die Erneuerung der Kirche und der Welt zu sein. Unsere Spiritualität galt als die beste und sollte daher allen Menschen vermittelt werden.

Mittlerweile weiß ich, dass es sich dabei um ein Phänomen handelt, das typisch für geistlich missbräuchliche Gemeinschaften ist und ein Merkmal für sektenähnliche Strukturen darstellt. Die Überhöhung der eigenen Spiritualität geht häufig einher mit einem christlich geprägten Größenwahn und Elitedenken. Nicht selten spielen dabei narzisstische Elemente eine Rolle, in die die ganze Gemeinschaft mit hineingezogen wird, ohne es zu merken. Wer ist nicht gern „etwas Besonderes"? Das Gefährliche daran sehe ich zum einem in der Entwicklung von geistlichem Stolz, der Überzeugung, mehr der „Gnade zu entsprechen" als der Rest der Welt. Zum anderen geht Idealisierung immer mit Entwertung einher. Der bzw. das andere wird dann als weniger wertvoll angesehen, was ihm nicht gerecht wird.

Nicht menschlich, sondern göttlich lieben

Diese Polarität zwischen dem Göttlichen und dem Menschlichen zeigte sich auch in der Forderung nach absoluter Nächstenliebe. Unsere Oberen schärften uns ein, den anderen nicht menschlich, sondern göttlich zu lieben. Solche überirdische Liebe sollten wir im Gebet und in der heiligen Kommunion empfangen. Wo genau die Grenze zwischen menschlicher und göttlicher Liebe liegt, wurde mir nie ganz klar. „Darf ich eine Schwester, die sehr müde aussieht, fragen, wie sie geschlafen hat, oder ist dies zu menschlich?", fragte ich mich manchmal. Können wir Menschen überhaupt nur „göttlich" lieben, ohne dass wir dabei menschliche Liebe empfinden? Ist es nicht eher so, dass die göttliche Liebe unser menschliches Lieben befruchtet und inspiriert?

Leider konnte der überaus hohe Anspruch nach grenzenloser Liebe oft nicht mit der Realität Schritt halten. Viele Male verblieb das krampfhafte Bemühen, nach außen hin liebevoll zu erscheinen, während die innere Wirklichkeit ganz anders aussah, nach dem Motto: „Ich muss dich lieben, auch wenn ich dich nicht mag." Auch hier scheint mir: Wird das Zentrum der Aufmerksamkeit zu einseitig auf das Geistliche gelegt, gerät das Menschliche ins Hintertreffen, das Miteinander wird dann „unmenschlich".

Trotz der normalen menschlichen Schwächen fühlte ich mich mit allen Schwestern und Brüdern der Gemeinschaft innig verbunden. Nie zuvor und nie danach erlebte ich so ein starkes Gefühl von Zugehörigkeit. Ich hielt es für Liebe. Heute würde ich sagen, es war Bindung. Obgleich innerhalb der Kommunität eine liebevolle Atmosphäre gepflegt wurde, fiel man aus dieser bedingungslosen Zuneigung heraus, sobald man den Anforderungen nicht gerecht wurde oder eine andere Meinung vertrat als gewünscht. Auch wenn sehr viel über Liebe geredet wurde und alle sich um „Liebe“ bemühten, halte ich diesen Begriff nicht für passend, denn: „Wo der Geist des Herrn wirkt, da ist Freiheit“ (2 Kor 3,17). Nur wenn Liebe die andere Person freilässt und ihr Wohlergehen im Blick hat, verdient sie diesen Namen.

Wenn wir innere Nöte hatten, sollten wir uns nur Padre und Madre oder evtl. noch dem Priester in unserer Station anvertrauen, keineswegs aber mit Mitschwestern oder -brüdern darüber sprechen. Was in den anderen vorgeht, was sie gerade beschäftigt und worunter sie leiden, war uns deshalb weitestgehend unbekannt. Nach außen hin sah man nur die Fröhlichkeit und das strahlende Lächeln. Häufig hatte ich das Gefühl, wir leben nebeneinanderher, ohne uns wirklich zu begegnen.

Heute erfahre ich, dass es das Zusammenleben und ein liebevolles Miteinander enorm befruchtet, wenn man ein wenig Einblick in die innere Welt des Gegenübers hat. Verbundenheit und Mitgefühl können dann wachsen und ein Wir-Gefühl entstehen. Viele Klöster machen sich diesen Ansatz mittlerweile zu eigen, indem sie Gespräche unter den Schwestern fördern. Ich hätte mir das auch für „meine“ Gemeinschaft gewünscht.

Absoluter Machtanspruch

P. Bonifatius sagte einmal, er leite die Gemeinschaft und die Einzelnen ausschließlich durch die Erkenntnis, die er von Gott erhalte, nicht durch menschliche oder theoretische Überlegungen. Für uns war es deshalb umso wichtiger, in sehr engem Austausch mit ihm zu sein, um seine Eingebungen für uns zu empfangen. Dies konnte so weit gehen, dass er Postulantinnen sagte, sie hätten eine Berufung für das gottgeweihte Leben, ohne dass diese sich jemals innerlich dafür entschieden. Auch Schwestern, die nach reiflicher Überlegung den Entschluss gefasst hatten auszutreten, hielt er davon ab, indem er ihnen sagte, dies sei eine Versuchung des Feindes. Da alle glaubten, er höre die Stimme Gottes, schenkten sie ihm Vertrauen und hielten sich an seine Weisungen.

Eigenen Gedanken und Empfindungen sollten wir immer mehr misstrauen. Selbst kleinere Entscheidungen waren in Absprache mit den Generaloberen zu treffen. Wie wichtig es sei, dieser Führung blind zu vertrauen, verdeutlichte P. Bonifatius eines Tages mit folgender Aufforderung: Wenn wir eine Wand sähen, die weiß sei, er sage uns aber, die Wand sei schwarz, müssten wir glauben, dass diese schwarz sei. Besonders wenn die schwere Zeit käme, sei es wichtig, uns seinen Anweisungen gänzlich zu überlassen. Sein besonderes Charisma machte er somit zur einzigen Richtschnur.

Und genau hier sehe ich den Knackpunkt: Anstatt die Mitglieder in ihrem eigenen Suchen nach Gott zu unterstützen, setzte sich P. Bonifatius an die Stelle Gottes. Er trat in die geistliche Intimsphäre des Individuums ein und übernahm die Steuerung. Dadurch nahm er einen Bereich ein, der nur Gott zusteht. Er machte die Mitglieder von ihm abhängig und trennte sie von sich selbst. Hier geschieht genau das, was der Jesuit Klaus Mertes als Verwechslung geistlicher Personen mit der Stimme Gottes beschreibt (vgl. Klaus Mertes, Geistlicher Missbrauch. Theologische Anmerkungen, in: Stimmen der Zeit 2/2019, 93–102). Nicht nur der Leiter selbst verwechselt sich mit der Stimme Gottes, sondern auch die ihm Anvertrauten verwechseln ihn mit Gott. Der große theologische Ernst solchen Handelns wird deutlich, wenn Mertes postuliert, geistlicher Missbrauch sei ein Verstoß gegen das Erste (und meines Erachtens auch das Zweite) Gebot. Der Name Gottes, oder auch der Name Jesu wird missbraucht, um Macht über Menschen zu gewinnen und sie für eigene Zwecke auszunutzen. Gleichzeitig folgen die Mitglieder nicht Gott, sondern einem Menschen, den sie mit Gott gleichsetzen.

Im Laufe der Zeit beobachtete ich, wie sich manche Mitglieder der Gemeinschaft Persönlichkeitszüge der Oberen zu eigen machten, etwa im Übernehmen der Handschrift, der Mimik und Gestik, den Worten und der Art zu reden. Solche Verhaltensweisen wurden von den anderen Brüdern und Schwestern durchaus positiv bewertet, sie galten als „gelebte Einheit mit Padre und Madre". Heute erschrecke ich darüber. P. Bonifatius und Sr. Angelika waren zum Idol geworden, dem die einzelnen nacheiferten, ohne zu merken, wie ihre eigene Persönlichkeit dadurch immer mehr ins Hintertreffen geriet. Dies entspricht nicht der Einzigartigkeit, mit der Gott jeden Menschen erschaffen hat!

Sr. Angelika empfahl uns öfters, wenn wir nicht wüssten, wie wir am besten entscheiden oder handeln sollten, uns geistigerweise mit ihr oder mit P. Bonifatius zu vereinen, dann würden wir innere Klarheit bekommen. Das Maß aller Dinge waren immer mehr die Oberen, nicht Gott. Man wurde danach beurteilt, wie sehr man geistig mit den beiden verbunden war und in ihrem Sinne lebte. Wagte man es, Kritik an einer ihrer Entscheidungen zu üben, geriet man unter Generalverdacht.

Schädliche Ideale

Die Ideale, die P. Bonifatius uns als Maßstab gab, waren sehr hoch. Er hielt uns an, auf Bitten, die an uns gerichtet werden, immer mit „Ja" zu antworten, wir sollten möglichst keine Bitte abschlagen. Idealerweise war der Antwort ein „gerne" oder „mit Freude" zuzufügen. Nein-Sagen wurde dadurch zum No-Go. Auch hier entstand unbewusst ein Bewertungssystem: Wer eine Bitte ablehnte, war innerlich nicht genug geopfert und zu wenig bereit, auf sich zu verzichten. Es bildete sich gewissermaßen ein Zwang heraus, auf die erwartete Weise zu reagieren. Allmählich wurde das Ja-Sagen zu einem gewissen Automatismus, der einem in Fleisch und Blut überging.

Als Vorbild für diese völlige Selbstvergessenheit stellte uns Padre die Gottesmutter zur Seite. Immer wieder sagte er: „Die Gottesmutter hat nie auch nur eine Sekunde an sich gedacht." Durch unsere gelebte Weihe an sie, könne sie uns immer mehr in ihre Makellosigkeit hineinnehmen, und zwar in einem Maße, bis wir schließlich gar nicht mehr fähig seien zu sündigen.

Über eigene Leiden sollten wir schweigen. „Schweigen, leiden, beten", war ein Satz, der mir immer wieder begegnete. Nur wenn wir nicht darüber redeten, sei unser Leiden wertvoll in den Augen Gottes. Natürlich versuchte ich dann, nichts zu sagen, wenn es mir nicht gut ging. Padre hielt uns Schwestern an, nichts Unnötiges zu reden und uns um das immerwährende Herzensgebet zu bemühen. Nur: Wer bestimmt, was nötig und was unnötig ist? Manche Schwestern zeigten kaum Interesse an den anderen. Ich merkte zwar, dass sie innerlich beteten, aber es hätte meines Erachtens zur Nächstenliebe gehört, anderen mehr Aufmerksamkeit zu schenken. Eine andere Vorgabe war, möglichst nicht laut zu lachen. Eine Wohltäterin erzählte mir, sie beobachtete einmal, wie bei einer lustigen Veranstaltung sich keine der Schwestern zu lachen traute. Das fand sie sehr seltsam. Ich wusste den Grund dafür. Ist es nicht ein tiefer Eingriff in das Gefühlsleben, selbst solche spontanen Impulse zu unterdrücken?

Angesichts dieser hochgesteckten Ideale steigerte sich das Bewusstsein für die eigene Sündhaftigkeit immer mehr. In nahezu jeder heiligen Messe sprach P. Bonifatius davon, wie große Sünder wir seien. Er betonte dann oft auch sein eigenes Ungenügen und klagte sich vor Gott deswegen an. Dies beschämte mich, da ich dachte, meine Sünden seien bestimmt viel größer als seine, bemühte er sich doch in unseren Augen so außerordentlich um Heiligkeit. Wenn wir eine Unvollkommenheit bemerkten, sollten wir diese sofort bereuen und Gott übergeben. Padre hielt uns an, in beständiger Liebesreue zu leben und jedes Gebet mit der Liebesreue zu beginnen. Wenn wir dies machten, beschenke uns Gott augenblicklich mit seiner übergroßen Barmherzigkeit. Dadurch seien wir wieder in der vollkommenen Gnade Gottes.

Bei mir entstand mit der Zeit eine Skrupelhaftigkeit, die schließlich in allem nur noch Unvollkommenheiten entdeckte. Wer könnte von morgens bis abends nie auch nur eine Sekunde an sich denken? Die Vorgaben erschienen mir immer mehr unerreichbar, auch wenn ich von ganzem Herzen versuchte, sie zu erfüllen. Der Abstand zwischen Ideal und Realität wurde zu groß. Das machte mich zunehmend traurig und mutlos, und ich fragte mich, was mit mir nicht stimme.

Aus heutiger Sicht sehe ich in der uns vermittelten Spiritualität eine Verwechslung zwischen Vollkommenheit und Perfektion. Vollkommenheit bedeutet meiner Ansicht nach, als ganzer Mensch, also mit Leib, Seele und Geist im Einklang mit Gott zu leben. Dies beinhaltet, gut auf eigene Bedürfnisse und Grenzen zu achten. Nur wenn ich gut bei mir selbst bin, kann ich dem Nächsten in angemessener Weise begegnen. Dahingegen meint Perfektion das Streben nach der Erfüllung von Vorgaben. Es handelt sich um eine Art „geistiger Leistungssport“ mit immer noch höheren Zielen und Maßstäben. Hatte nicht Jesus seinerzeit eine solche Frömmigkeit getadelt?

Eine gesunde Spiritualität betrachtet menschliche Schwäche als etwas, das natürlicherweise zum Menschsein gehört. Sie unterstützt darin, die eigene Unvollkommenheit zu akzeptieren und einen konstruktiven Umgang damit zu finden. In der Gemeinschaft erlebte ich menschliche Schwäche im Unterschied dazu als etwas, das mit der Gnade Gottes überwunden werden soll. Besonders deutlich wurde das durch die Abwertung von Mitgliedern, die in diesem System sozusagen „durch das Raster fielen“, da sie den hohen Anforderungen nicht gerecht wurden. Ihnen wurde das Recht auf ihr Menschsein abgesprochen.

Obwohl P. Bonifatius immer von einem unendlich liebenden und barmherzigen Gott sprach, prägte sich bei mir mehr und mehr ein anderes Gottesbild ein. Die ständige Forderung nach mehr spiritueller Leistung ließ in mir den Eindruck entstehen, Gott sei mit mir nur zufrieden, wenn ich alle Anforderungen erfülle. Dies entspricht am ehesten dem Bild des „Buchhaltergotts“, der genau darauf achtet, wie viele Rosenkränze ich bete und welche Opfer ich bringe. Es brauchte lange, bis ich mich später von dieser Vorstellung befreien und wieder an die bedingungslose Liebe Gottes glauben konnte.

Verharmlosung seelischer Leiden

Den Umgang mit seelischen Verwundungen aus der Kindheit und deren psychische Folgen thematisierten die Oberen äußerst selten. Sie betonten diesbezüglich die heilende Gegenwart Jesu in der Anbetung. Padre sprach einmal davon, die Liebe Gottes zu uns sei so unermesslich groß, dass es geradezu lächerlich sei zu sagen, man habe von den Eltern nicht genügend Liebe bekommen. Wir sollten nicht in die Vergangenheit blicken, sondern nach vorne. Als Beispiel führte er die Frau des Lot an, die zur Salzsäule erstarrte, als sie noch einmal auf Sodom zurückschaute. Eine Aufarbeitung der eigenen Kindheit galt als ich-bezogen und unnötig. Wenn wir unter Traurigkeit und Ängsten litten, sollten wir diese mit der Todesangst Jesu im Garten Getsemani vereinen und Gott aufopfern. Das war lange Zeit das Credo.

Von Psychologen hielt er nicht viel, er machte sich sogar einmal über sie lustig und sagte, sie bekämen viel Geld dafür, wenn sie den Patienten eine Stunde lang zuhörten. Ja, er behauptete sogar, wenn die Leute wieder mehr zur heiligen Beichte gingen, wären die Wartezimmer der Psychiater leer. Damit verharmloste er seelische Leiden. Erst als zunehmend Mitglieder unter Depressionen litten, legte uns Madre nahe, mit ihr oder mit Padre zu sprechen, wenn es uns innerlich nicht gut ginge. Den Betroffenen wurde dann ermöglicht, zu ganz bestimmten Psychotherapeuten zu gehen, die den Vorstellungen der Leitung entsprachen.

Heute erachte ich es als grundlegende Aufgabe des Menschen, sich seinen inneren Verwundungen zu stellen. Wer verletzt ist, verletzt. Nur wenn eigene schmerzhafte Erfahrungen angenommen und integriert werden, kann tiefe Heilung in der Beziehung zu sich selbst, den Mitmenschen und zu Gott geschehen.

Spirituelle Manipulation

Was uns P. Bonifatius lehrte, ging zum größten Teil auf seine persönlichen Erfahrungen sowie auf Erlebnisse von Mystikern zurück. An die kirchliche, spirituelle Tradition wurde nicht angeknüpft. Theologische und spirituelle Abwege und Schieflagen waren die Folgen. Ein „Ahmt mich nach" (Phil 3,17) wird niemals allen Mitgliedern gerecht. Vielmehr geht es darum, Christus nachzufolgen, und zwar so, wie es für die Einzelnen in ihrer Individualität angemessen ist.

Der Einfluss der Oberen war immens. Sie galten als einzige Richtschnur in allen Angelegenheiten des geistlichen und profanen Lebens. P. Bonifatius bestimmte nicht nur über die Einrichtung der Kapellen und Außenanlagen der Häuser, sondern auch über das Aussehen der Schwesternkleidung, die Filme, die Bücher und die Musik, die verwendet werden dürfen, den Konsum von Alkohol, die Ausübung von Sport und sehr viele andere Themen des Gemeinschaftslebens. Beispielsweise legte er fest, dass wir Schwestern nur Heiligenbücher lesen sollten. Manchen erlaubte er nicht einmal das. Sr. Angelika sprach die meisten Entscheidungen mit P. Bonifatius ab und traf sie nur in seinem Sinne. Damit wurde sie einzig und allein zu seinem ausführenden Organ.

P. Bonifatius hatte für fast alle Mitglieder der Gemeinschaft die Funktion des Seelenführers. Aufgrund seiner zahlreichen, auch außergemeinschaftlichen Verpflichtungen und Reisen war er allerdings nur schwer zu erreichen. Er sagte einmal, seine Seelenführung erfolge auch durch seine Homilien, die regelmäßig aufgenommen und an alle Häuser verschickt wurden. Daraus entstand eine gewisse Verpflichtung, alle seine Predigten anzuhören, in Stoßzeiten konnte das auch täglich sein. Mitglieder tippten viele seiner Homilien ab und versendeten sie, ebenso Gebets- und Kreuzwegbetrachtungen von Sr. Angelika. In nahezu allen Gebetszeiten verwendeten die Schwestern und Brüder diese zur Betrachtung zwischen den Rosenkranzgesätzchen oder zu den Kreuzwegstationen. Somit waren wir von morgens bis abends in die Lehre der Gemeinschaft eingebettet und wurden restlos von ihr durchdrungen.

Wenn ein Priester nicht haargenau im Sinne dieser Lehre predigte, galt er als verdächtig. Eine eigene Meinung zu haben, die von der der Oberen abwich, wurde zum No-Go. Die meisten Mitglieder übernahmen ungeprüft die Anschauungen der Gemeinschaft, die einem allmählich zur zweiten Natur wurden. Eigenes Denken wurde somit ausgeschaltet. Die Manipulation war total und umfassend und wurde dadurch noch verstärkt, dass wir kaum Kontakte zu Personen außerhalb der Gemeinschaft hatten. Und wenn ja, dann vorwiegend zu Freunden und Wohltätern der Kommunität, die von unserer Arbeit begeistert waren. Bei all dem war ich der Überzeugung, die Lehre der Gemeinschaft sei durch und durch katholisch. Mittlerweile weiß ich, dass sie in manchem der katholischen Lehre widerspricht und vor allem das katholische „Sowohl-als-Auch" vermissen lässt.

Was mit uns geschah, kann mit dem Begriff der Gedankenumbildung beschrieben werden. Diese ist vergleichbar mit einer Gehirnwäsche, läuft aber subtiler ab und hält viel länger an. Wir wurden immer mehr zu Marionetten, die willenlos die Aufträge der Oberen ausführten. Ich fühlte mich wie in eine Schablone gepresst, in der ich als Person nicht mehr vorkam. Die Bedürfnisse des Einzelnen blieben auf der Strecke, denn die Gruppe war wichtiger als das Individuum, analog der Nazi-Doktrin: „Du bist nichts, dein Volk ist alles!"

9
Neue Zuversicht

Mein Zustand spitzt sich zu

Inmitten dieser schädlichen Spiritualität verlor ich in zunehmendem Maß den Kontakt zu mir selbst. Mein Leben ging ins Leere. Schließlich verweigerte mein Körper seinen Dienst: Er erlaubte mir nicht mehr, feste Speisen zu mir zu nehmen. Ich vertrug nur noch Suppe, über viele Wochen hinweg. Außerdem bekam ich wieder erhöhte Temperatur. Somit lag ich überwiegend im Bett, nahm stark ab und wurde immer schwächer. Während dieser Zeit verkündete P. Bonifatius bei der Predigt, eine Schwester sei sehr krank und werde vielleicht sterben. Daraufhin fragte mich ein Mitbruder, ob ich diese Schwester sei. Ich denke nicht, dass der Obere mich gemeint hatte, aber tatsächlich wäre es für mich attraktiv gewesen zu sterben. Mich hielt nichts mehr in diesem Leben.

In einem Telefonat erzählte ich meiner Mutter von meinem gesundheitlichen Zustand. Sie war aufs Äußerste alarmiert und versuchte sofort, Hilfe für mich zu organisieren. Dabei fiel ihr eine Kurklinik ein, deren Oberarzt sie bei einem Vortrag kennengelernt hatte. Sie rief ihn an und fragte, ob er mir helfen könne. Dieser sagte auf der Stelle zu und meinte, ich solle baldmöglichst zu ihnen in die Klinik kommen. Daraufhin kontaktierte meine Mutter unverzüglich Sr. Angelika. Als sie ihr von der Kur erzählte, war die Oberin zunächst abweisend und sagte, ich würde meine Krankheit doch so gut aufopfern. Diese Aussage schockierte meine Mutter. Wollte mich die Oberin tatsächlich in diesem Zustand belassen, nur weil ich alles aufopferte? Als sie insistierte, gab Sr. Angelika schließlich nach. Die Oberin rief mich nach dem Telefonat sofort an und teilte mir mit, meine Mutter wolle, dass ich „irgend so eine Kur" mache. Auch wenn ihr Unverständnis deutlich herauszuhören war, freute ich mich außerordentlich, endlich Unterstützung zu bekommen. Niemals hätte ich gewagt, selbst darum zu bitten. Ich fasste wieder Hoffnung!

Die Kur

Schon wenige Wochen später machte ich mich auf die weite Reise. Mit Gepäck für drei Wochen fuhr ich zunächst in unsere österreichische Niederlassung. Ich saß im Zug und war so schwach, dass ich gar nicht sicher war, ob ich es bis zur Klinik schaffen würde. Aber die Hoffnung auf Besserung gab mir Kraft durchzuhalten. Am nächsten Tag ging es weiter Richtung Bodensee, wo die Kurklinik lag. Ich hatte vorab gebeten, mich am Bahnhof abzuholen, denn den Fußweg zur Klinik hätte ich nicht bewältigen können. Ein freundlicher Mitarbeiter nahm mich und mein Gepäck in Empfang und brachte mich mit einem Kleinbus an mein Ziel. Dort wurde ich sehr entgegenkommend aufgenommen. Mir wurde ein kleines Zimmer im ersten Stock zugeteilt, mit Blick auf den See. Ich war sehr gespannt, was mich hier erwarten würde.

Den ersten Tag verbrachte ich mit Gesprächen und Untersuchungen. Der Arzt und die Ernährungsberaterin schüttelten den Kopf, als sie mir zuhörten. Sie fragten, ob ich besondere seelische Belastungen hätte. Ich verneinte das, denn ich wusste nicht mehr, wie ein normaler seelischer Zustand aussah. Durch all die Jahre der Manipulation und Leidensverherrlichung schienen mir körperliche und seelische Leiden normal zu sein. Es war mir in Fleisch und Blut übergegangen, alles anzunehmen und mich glücklich zu wähnen, von Gott besonders auserwählt zu sein. Daher war ich ziemlich erstaunt über die schockierten Reaktionen der Fachkräfte. Selbst der Koch wunderte sich über meine Einschränkungen und sagte, so etwas habe er noch nie gehört.

Der Arzt empfahl mir, möglichst viele Punkte des Kurprogramms mitzumachen. Er ermunterte mich sogar, bei den täglichen Wanderungen mitzumachen. Ich wusste nicht, wie das gehen sollte! Im Vertrauen meldete ich mich zur ersten Wanderung an, sagte dem Wanderführer aber gleich, dass ich wahrscheinlich bald wieder umdrehen müsse. Insgesamt wurden drei Gruppen angeboten: eine für die Durchtrainierten, überwiegend Männer von der Bundeswehr, eine für normal Belastbare und eine für Gehbehinderte und Personen mit besonderen Einschränkungen. Ich wählte die dritte, in der Hoffnung, da am ehesten durchhalten zu können. Trotzdem war ich skeptisch. Die Wanderung begann, und ich ging mit. Zu meiner Überraschung hielt ich die ganze Strecke durch. Das gab mir Mut. Am nächsten Nachmittag nahm ich wieder teil.

Schon nach wenigen Tagen normalisierte sich meine Temperatur. Endlich! Nun konnte ich am ganzen Programm teilnehmen: Kneippguss in der Früh, Ernährungsvortrag und Walkingrunde am Vormittag, täglicher Heusack, Massage und Fußbäder, Leberwickel bei der Ruhezeit nach dem Mittagessen, jeden Nachmittag Wandern. Die Bewegung an der frischen Luft tat mir unglaublich gut. Inmitten des vollen Programms schaffte ich es, täglich die heilige Messe in der Pfarrei zu besuchen und meine Gebetszeiten abzuhalten.

Obwohl ich untergewichtig war, empfahl mir die Ernährungsberaterin eine Heilfastenkur. Diese werde zum einen meinen Körper entgiften und zum anderen Heilungsprozesse in Gang setzen, sagte sie. Gerne nahm ich das Angebot in Anspruch, wollte ich doch alles nützen, was mir irgendwie weiterhalf. Während des einwöchigen Fastens fühlte ich mich unglaublich leicht und merkte, wie ich noch kräftiger wurde. Die Fastenkur war ein voller Erfolg: Nach und nach konnte ich wieder mehr Lebensmittel in meinen täglichen Ernährungsplan aufnehmen, den mir die Ernährungsberaterin sehr umsichtig zusammengestellt hatte. Wie glücklich war ich, als ich wieder mehr Gemüsesorten und einige glutenfreie Getreide vertrug. Endlich war der Durchbruch erreicht! Ich hätte vor Freude singen können! Da ich gute Fortschritte machte, aber noch nicht gänzlich wiederhergestellt war, beschloss der Arzt, meine Kur um eine Woche zu verlängern. Ich war dankbar dafür. Am Schluss hielt ich in der ersten Wandergruppe mit den Bundeswehrmännern Schritt. Ein unglaublicher Wandel hatte sich vollzogen! Seit vielen Jahren hatte ich mich nicht mehr so kräftig gefühlt. Was für ein Geschenk!

Während der wunderbaren Fortschritte plagte mich allerdings die Tatsache, dass Sr. Angelika im Grunde nicht mit der Kur einverstanden war, sondern nur auf das Drängen meiner Mutter hin nachgegeben hatte. Ich fragte mich, ob es wirklich der Wille Gottes war, hier zu sein. Da sie mich zu meinem Geburtstag nicht angerufen hatte, was sie normalerweise tat, versuchte ich sie zu erreichen. Am Telefon war sie sichtlich verstimmt. Das beunruhigte mich und meine Zweifel vermehrten sich: „War es verwerflich, als Schwester in einem weltlichen Kurheim zu sein? Verhielt ich mich zu weltoffen?" Für besonders unsittlich hielt sie meine Frage, ob ich das Saunaangebot in der Klinik nützen dürfe – selbstverständlich nur für Frauen. Sie machte mir Vorwürfe, dass ich so etwas in Erwägung ziehe, und meinte, die Gottesmutter hätte das niemals gemacht. Ich schämte mich. Nach dem Telefonat war ich niedergeschlagen und verwirrt. Diese Zweifel warfen einen großen Schatten auf diese ansonsten sehr hoffnungsvolle Zeit.

Auch belastete mich, dass nicht geklärt war, ob die italienische Versicherung die Kosten für die Kur übernehmen würde. Wir waren nämlich nur für Krankenhausaufenthalte versichert, und die Gemeinschaft musste alle Kosten vorstrecken. Mein behandelnder Arzt, der bemerkt hatte, dass ich bedrückt war, beruhigte mich jedoch und sagte, eine deutsche Krankenversicherung würde die Kur auf jeden Fall übernehmen. Das gab mir Hoffnung, denn ich wollte der Gemeinschaft unter keinen Umständen auf der Tasche liegen.

Schließlich waren die vier Wochen der Kur vorbei. Beim Abschlussgespräch legte mir der Arzt dringend ans Herz, mindestens dreimal pro Woche für wenigstens eine halbe Stunde

Ausdauersport zu machen. Auch ermahnte er mich, Ruhepausen in meinen Tagesablauf einzuplanen. Die Ernährungsberaterin stellte mir einen Ernährungsplan für die nächsten Wochen zusammen und schlug darin Lebensmittel vor, die ich als nächstes ausprobieren könne. Sie bot mir an, in engem Austausch zu bleiben und mich weiterhin zu betreuen, was ich gerne in Anspruch nahm. So kehrte ich erfüllt von neuer Zuversicht nach Italien zurück.

Hindernisse

Als ich nach meiner Rückreise die Schwestern begrüßte, erzählte ich ihnen, mir habe die Kur sehr geholfen und es gehe mir jetzt viel besser. Ich erwartete, dass sie sich mit mir freuten. Aber die Reaktion von manchen stellte sich eher verhalten dar. Das fand ich seltsam. Besonders aufwühlend gestaltete sich die Begegnung mit P. Bonifatius. Er sagte zwar, er freue sich über die Besserung, meinte aber im gleichen Atemzug, ich solle mich jetzt wieder um das geistige Leben bemühen. Ich war verwirrt: Hatte ich es nicht unter großen Anstrengungen geschafft, während der vier Wochen täglich die heilige Messe in der Pfarrei zu besuchen? Hatte ich nicht alle drei Rosenkränze treu gebetet, die Heilige Schrift betrachtet, mit den Leuten über Gott gesprochen, in einem Heiligenbuch gelesen und mir jeden Tag Zeit für das stille Gebet genommen? Genügte das nicht? War es denn nicht wichtig, dass es mir wieder besser ging? Dieser Umstand warf wieder Zweifel auf: Ich fragte mich, ob ich zu weltlich eingestellt sei und der Gnade nicht entsprochen habe.

Gleichzeitig war ich fest entschlossen, die in der Kur erhaltenen Ratschläge umzusetzen, um meine neu gewonnene Gesundheit nicht wieder zu gefährden. Die Ernährungsberaterin hatte mir ans Herz gelegt, für jede Mahlzeit frisch zu kochen und keine Lebensmittel zu erwärmen. Da wir gewöhnlich in einem anderen Schwesternhaus zu Mittag aßen und ich dort mein vorgekochtes Mittagessen in der Mikrowelle warm machte, schied dies in Zukunft aus. Ich bat darum, zuhause bleiben zu dürfen und in Ruhe zu kochen. Nach dem Essen bliebe dann noch Zeit, um eine Ruhepause einzulegen. Die Hausmutter erlaubte mir das zwar, zeigte aber deutlich, dass sie es nicht gut fand, mich von der Schwesterngemeinschaft zurückzuziehen. Mir tat es auch leid, die anderen Schwestern nicht zu treffen, ich fand aber keine andere Lösung für mich.

Eine nächste Hürde stellte der empfohlene Sport dar. Wie sollte das gehen, da wir direkt an einer Hauptverkehrsstraße wohnten und nicht durch die umliegenden Siedlungen walken sollten? Die einzige Lösung sah ich darin, in die Natur zu fahren und dort gemeinsam mit einer Mitschwester – allein war uns das nicht erlaubt – Sport zu treiben. Um keine Gebetszeit auszulassen, wäre das nur vormittags möglich gewesen. Ich fragte Padre um Erlaubnis. Doch er erlaubte es mir nicht. Er gewährte mir nur, auf dem Grundstück des Schwesternhauses, zu dem die Schwestern zum Mittagessen fuhren, während deren Mittagsgebet drei Mal pro Woche gemeinsam mit einer Schwester spazieren zu gehen und dabei den Rosenkranz zu beten. Ich wagte nicht, ihm zu widersprechen. Sein Vorschlag ließ sich nicht nur logistisch nicht verwirklichen, sondern entsprach auch nicht dem, was der Arzt gemeint hatte. Spazierengehen mit Rosenkranzgebet war kein Ausdauersport! Das brachte mich innerlich in eine große Not: Sollte ich nun im Gehorsam auf den Sport verzichten? Betonte P. Bonifatius nicht in jedem Diavortrag, den er außerhalb der Gemeinschaft hielt, dass die Schwestern Sport machen dürfen? Nun bekam ich keine Erlaubnis dafür, obwohl es mir der Arzt verordnet hatte.

Innerlich gab ich den Gedanken nicht auf und suchte weiter nach einer Lösung. Bei einem Spaziergang entdeckte ich gegenüber von unserem Areal ein landwirtschaftliches Grundstück, auf dem Oliven angebaut wurden. „Vielleicht könnte ich hier in der Früh vor dem Morgengebet walken gehen?“, schoss mir durch den Kopf. Niemand würde mich sehen, und ich müsste keine Extra-Zeit beanspruchen. Da Sr. Angelika im Allgemeinen aufgeschlossen dafür war, dass Schwestern Sport machen durften, wandte ich mich dieses Mal an sie. Tatsächlich gab sie mir die Erlaubnis. Ich war überglücklich. Gleich am nächsten Tag machte ich mich in der Früh auf den Weg und genoss meine neu gewonnene Freiheit. Einige Zeit lang konnte ich dort meinen Frühsport durchführen, bis ich bemerkte, dass nicht nur ich, sondern auch ein großer Hund auf dem Grundstück unterwegs war. Einmal kam er mir sehr nahe und bellte mich laut an. Von da an traute ich mich nicht mehr, dorthin zu gehen. Ich hatte Angst.

In den nächsten Tagen rief mich Sr. Angelika an. Sie war sehr ernst und machte mir den Vorwurf, dass ich in der Sache mit dem Sport erst mit P. Bonifatius und dann mit ihr gesprochen habe, da ich mit seiner Antwort nicht zufrieden gewesen sei. Ich war völlig vor den Kopf gestoßen, denn mir war nicht bewusst gewesen, dass ich die beiden gegeneinander ausgespielt hatte. Das Schlimmste war für mich jedoch, als Madre sagte, sie könne mir nicht mehr vertrauen. Dieser Satz traf mich wie ein Messerstich ins Herz. Als ich auflegte, war ich innerlich erstarrt. Ich lief auf die Straße hinaus, weinte heftig und konnte mich nicht beruhigen: Wie konnte es soweit kommen? Wäre es nicht besser, die Gemeinschaft zu verlassen, wenn die Oberin kein Vertrauen mehr in mich hat? Offensichtlich hatte sie auch mit Padre über den Vorfall gesprochen. Erst nach drei Tagen bekam ich wieder Boden unter die Füße. Ich rief Madre an und entschuldigte mich für mein Vergehen. Sie nahm meine Entschuldigung an. Das beruhigte mich. Auch Padre bat ich um Verzeihung, die er mir gerne gewährte. Zurück blieb das dumpfe Gefühl, nicht mehr vertrauenswürdig zu sein. Ich nahm mir fest vor, so etwas nie wieder zu machen.

Das Sport-Problem war trotzdem immer noch nicht gelöst. Da ich von unserem italienischen Büro gehört hatte, diese hätten sich einige Geräte anschaffen dürfen, fasste ich Hoffnung, dies vielleicht auch zu dürfen. Ich wandte mich an die Schwester, die die Sportgeräte gekauft hatte. Diese erklärte sich bereit, mir eines zu besorgen, und machte mir einen Vorschlag für ein Walkinggerät. Nun galt es noch einmal, den schwierigen Schritt zu machen und Sr. Angelika um Erlaubnis zu bitten. Sie gewährte mir die Anschaffung, meinte aber gleichzeitig, dass das viel Geld sei. So mischte sich meine Freude, endlich Sport machen zu können, mit einem schlechten Gewissen, solch ein Gerät für mich zu beanspruchen. Natürlich bot ich meinen Mitschwestern an, es auch zu nützen.

Das letzte Jahr in Italien

Da es mir jetzt gut ging, sollte ich mich wieder ganz für die Aufgaben im Haus zur Verfügung stellen und dort Verantwortung übernehmen. Allerdings hatte ich in den letzten Jahren schon einige andere Funktionen angenommen, wie etwa das Führen des Archivs der Missionszeitschrift, die Betreuung des Lagers für italienische Missionsartikel, die Bestellung und Verteilung von Hildegard-Medikamenten für die italienische Schwesterngemeinschaft, Deutschunterricht für eine südamerikanische Mitschwester und, soweit ich mich erinnern kann, auch Gitarrenunterricht. Inzwischen fanden zudem die ganze Konversation und alle Gebetszeiten im Haus auf Italienisch statt, denn die zwei kolumbianischen Schwestern, die bei uns eingezogen waren, sprachen kein Deutsch. Daher lernte ich jeden Abend im Selbststudium Italienisch, und auch die Vorbereitung des Gemeinschaftsgebets brauchte dementsprechend mehr Zeit. Gerne half ich in der übrigen Zeit nach Kräften im Haushalt mit, musste aber auch darauf achten, dass ich meine neuen Vorsätze, die ich von der Kur mitgenommen hatte, umsetzen konnte. Denn durch die vielen Gebetszeiten stand uns ja ohnehin nicht viel Zeit für die Arbeit zur Verfügung. Zusätzlich noch Verantwortung für einen Bereich zu übernehmen, wäre daher kontraproduktiv gewesen. Dies stieß bei der Hausmutter auf Unverständnis. Sie zeigte sich sichtlich verstimmt.

Was war passiert? Ich verstieß gegen einen der wichtigsten Grundsätze der Gemeinschaft, nämlich nicht an sich selbst zu denken. Außerdem begann ich, auf meine Grenzen zu achten und für mich selbst zu sorgen. Das war in den Augen meiner Mitschwestern bedenklich. Daher geriet ich zunehmend ins Spannungsfeld. Immer wieder kam es zu Anschuldigungen. Meist gelang es mir, nichts darauf zu erwidern, wie es uns empfohlen worden war. Sobald ich aber in meinem Zimmer war, weinte ich. „Warum war ich nur so empfindlich und konnte das nicht einfach wegstecken?“, fragte ich mich. Ich betete inständig um ein Wunder, ähnlich der Weihnachtsgnade der heiligen Theresia von Lisieux, durch die es ihr gelungen war, ihre starke Empfindsamkeit zu überwinden. Doch nichts geschah. Obwohl ich mich bemühte, für die betroffene Schwester zu beten und ihr zu verzeihen, merkte ich, wie sich allmählich in mir Ärger aufstaute, insbesondere wenn Schuldzuweisungen ungerechtfertigt waren. Padre empfahl uns, Aggressionen sofort Jesus zu übergeben und ihn zu bitten, sie zu verwandeln. Dies machte ich, allerdings verwandelten sie sich nicht. Was machte ich nur falsch? Ich glaubte, nicht innig genug zu beten, und fühlte mich deswegen schlecht. Einige Male passierte es, dass mein angestauter Ärger sich entlud, einmal knallte ich sogar eine Tür hinter mir zu. Dieser Vorfall wurde dann sofort an P. Bonifatius weitergeleitet. Auch kam es immer wieder vor, dass Schwestern ein vermeintliches Fehlverhalten an die Oberen meldeten, ohne mit der betroffenen Schwester selbst zu sprechen und ihr Gelegenheit zu geben, die Situation zu klären. Das empfand ich als stark verunsichernd. In dieser Zeit litt ich innerlich viel und weinte fast jeden Abend.

Wie sehr hätten gute Konfliktgespräche die Situation entschärfen und zu mehr Klarheit beitragen können. Doch damals wusste ich nicht, wie ich solche hätte führen können, und vielleicht wäre das auch gar nicht erwünscht gewesen. Man sollte ja alle Probleme durch das Gebet lösen.

Trotz dieses Umstands verbesserte sich mein Gesundheitszustand zunehmend. Der regelmäßige Sport tat mir sehr gut, und die Ruhepause am Mittag half mir, Kraft zu tanken. Ich hielt mich genau an den Plan der Ernährungsberaterin und konnte mittlerweile schon eine ganze Reihe mehr an Lebensmitteln vertragen. Besonders glücklich stimmte mich, dass ich wieder Kartoffeln vertrug, die ich sehr liebte. Auch Gemüsesorten wie beispielsweise Karotten, Bohnen und Erbsen boten mir die Möglichkeit einer abwechslungsreicheren Ernährung. Leider machte diese vorteilhafte Entwicklung an einem bestimmten Punkt Halt. Trotzdem hatte sich meine Situation im Vergleich zu vorher signifikant verbessert.

Während sich das Zusammenleben in diesem Haus für mich immer schwieriger gestaltete, kam es eines Morgens zu einem Vorfall, der trotz seiner Vehemenz schließlich zu einer guten Wendung meiner Situation beitrug. Denn von mir aus hätte ich nicht gewagt, um eine Versetzung zu bitten. Sr. Angelika hatte ja öfters betont, dort wo wir uns befänden, sei genau der richtige Platz für uns, um heilig zu werden. Wir sollten nicht meinen, dass eine andere Station für uns besser sei. Wahrscheinlich wäre ich noch jahrelang in dieser für mich unheilvollen Situation geblieben, hätte nicht die göttliche Vorsehung durch ein sehr schmerzliches Ereignis eingegriffen. So sehe ich es jedenfalls heute.

Das corpus delicti war ein kleines Heizöfchen. Da unser kleiner Kapellraum über keine Heizung verfügte, kaum isoliert und nur durch Tücher vom Kellerabgang abgetrennt war, gestaltete er sich im Winter sehr kalt. Zu den Gebetszeiten benützten wir deshalb das genannte Heizgerät, um eine angenehme Temperatur zu erreichen. Das ging all die Jahre gut, bis wenige Wochen zuvor ein Elektriker ins Haus gekommen war, der uns aufgrund der schlechten Stromleitungen nahelegte, das Öfchen nur noch auf Stufe I laufen zu lassen. Sr. Dagmar bat uns, dieser Empfehlung zu folgen.

Nun kam es öfters vor, dass Sr. Carmen, eine der kolumbianischen Schwestern, nach ihrer Nachtanbetung vergaß, das Heizgerät auszuschalten. Da ich morgens meist als erste in die Kapelle kam, sah ich dann, dass es die ganze Nacht auf Stufe II gelaufen war. „Anscheinend war es dieser Schwester auch zu kalt", dachte ich, und freute mich, dass die Kapelle schön warm war. Eines Wintermorgens begab ich mich wieder als erste in den Gebetsraum. Dieses Mal fand ich ihn eiskalt vor. Obwohl ich warm angezogen war, konnte ich keinen klaren Gedanken fassen. Schließlich nahm ich mir ein Herz und stellte das Öfchen kurz auf Stufe II, bis die Temperatur einigermaßen erträglich sei. Angesichts der Tatsache, nicht gut beten zu können, schien mir dies Vorrang zu haben. Kaum hatte ich das getan, betrat Sr. Dagmar die Kapelle. Sie sah, dass ich das Heizgerät höher eingestellt hatte, und machte mir deswegen Vorwürfe. Ich versuchte mich zu erklären und erwähnte dabei auch, dass Sr. Carmen das Öfchen schon mehrmals die ganze Nacht auf Stufe II laufen lassen habe und nie etwas passiert sei. Sr. Dagmar hörte mir allerdings nicht richtig zu und verstand, Sr. Carmen habe das Gerät hochgeschalten. Am Vormittag nahm mich die Hausmutter beiseite. Sie behauptete, ich würde sie anlügen.

Mittlerweile hatte sie mit Sr. Carmen gesprochen, die natürlich verneinte, das Öfchen höher geschalten zu haben. Ich war völlig verstört und versuchte, das Missverständnis zu klären. Doch Sr. Dagmar hörte mir nicht mehr zu. Sie bat mich, ihr Haus zu verlassen. Mir blieb die Luft weg. Hatte ich richtig gehört? Wollte sie wirklich, dass ich von der Station weggehe? Als sich die Wogen etwas geglättet hatten, sprach ich sie nochmals darauf an. Sie blieb bei ihrer Aussage. Ich war schockiert. Wie weit war es mit mir gekommen, dass man mich wegschickte? Eine Welt brach über mir zusammen, und ich war ganz und gar entmutigt. Gleichzeitig fand ich es ungerecht von ihr, mich wegen eines Missverständnisses so zu behandeln.

Ich hoffte, wenigstens von P. Bonifatius eine kleine Ermunterung und etwas Trost zu bekommen, und wartete sehnsüchtig auf ein Gespräch mit ihm. Doch dieses machte alles nur noch schlimmer. Sr. Dagmar hatte ihm bereits über den Vorfall berichtet, und er bewertete ihn aus ihrer Sicht. Er machte mir Vorwürfe, dass ich versucht hatte, das Hochschalten des Öfchens zu rechtfertigen. Dabei hielt er mir – wie er es in solchen Situationen meist tat – meine Beschützerin, die heilige Theresia von Lisieux, vor Augen und meinte, diese hätte nicht so reagiert wie ich. Ich schämte mich für meine Unvollkommenheit. Und dann kam das Schlimmste: Er sagte, ich sei schwierig im Umgang und er wisse nicht, wohin er mich noch schicken könne. Er gebe mir noch eine Chance. Wenn ich mich an dieser Station nicht bewähre, wisse er sich keinen Rat mehr. Das zog mir den Boden unter den Füßen weg. Ich war völlig verwirrt: In allen Stationen, in denen ich bislang war, war ich – soweit ich das beurteilen kann – gern gesehen, und die Schwestern und Brüder bedauerten, dass ich wegging. Ich hielt mich im Großen und Ganzen für eine umgängliche und rücksichtsvolle Person. Wieso zeichnete Padre jetzt so ein negatives Bild von mir? War ich wirklich so schlimm? Dies verursachte in mir tiefe Selbstzweifel. Ich zerbrach fast an seiner Aussage. Besonders belastete mich, nur noch eine Chance zu haben. Was würde passieren, wenn es in der nächsten Station nicht gut ginge? Würde mich Padre dann von der Gemeinschaft wegschicken? Ein ungeheurer Druck lastete auf mir: In der neuen Station durfte ich auf keinen Fall Anlass zur Unzufriedenheit geben. Ich musste mich noch viel mehr bemühen!

In den nächsten Tagen fühlte ich mich völlig am Boden zerstört und weinte viel. Wie gut traf es sich, dass Sr. Angelika gerade bei uns war, um mit den Schwestern Gespräche zu führen. Ich schrieb ihr alles auf, was geschehen war, damit sie sich bereits Gedanken über einen neuen Einsatzort für mich machen konnte. Endlich war ich mit dem Gespräch an der Reihe. Ich war auf das Schlimmste gefasst. Doch die Aussprache verlief sehr gut. Sie ermutigte mich und sah die Situation gelassen. Keine Vorwürfe, keine Beschuldigungen. Ich solle mit Sr. Deborah, einer deutschen Mitschwester, nach Deutschland gehen, um dort die erste Missionsstation der Gemeinschaft zu gründen. Das sah ich durchaus als Vertrauensbeweis. Ganz so schlimm konnte es um mich also doch nicht bestellt sein! Ein Stein fiel mir vom Herzen. Damals war ich 33 Jahre alt.

10
Zurück nach Deutschland

Umzug

Wie sehr freute ich mich, endlich wieder an einer Außenstation eingesetzt zu werden! Ich schloss alle Aufgaben in Italien ab und übergab sie an meine Nachfolgerin. Gleichzeitig begannen schon die Vorbereitungen für unser neues Wirkungsfeld. Sr. Deborah, mit der ich nach Deutschland gehen sollte, hatte vor, ein Liederheft für Familientreffen und Exerzitien zu gestalten. Zu diesem Zweck kam ich zu ihr in das italienische Büro in den Abruzzen. Zusätzlich lernte uns eine Schwester in die Geheimnisse des deutschen Postversands ein. Nach ungefähr zwei Wochen waren wir fertig und konnten uns auf den Weg in unsere neue Missionsstation begeben. Das war im April 2006. Wir fuhren frühmorgens mit einem blauen Kleinbus weg, und da alles gut verlief, erreichten wir bereits am Nachmittag unser Ziel in Deutschland: eine kleine Dachgeschosswohnung im zweiten Stock eines ehemaligen Bauernhauses, das den Eltern einer Mitschwester gehörte.

Nachdem wir alles ausgeladen hatten, besuchten wir die Abendmesse im nächstgelegenen Dorf. Der Franziskanerpater und einige der Gläubigen umringten uns nach der heiligen Messe und drückten ihre Freude über unser Kommen aus. Uns tat es gut, so freundlich aufgenommen zu werden.

Sr. Deborah und ich bezogen unsere Zimmer, beide von der Größe her angemessen, mit einer Dachschräge. Mein Walkinggerät fand leider keinen Platz und musste auf den Dachboden. Da es dort im Sommer sehr heiß, im Winter sehr kalt und außerdem staubig war, konnte ich es nur noch sehr selten nutzen. Außerdem hatten wir alle Hände voll zu tun, sodass an Sport im Moment nicht zu denken war.

In den ersten Wochen richteten wir die kleine Wohnung ein. Wohltäter schenkten uns eine gebrauchte Küche, für die wir sehr dankbar waren. Von ihnen erhielten wir auch gebrauchtes Geschirr und Töpfe. Für unsere Zimmer kauften wir günstige Möbel, die Schwester Deborah zuhause aufbaute. Allmählich wurde es wohnlich.

Nun konnten wir uns an unsere Hauptaufgabe machen: Die Einrichtung und Verwaltung eines zentralen Lagers der Gemeinschaft. Hier sollten alle Materialien des Medienapostolats gelagert und innerhalb Deutschlands versandt werden. Zu diesem Zweck hatte die Gemeinschaft eine ehemalige Schreinerhalle angemietet, die ungefähr 12 km von unserer Schwesternwohnung entfernt lag. Einige Brüder waren bereits dort, um Palettenregale, die wir sehr günstig erwerben konnten, aufzustellen und die nötigen handwerklichen Tätigkeiten auszuführen. Als sie die Regale, die bis zur Decke reichten, aufgestellt hatten, machten wir uns daran, das Material auf Paletten einzuräumen: Bücher, Hefte, CDs, Kassetten, Kerzen und vieles mehr. Doch wie sollten wir die oberen Paletten befüllen? Nach langem Überlegen erwarben wir eine Ameise, also einen von Hand betriebenen kleinen Gabelstapler. Mit dieser pumpten wir die beladenen Paletten per Muskelkraft nach oben. Wenn viel schweres Papier nach oben befördert werden musste, konnte das durchaus ein Fitnessstudio ersetzen.

Bald erfuhren wir, dass unser Team noch durch eine dritte Schwester erweitert würde, was uns sehr freute. Bereits nach einigen Wochen stieß Sr. Tabea zu uns. Nun wurde es eng in unserer kleinen Dachgeschosswohnung: Leider konnten wir ihr nur ein winzig kleines Zimmerchen mit einer ausgeprägten Dachschräge anbieten. Außer der Wohnküche und dem Bad waren das die einzigen Räume, die uns zur Verfügung standen. Sr. Tabea kümmerte sich von nun an vorwiegend um den Haushalt, während Sr. Deborah und ich mit der Arbeit im Lager beschäftigt waren.

Als wir im Lager mit dem Gröbsten fertig waren, begann auch schon unser missionarisches Wirken. Einmal pro Monat fuhren Sr. Deborah und ich in eine andere Diözese, um dort gemeinsam mit einem Priester der Gemeinschaft Einkehrtage für Familien mit Kindern abzuhalten. Wir Schwestern übernahmen die musikalische Gestaltung und die Kindergruppen. Das Programm war dicht gefüllt und anstrengend, sodass ich danach jedes Mal völlig erschöpft war. Die Zeit in Kasachstan hatte meine Gesundheit dauerhaft geschädigt. Doch schon nach unserer zweiten Fahrt verbot die dortige Diözese diese Einkehrtage sowie jegliches andere Wirken der Gemeinschaft. Wir verstanden nicht, warum es zu dieser „Verfolgung" kam, waren die Familien doch begeistert von unserem Angebot. Unsere Interpretation war die übliche: Der Feind wollte unser Wirken in Deutschland torpedieren. Wie gnadenvoll musste unsere Mission hier also werden! Während alle traurig über das Verbot waren, freute ich mich insgeheim, diese strapaziöse Tour nicht mehr mitmachen zu müssen und von den Kindergruppen befreit zu sein.

In unserer Diözese hingegen konnten wir ungestört agieren. Wir begleiteten Priester, die Exerzitien anboten, um dort die musikalische Gestaltung und die Kinderbetreuung zu übernehmen. Außerdem betreuten wir einen Familienkreis und einen Wohltäterkreis, zu dem viele Eltern von Mitgliedern der Gemeinschaft gehörten. In der übrigen Zeit widmeten wir uns dem Lager, dem Haushalt und dem Gebet.

Das ging eine Zeit lang gut. Schon bald erweiterten sich jedoch all unsere Einsatzbereiche rasant. Während Sr. Deborah sich zunehmend der Familienpastoral annahm, fühlte ich mich für einen reibungslosen Ablauf des Lagers zuständig und übernahm diesen Bereich. Gott sei Dank bekamen wir nach einigen Monaten ein gebrauchtes Auto geschenkt, das mir ermöglichte, täglich ins Lager zu fahren und zu den Gebetszeiten und zum Mittagessen wieder ins

Schwesternhaus zu kommen. Vorher hatte ich oft den ganzen Tag über im Lager verbracht und wurde am Abend wieder abgeholt.

Nach und nach wurde das Sortiment im Lager um weitere Bereiche ergänzt. Beispielsweise boten wir nun auch Kerzen an, auf die wir in mühevoller Handarbeit Aufkleber anbringen mussten. In unsere beliebten Schlüsselanhänger galt es stückweise kleine Einlegebilder hineinzulegen. Das alles erforderte zusätzliche Zeit. Außerdem beschlossen die Oberen, einen großen Teil der Schwesternbekleidung für die Gemeinschaft bei uns zu lagern und von hier aus in die weltweiten Stationen zu versenden. Die Halle füllte sich daher mit Schwesternkleidern, Schwesternunterwäsche und Schwesternanoraks. Dadurch erhöhte sich mein Arbeitsaufwand erheblich. Brauchte eine Schwester ein Kleidungsstück, schickte ich ihr dieses bei der nächsten Mitgabemöglichkeit zu. Das heißt, immer wenn Mitglieder der Gemeinschaft in das jeweilige Land unterwegs waren, nutzte ich die Gelegenheit, um die Sachen mitzugeben. Passte ein Stück nicht, wurde es wieder zurückgeschickt, und ich ersetzte es in einer anderen Größe.

Eine weitere Aufgabe von uns bestand darin, Material für Einkehrtage und Gebetstage der Gemeinschaft vorzubereiten, mitzugeben oder auch selbst hinzubringen. Das Errichten eines Materialstands war bei fast allen Veranstaltungen obligatorisch, damit die Leute verschiedene Medien mit nach Hause nehmen konnten. Oft standen wir selbst am Stand und boten unsere Ware an. Da es sehr viele solche Anlässe gab, nahm dies einen großen Teil unserer Tätigkeit in Anspruch. Zudem holten wir mit unserem Kleinbus neu produziertes Material bei den Firmen in Österreich und der Schweiz ab. Öfters bekamen wir auch Sachspenden, wie zum Beispiel Fahrräder oder riesige Mengen an Lebensmitteln kurz vor dem Verfallsdatum, geschenkt, die wir an den betreffenden Stellen abholten. Dann war es wichtig, einen raschen Weitertransport in die Stationen in Europa zu organisieren.

Mittlerweile riefen auch immer wieder Menschen im Lager an, die ein seelsorgliches Anliegen hatten, manche davon regelmäßig. Wir machten also nebenbei noch Telefonseelsorge.

Da Sr. Deborah inzwischen viel für andere Einsätze, vorwiegend in der Kinderbetreuung, vorgesehen wurde, sah ich mich oft allein mit einem immer größer werdenden Arbeitsaufkommen, für das ja ursprünglich zwei Schwestern eingeplant waren. Wiederholt bat ich um eine zweite Schwester für das Lager, doch Sr. Angelika sagte immer, sie könne niemanden schicken. Schließlich erhielt ich die Erlaubnis, ehrenamtliche Personen anzuwerben. Schon bald wurde ich fündig: Anni, die Mutter von Sr. Sabina, stellte sich zweimal pro Woche für den Medienversand zur Verfügung und Herr Schneider, ein Frührentner aus dem Dorf, übernahm die Fahrten und handwerkliche Arbeiten. Die beiden waren für mich ein großes Geschenk. Wir bildeten ein harmonisches Team und arbeiteten gerne zusammen.

Auch die pastorale Arbeit entfaltete sich zunehmend: Sr. Deborah gründete einen zweiten Familienkreis, der sich monatlich traf. An den übrigen Wochenenden waren wir häufig auf Exerzitien oder Einkehrtagen unterwegs. Ich übernahm meist die musikalische Gestaltung, und in den Pausen stand ich am Materialstand. Falls Kinderbetreuung angeboten wurde, half ich auch da mit, was natürlich Vorbereitung erforderte. Da ich in meiner Ernährung immer noch sehr eingeschränkt war, kochte ich dann oft für das ganze Wochenende vor und machte mir vor Ort die Sachen warm. Nach diesen Wochenenden kam ich völlig erschöpft zurück. Ich hätte dringend eine Ruhepause benötigt.

Doch die Arbeit im Lager konnte nicht liegenbleiben. Montag war Versandtag, ich musste da auf die zeitlichen Möglichkeiten der Ehrenamtlichen Rücksicht nehmen. Dadurch kam es manchmal vor, dass ich über Wochen hinweg keinen freien Tag hatte. Das hielt ich auf Dauer nicht durch. Ich war zunehmend entkräftet. Wie sollte das nur weitergehen? P. Bonifatius forderte uns ja immer wieder auf, alles zu geben, bis zur Erschöpfung. Wenn unsere eigene Kraft nicht reiche, sollten wir die Gottesmutter bitten, uns ihre Kraft zu schenken. Dies tat ich oft, doch irgendwie schien das bei mir nicht zu funktionieren. Ich war trotzdem erschöpft und fragte mich, ob mein Glaube zu schwach sei.

Da ich spürte, so nicht weitermachen zu können, bat ich Sr. Angelika, mich von den Wochenendeinsätzen zu befreien. Tatsächlich erlaubte sie mir das und kümmerte sich darum, in Zukunft jeweils eine Schwester aus einer anderen Station zu schicken, die zu den Einsätzen mitfahren konnte. Ich war zutiefst erleichtert. Der Nachteil war allerdings, dass ich nun kaum mehr andere Leute traf.

Tinnitus und Traurigkeit

Die meiste Zeit befand ich mich allein zwischen Schachteln und Kartons. Abwechslung bot sich mir nur wenig. Die Tätigkeit als Lageristin – eigentlich eine Männerarbeit – entsprach meinem Wesen nicht. Als Person kam ich darin nicht vor. Bei der monotonen Tätigkeit hatte ich manchmal das Gefühl, mir falle die Decke auf den Kopf. Ich freute mich immer, wenn meine ehrenamtlichen Helfer vor Ort waren, damit ich jemanden zum Reden hatte. Zudem arbeitete ich unter permanentem Zeitdruck, besonders im Sommer, wenn viele Veranstaltungen stattfanden. Unter der Woche fand ich kaum Zeit zur Regeneration. Urlaub hatte ich bislang noch nicht machen können, da immer jemand im Lager sein musste. Alle guten Vorsätze, die ich von meiner Kur mitgenommen hatte, waren in Vergessenheit geraten. Zudem gab das spirituelle Konzept der Gemeinschaft vor, möglichst alle Bitten zu erfüllen und nicht nein zu sagen. Dies wäre bei dieser oft stressreichen Arbeit aber dringend nötig gewesen! Hatte ich mühevoll Transporte organisiert, und etwas in der Kette klappte nicht, bekam ich die Beschwerden ab. Mit der Zeit frustrierte mich das. Nach knappen zwei Jahren im Lager bekam ich Tinnitus. Da ich das zuvor noch nie gehabt hatte, ging ich zur Hausärztin. Diese schrieb mich für zwei Wochen krank und meinte, ich müsse dringend Stress reduzieren.

Das nahm ich sehr ernst. Ich hatte Angst, wieder krank zu werden. Das durfte auf keinen Fall passieren! Mein Körper signalisierte deutlich, dass die Arbeit im Lager mich innerlich zermürbte. Ich beschloss, P. Bonifatius zu bitten, die Verantwortung für das Lager abgeben zu dürfen. Mir schien die körperlich oft anstrengende Arbeit ohnehin eher für Männer geeignet, daher erachtete ich es als sinnvoll, dass ein Bruder mich in dieser Aufgabe ablöste.

Ich schrieb P. Bonifatius einen Brief, in dem ich ihm meine Bitte mitteilte. Schließlich ergab sich eine Möglichkeit, mit ihm zu sprechen. Ich fuhr mit einer Mitschwester in unsere österreichische Niederlassung, wo er sich gerade aufhielt. Im Gespräch zeigte P. Bonifatius zwar Verständnis, sagte aber, Jesus wolle, dass ich weiterhin die Verantwortung für das Lager innehabe. Er könne sich jedoch dafür einsetzen, dass eine Schwester mich bei meinen Aufgaben unterstütze. Obwohl mich das enttäuschte, war ich froh, wenigstens eine Hilfe zu bekommen. Da uns gesagt worden war, durch den vollkommenen Gehorsam bekomme man alle Kraft für die entsprechende Aufgabe, vertraute ich, dass Jesus mir diese schenken werde.

Schon wenige Wochen später kam Sr. Ruth zu uns. Weil wir kein Zimmer für sie hatten, musste sie einen leerstehenden Raum in der Wohnung unserer Vermieter beziehen. Nachdem ihre Hauptaufgabe in der Buchhaltung für die Gemeinschaft bestand, konnte sie nur zeitweise im Lager mitarbeiten. Außerdem stieg der Arbeitsaufwand durch das Einlernen für mich zunächst an. Zu alldem initiierte Sr. Ruth in ihrem missionarischen Eifer eine große Gratis-Verteilaktion von Zeitschriften der Gemeinschaft, die viel Zeit in Anspruch nahm. Nachdem die Oberin die Aktion bereits befürwortet hatte, wagte ich nicht, ihr das abzuschlagen. Die erhoffte Entlastung blieb zunächst aus. Gegen Herbst stellte ich fest, dass ich immer öfters unter Kopfschmerzen und gelegentlichem

Schwindel litt. Dies war neu für mich, daher konnte ich diese Alarmsignale meines Körpers nicht deuten. Zudem fühlte ich mich innerlich zunehmend traurig und leer.

Ärztliche Unterstützung

Eines Tages kam Frau Dr. Jennewein, eine Fachärztin, zu uns auf Besuch. Sie war in Kontakt mit Sr. Angelika und kannte unsere Gemeinschaft. Da sie bei uns in der Nähe wohnte, durften wir uns von nun an mit gesundheitlichen Fragen an sie wenden. Dabei sprach ich mit ihr über meine Lebensmittelunverträglichkeiten und meine immer noch angeschlagene gesundheitliche Situation. Sie zeigte sich sehr verständnisvoll und empfahl mir Dr. Fischer, einen Arzt für Traditionelle Chinesische Medizin, den sie gut kannte. Erst stockte ich, da es sich ja um Naturheilkunde handelte, doch Frau Dr. Jennewein versicherte mir, dass dieser keine homöopathischen Medikamente verschreibe und eine bodenständige Einstellung habe. Durch ihre Empfehlung bekam ich tatsächlich die Erlaubnis von P. Bonifatius, zu Dr. Fischer zu gehen. Ich freute mich außerordentlich darüber!

Schon kurze Zeit später nahm ich meinen ersten Termin bei ihm wahr. Er widmete mir ausgesprochen viel Zeit. Anschließend ließ er für mich individuell zusammengestellte Kräutertropfen in der Apotheke anfertigen. Er wollte, dass ich anfangs jede Woche zu ihm komme, um mich mit Akupunktur zu behandeln. Ich hatte große Hoffnung. Also fuhr ich von nun an einmal pro Woche zu ihm. Dr. Fischer merkte schon bald, dass es mir nicht gut ging. Ungefähr nach dem dritten Mal empfahl er mir, eine Psychotherapie zu machen. Ich zögerte, da ich so viel Schlechtes über Psychologen gehört hatte. Doch er ließ nicht locker. Beim nächsten Mal drückte er mir einen Flyer von Frau Weis in die Hand, einer freiberuflichen Therapeutin, die auch im kirchlichen Bereich arbeitete. Das war für mich schon eher vorstellbar.

Ich las mir den Flyer sehr genau durch und fand nichts Anstößiges darin. Auch wenn ich wusste, dass Padre gegenüber Therapeuten sehr skeptisch war, nahm ich allen Mut zusammen und rief einige Tage später bei ihr an.

Frau Weis hörte sich am Telefon sehr nett an, sie gab mir gleich zwei Tage später einen Termin für ein Erstgespräch. Nie zuvor war ich bei einer Therapeutin, daher war ich sehr aufgeregt. Ich ging sozusagen mit einer inneren Ritterrüstung zum ersten Treffen, um mich auf keinen Fall für schädliche psychologische Einflüsse zu öffnen. Doch ich fühlte mich vom ersten Moment an bei ihr wohl. Sie freute sich, dass ich als Schwester zu ihr kam. Als Konvertitin lebte sie ihren katholischen Glauben mit Überzeugung und hatte eine tiefe persönliche Spiritualität. Das ermutigte mich! Nach dem Erstgespräch war ich überzeugt, bei ihr eine Therapie zu machen.

Doch wie nur sollte ich Padre dafür um Erlaubnis bitten? Ich schrieb ihm einen langen Brief, in dem ich ihm alles schilderte. Auf einem Einkehrtag in Österreich fand ich Gelegenheit, ein paar Minuten mit ihm zu sprechen. Entgegen aller Befürchtungen erteilte er mir die Erlaubnis zur Therapie und gab mir sogar etwas Geld dafür! Ich war sehr erleichtert und sah dies als Zeichen Gottes.

Von da an ging ich alle zwei Wochen zu Frau Weis. Ich sagte meinen Mitschwestern Bescheid, da ich für diese Termine das Schwesternauto brauchte. Sie reagierten sehr verhalten und sagten nichts. Sr. Ruth fragte mich einige Zeit später, ob ich mich schon noch von Padre führen lasse. Es war offensichtlich, dass sie Zweifel bezüglich der Therapie hatten.

Die Weihnachtsaktion

Im Moment lag meine Aufmerksamkeit allerdings woanders. Weihnachten, unsere Hauptversandsaison, stand vor der Tür. Zu diesem Anlass hatte die Gemeinschaft eine neue Weihnachts-CD produziert, die von uns versandt werden sollte.

Da bei der vorangegangenen Neuproduktion noch alle Bestellungen über unser italienisches Büro gelaufen waren, ging ich davon aus, dass es dieses Mal auch wieder so sei.

Doch es kam anders: Von einem Tag auf den anderen begann unser Telefon im Lager ununterbrochen zu klingeln. Alle wollten die neue CD bestellen. Jetzt erst wurde mir klar, dass unsere Telefonnummer auf den Bestellzetteln abgedruckt war, die mit der Weihnachtszeitschrift versandt worden waren. Damit hatte ich nicht gerechnet.

Da die Leute nicht nur kurz ihre Bestellung aufgaben, sondern oft noch von ihren persönlichen Problemen erzählten oder Gebetsanliegen mitteilten, war ich nun fast ohne Unterbrechung am Telefon. Sr. Ruth und Anni kamen täglich, um den Versand zu übernehmen.

Dies schien zunächst gut zu gehen. Doch nach einigen Tagen riefen dann auch Leute aus Österreich und der Schweiz bei uns an, obwohl wir für diese eigentlich gar nicht zuständig waren. Ich wunderte mich sehr und fragte sofort im italienischen Büro nach. Dort erfuhr ich, dass wir alle Bestellungen für diese Länder entgegennehmen und an die betreffenden Versandstellen weiterleiten sollten. Ich ärgerte mich sehr, dass uns dies nicht im Vorfeld mitgeteilt worden war, ließ mir aber nichts anmerken. Man sollte ja gleich verzeihen.

Unser Arbeitsaufwand war nun kaum mehr zu bewältigen. Wir mussten irgendwie mit der Situation zurechtkommen. Auch Herr Schneider kam nun jeden Tag und bereitete die Ware für den Versand vor, sodass Anni und Sr. Ruth diese nur noch einpacken und frankieren mussten.

Ich stand morgens um 5 Uhr auf und arbeitete, abgesehen von den Gebetszeiten, bis zum späten Abend durch. An den Sonntagen kümmerte ich mich zudem noch um die Weihnachtspost und stellte eine Mappe mit Weihnachtsliedern zusammen, die bis Weihnachten fertig sein sollte. Ich freute mich, dass ich Kraft für alles zu haben schien, und war zuversichtlich. Auch hoffte ich, dass die Bestellungen mit der Zeit weniger werden würden.

Doch das Gegenteil war der Fall: Die Anfragen wurden auf Weihnachten zu immer mehr. Zum Schluss eskalierte die Situation, da die produzierten CDs zu Ende gingen und alle Stationen noch welche haben wollten. Ich musste diese aber zurückhalten, um genügend Ware für den Versand zu haben, denn manche hatten schon im Vorfeld Geld dafür überwiesen. Dadurch stieß ich bei meinen Mitschwestern auf Enttäuschung und Unverständnis. Das belastete mich zusätzlich.

Kurz vor Weihnachten gingen immer noch massenhaft Bestellungen ein. Ich merkte, dass meine Kräfte mich langsam im Stich ließen. Einmal saß ich abends in der Kapelle und begann grundlos zu weinen. Es war einfach zu viel. Da die anderen Schwestern noch Sachen für Sr. Angelika besorgen mussten, die diese für Weihnachten bei uns bestellt hatte, war das Abendgebet ausgefallen. Als ich aus der Kapelle kam, klingelte das Telefon. Eigentlich sollten wir nicht ans Telefon gehen, wenn es uns nicht gut ging. Aber da ich sah, dass es Sr. Angelika war, nahm ich trotzdem ab. Als sie hörte, dass alle Schwestern unterwegs seien, war sie nicht begeistert. Sie merkte zwar, dass es mir nicht gut ging, sagte aber nur, wir sollten unbedingt am Gebet festhalten. Ich hatte keine Kraft, irgendetwas darauf zu erwidern. Zurück blieb das Gefühl, nicht genug zu beten.

Nun stand Weihnachten vor der Tür. Wie auch die vorigen Jahre, sollten wir auf Wunsch von Madre dieses Fest in einer anderen Station verbringen. Diesmal fuhren wir nach Mitteldeutschland, wo inzwischen eine zweite Station der Gemeinschaft eröffnet worden war. Sr. Tabea legte fest, dass wir uns schon einige Tage vor Weihnachten auf den Weg machen und erst nach Silvester wieder zurückkommen würden. Da ich völlig erschöpft war, bat ich, hierbleiben und mich über die Feiertage ausruhen zu dürfen. Da auch Sr. Christa, die in einem nahegelegenen Dorf ihre Mutter pflegte, hierblieb, wäre das meines Erachtens gut möglich gewesen. Wir sollten nämlich nicht allein an der Station sein. Sr. Tabea sprach mit Madre darüber, diese erlaubte es mir jedoch nicht. Da immer noch viele Bestellungen eingingen, ersuchte ich die Genehmigung, wenigstens erst direkt zum Weihnachtsfest mit dem Zug nachkommen zu dürfen. Auch das wurde mir nicht gewährt. Daher musste ich schweren Herzens die restlichen Bestellungen liegen lassen und ganz entkräftet abfahren. Das ärgerte mich.

Als wir an der anderen Station ankamen, war die Situation dort alles andere als entspannt: Vor dem Fest gab es noch viel zu erledigen, und alle befanden sich im Stress. Daher halfen wir mit. Ich merkte allerdings, dass ich mich nicht mehr gut konzentrieren konnte. In den nächsten Tagen begann ich plötzlich immer wieder, grundlos zu weinen. Ich versteckte mich dann, damit mich niemand sah. Wie sehr sehnte ich mich nach Ruhe und Erholung! Doch über die Feiertage füllte sich das Haus mit zahlreichen Besuchern, wir saßen dann stundenlang bei den Mahlzeiten. Ich versuchte, dabei fröhlich und gut gelaunt zu erscheinen. Im ganzen Kloster fand ich keinen ruhigen Platz außer in meinem Zimmer. Zu alldem rief mich Herr Schneider an und sagte, der Briefkasten im Lager quelle über vor Bestellungen. Ich wollte gerne zurückfahren, um etwas Ruhe zu finden und die restlichen Bestellungen erledigen zu können. Dann würden die Leute die CDs wenigstens noch bis Silvester erhalten. Sr. Tabea war nicht erfreut und meinte, dies müsse Madre entscheiden. Also rief ich sie an. Ich schilderte ihr zunächst mein Ruhebedürfnis und die Situation an der Station, worauf sie sagte, ich solle trotzdem hierbleiben und könne mich ja etwas zurückziehen. Darauf erzählte ich ihr von den vielen unerledigten Bestellungen. Auch diese könnten warten, meinte sie. Sie warf mir vor, dass ich das mit den Bestellungen nicht gleich gesagt habe, und behauptete, ich habe sie belogen. Da ich ihr mitteilte, dass Sr. Ruth im Januar mit ihrer Familie Urlaub machen wollte und ich nicht wüsste, wie ich alles schaffen sollte, wenn wir erst im neuen Jahr heimkehrten, gab sie mir schließlich doch die Erlaubnis zu fahren. Nach dem Telefonat war ich einerseits erleichtert, hier weg zu dürfen, andererseits lastete der Vorwurf der Lüge schwer auf mir und beschäftigte mich noch während meiner ganzen Rückreise.

Sr. Christa holte mich vom Bahnhof ab. Wir verbrachten gute Tage zusammen. Sie half mir beim Versand der liegen gebliebenen Bestellungen. Es waren gar nicht so viele wie befürchtet. Silvester beteten und feierten wir ein bisschen. Die Ruhe hier tat mir gut. Nachdem ich den Versand abgeschlossen hatte, musste ich noch alle neuen Adressen ins Buchhaltungsprogramm eingeben. Als nach dem Dreikönigsfest der normale Betrieb wieder losging, war ich mit allem fertig.

11
Der Zusammenbruch

In einem dunklen Loch

Ich machte weiter wie gewohnt. Aber mein Körper signalisierte schon nach wenigen Tagen, dass ich dringend eine Erholungspause brauchte: Der Tinnitus kam zurück. Dieses Mal wusste ich bereits, was zu tun war. Ich beschloss, drei Wochen in dem italienischen Schwesternhaus zu verbringen, zu dem wir immer zum Mittagessen gegangen waren. Sobald Sr. Ruth aus ihrem Skiurlaub zurückkam, flog ich in den Süden. Interessanterweise verschwand der Tinnitus bereits bei meiner Ankunft in Italien, was mich sehr erleichterte. In diesen Wochen unternahm ich viel und fuhr mehrmals nach Rom, um einige Sehenswürdigkeiten zu besichtigen, die ich schon lange einmal besuchen wollte. So etwa die Kirche Santa Croce und die Scala Santa. Da sich viele der Schwestern gerade auf Einsätzen befanden, herrschte in dem Haus eine außergewöhnliche Ruhe. Diese tat mir sehr gut. Nach Ablauf der drei Wochen kehrte ich mit neuer Kraft und Zuversicht nach Deutschland zurück.

Doch dann geschah das Unerwartete: Gleich am ersten Tag, als ich wieder im Lager zu arbeiten begann, kam der Tinnitus zurück, viel stärker und durchdringender als je zuvor. Dafür fand ich keine Erklärung, war ich doch gerade aus dem Urlaub gekommen. Ich machte weiter, in der Hoffnung, dass er wieder weggehe. Doch mein Zustand verschlechterte sich drastisch: Am dritten Tag konnte ich mich auf nichts mehr konzentrieren. Nur mit größter Anstrengung schaffte ich es, eine Online-Bestellung für verschiedene Briefumschläge abzuschließen. Ich konnte meine Gedanken nicht mehr sortieren. Kopfschmerzen und Schwindel stellten sich ein. Außerdem verlor ich die Kontrolle über meine Gefühle, war gereizt und schrie zu guter Letzt sogar Sr. Deborah wegen einer Kleinigkeit an. Das erschreckte mich zutiefst, und ich verstand nicht, was mit mir passierte. Am nächsten Tag schaffte ich es nicht mehr, ins Lager zu fahren. Mein Körper verlor all seine Kraft, ich konnte nur noch liegen und hatte keinen Appetit. Außerdem nahm der Tinnitus eine Lautstärke an, die alles andere übertönte und mich nicht mehr schlafen ließ.

Es folgten äußerst schwierige Wochen und Monate. Frau Dr. Jennewein verordnete mir absolute Ruhe und verabreichte mir Infusionen. Sie meinte, die Arbeit im Lager sei nicht das Richtige für mich gewesen, und legte mir nahe, nicht mehr dorthin zurückzukehren.

Ich teilte Sr. Angelika die Worte meiner Hausärztin mit. Sie zeigte Verständnis und machte sich auf die Suche nach einem Ersatz für mich. In dieser Zeit fühlte ich mich innerlich wie in einem tiefen dunklen Loch. Gott schien unendlich weit weg zu sein. Sobald ich beten wollte, wurden die düsteren und schweren Gedanken nur noch aufdringlicher. Mir kam es vor, als sei eine Mauer um mich herum, die mich von Gott abschottete. Das fühlte sich schrecklich an. Das, was mir den größten Halt im Leben gab, die innige Beziehung zu Gott, fiel weg. Ich bekam Angst: Konnte ich denn meiner Berufung noch entsprechen, wenn ich nicht betete?

„Wie konnte so etwas nur geschehen?“, fragte ich mich. Hatte P. Bonifatius nicht gesagt, Jesus wolle, dass ich die Verantwortung für das Lager weiterhin trage? Hieß es nicht, der Gehorsam werde einem die Kraft für alles geben, was die Oberen wünschen? Warum ließ Gott nun so etwas zu?

Und: Hatte ich nicht völlig auf mich selbst verzichtet, meine eigenen Wünsche und Bedürfnisse hintangestellt, um mich ganz zum Opfer zu bringen? War dies nicht der Königsweg, um heilig zu werden? Mir schien mein Zustand aber sehr weit weg zu sein von Heiligkeit. Gereizt sein, den Aufgaben nicht mehr nachkommen und nicht mehr beten können: Das konnte doch nicht von Gott gewollt sein! Ich begann die Spiritualität der Gemeinschaft zu hinterfragen. Als ich wieder zu Dr. Fischer gehen konnte, meinte auch er, die Arbeit im Lager sei für mich Gift gewesen. Warum wurde mir dann so eine Aufgabe zugeteilt? Wie konnte Jesus wollen, dass ich eine Aufgabe erfülle, die mir schadet? Zum ersten Mal in meinem Leben kamen mir Zweifel am „Licht“ von Padre.

In einem Brief teilte ich P. Bonifatius und Sr. Angelika einige meiner Fragen und Zweifel mit, in der Hoffnung, Antworten von ihnen zu erhalten. Aber es kam keine Reaktion, kein Gesprächsangebot. Ich wurde alleingelassen mit all dem, was mich beschäftigte. In ihren Augen war ich vermutlich gerade dabei, vom rechten Weg abzukommen. Eine Alternative zu der uns vermittelten Spiritualität schien es nicht zu geben. Doch diese trug mich nicht mehr. Das Fundament, auf das ich nun bald zwei Jahrzehnte gebaut hatte, bröckelte mächtig.

Umso wichtiger war für mich die Begleitung von Frau Weis, die mir viel Halt gab. Meine Therapeutin ermutigte mich, täglich an die frische Luft zu gehen und mich zu bewegen. Mit Sport hatte ich die letzten Jahre völlig aufgehört, da dazu gar keine Zeit war. Die Quittung hatte ich nun bekommen. Bei alledem drängten sich mir zeitweise Suizidgedanken auf, welche mich sehr beunruhigten: Kam ich an einem Bach vorbei, sah ich mich ertrunken darin liegen, fuhr ein Zug vorbei, drängte es mich zu den Gleisen hin, erblickte ich einen Strick, kam mir der Gedanke, mich daran zu erhängen. Überall starrte mir der Tod ins Gesicht. Das machte mir Angst und bedrückte mich. Gleichzeitig wusste ich, dass ich mich nicht umbringen würde. Außer mit Fr. Weis konnte ich mit niemandem darüber sprechen.

Dr. Fischer sagte bei einem meiner Arztbesuche, er sei sich nicht sicher, ob die Gemeinschaft der richtige Platz für mich sei. Er deutete an, ob es nicht besser für mich sei, auszutreten. Ich war völlig verwirrt. Fr. Weis redete mir gut zu und ermutigte mich, in der Gemeinschaft zu bleiben. Sie glaubte an meine Berufung und legte mir nahe, in diesem Rahmen eine Aufgabe für mich zu finden, die mir entsprach und mir Freude machte. Ihre Worte schenkten mir Zuversicht. Tatsächlich wäre es in meinem Zustand sehr schwierig gewesen, auszutreten.

Mich beschäftigte fortan die Frage, welche Aufgabe dies sein könnte. Ins Lager würde ich auf keinen Fall zurückgehen und bei reinen Hausarbeiten fiel mir die Decke auf den Kopf. Für die Mission hatte ich nicht die nötige Gesundheit. Ich ging alle Bereiche durch, die es in der Gemeinschaft sonst noch gab: Musikalische Begleitung von Exerzitien und Einkehrtagen, oft mit Kindergruppen und Verkauf am Materialstand verbunden, und daher sehr anstrengend. Büroarbeit oder ehrenamtliche Betreuung von alten Menschen im Altenheim. Am ehesten konnte ich mir die Arbeit im Altenheim vorstellen. Daher machte ich ein paar Tage Praktikum in einem uns nahegelegenen Altenheim, merkte aber schon am ersten Tag, dass mich die Atmosphäre dort bedrückte. Nein, das war es nicht. Frau Weis legte Wert darauf, dass ich eine Aufgabe finde, die mir sowohl Erfüllung und Sinn im Leben gebe, als auch meinen intellektuellen Fähigkeiten entspreche. Diese schien es aber innerhalb der Gemeinschaft nicht zu geben. Was sollte ich jetzt tun?

Die Therapeutin legte mir nahe, eine Ausbildung oder gar ein Studium zu absolvieren. Ich wagte gar nicht daran zu denken, denn ich wusste, dass das die Oberen sicherlich nicht wollen. Erst nach einiger Zeit war ich bereit, mich mit diesem Gedanken zu beschäftigen. Ich hielt ihn fortan im Gebet Gott hin und bat ihn, mir meinen Weg zu zeigen.

Da ich immer noch sehr müde und erschöpft war, entstand in mir der Wunsch, nochmals eine Kur zu machen, in der Hoffnung, wieder in meine Kraft zu kommen. Meine Hausärztin vermittelte mir einen dreiwöchigen Aufenthalt in einem Kneipp-Kurheim, dem ein Kloster angegliedert war. Hier konnte ich ohne Probleme täglich die heilige Messe besuchen und in der Hauskapelle beten. Mir ging es langsam etwas besser. Gegen Ende der Kur sprach mich eine der Ordensschwestern, die ich nicht persönlich kannte, an und sagte mir, sie habe schon öfters über einen Austritt aus dem Kloster nachgedacht und sei kurz davor gewesen. Dann habe sie sich gedacht: „Wenn das alle machten, wäre am Ende niemand mehr im Kloster." Es wunderte mich sehr, dass sie mich diesbezüglich ansprach, denn sie wusste nichts von meiner Situation. Ich dachte noch lange über ihre Worte nach. Reicht es wirklich, nur deshalb zu bleiben, damit das Kloster nicht leer wird? Das schien mir zu wenig.

Nach Ablauf meiner Zeit in Bad Wörishofen kehrte ich wieder zu den Schwestern zurück. Mittlerweile hatte Madre einen Ersatz für meine Arbeit im Lager gefunden: Sr. Jutta, eine deutsche Schwester, übernahm meine Aufgaben vorübergehend. Ich war sehr erleichtert. Allerdings wurde unsere Wohnsituation dadurch noch beengter. Sr. Deborah zog in einen weiteren leerstehenden Raum der Wohnung unserer Vermieter und stellte Sr. Jutta ihr Zimmer zur Verfügung.

Das Leben in der kleinen Dachwohnung wurde für mich aufgrund meines immer noch starken Tinnitus zu einer wahren Tortur. Frau Dr. Jennewein hatte mir absolute Ruhe verordnet. Doch unter unserer Wohnung übte ein Musiker stundenlang Tuba, Trompete und andere Instrumente. Unser Hausherr sägte regelmäßig direkt neben dem Haus mit der Kreissäge Holz. Außerdem klingelte in unmittelbarer Nähe meines Zimmers fast ununterbrochen das Telefon. Ich konnte alle Gespräche mithören, da die Wände meines Zimmers nur aus einer dünnen Holzwand bestanden. Jeder Schritt der am Zimmer vorbeilaufenden Schwestern und Besucher/innen brachte mein Bett zum Vibrieren. Zudem sorgte das eindringliche Angelusläuten der blechernen Kirchenglocken gegenüber unserer Wohnung dafür, dass meine Nachtruhe jeden Morgen um 5 Uhr beendet war.

Unter diesen Umständen hatte ich manchmal das Gefühl, verrückt zu werden. Als ich mit Madre darüber sprach, meinte sie, Gott schenke immer die Gnade für die jeweilige Situation. Ich fühlte mich nicht verstanden. Da ich im Moment keinen Nutzen für die Hausgemeinschaft darstellte und uns nicht genügend Zimmer zur Verfügung standen, dachte ich daran, mich in eine andere Station in Italien versetzen zu lassen. Ich sprach mit Frau Weis darüber. Sie bearbeitete mich, hierzubleiben und die Therapie weiterzuführen.

Ja, sie machte sogar den Vorschlag, um eine eigene Wohnung für mich zu bitten. Dies ließ mir den Atem stocken: Die Gemeinschaft lebte ja von Spenden! Wie könnte ich auf Kosten von Spendengeldern eine eigene Wohnung einfordern? In mir begann ein immenser innerer Kampf. Einerseits wollte ich der Gemeinschaft nicht zur Last fallen, andererseits sah ich in der Therapie die einzige Chance, damit es mir wieder gut ging. Schließlich rang ich mich durch und schrieb einen langen Brief an Padre, in dem ich ihm meine Situation schilderte. Im Rahmen einer Beerdigung ergab sich bald darauf die Gelegenheit, kurz mit ihm zu sprechen. Er war sehr wohlwollend und gewährte mir meine Bitte. Ihm war wichtig, dass die Wohnung wirklich ruhig sei, damit ich wieder gut zu Kräften komme. Seine Großzügigkeit berührte mich außerordentlich! Von da an machte ich mich auf die Suche nach einer geeigneten Wohnung für mich.

Die Einkehrtage

Bald schon standen die Einkehrtage in der Slowakei wieder vor der Tür. Aufgrund meiner nach wie vor angeschlagenen Verfassung fiel es mir dieses Mal sehr schwer, das äußerst dichte Programm durchzuhalten. P. Bonifatius hielt täglich zwei Vorträge. Da er Dias zeigte, musste die Turnhalle, in der wir uns aufhielten, komplett verdunkelt sein. Schwarze Folien deckten die lange Fensterfront ab, wir hatten kein Tageslicht, eine knappe Woche lang. Hier fanden auch alle Gebetszeiten und die heilige Messe statt.

In der Eingangspredigt sagte Padre, wie wichtig es sei, keine menschlichen Lösungen für Probleme zu suchen, sondern alles nur von Gott zu erwarten. Dieser Satz verwirrte mich: Ist meine Therapie nicht eine menschliche Lösung für ein Problem? Vertraute ich also zu wenig auf Gott und stand seinem Wirken im Weg? Ich fühlte mich schuldig und dachte lange darüber nach, wie dieser Satz zu verstehen sei: Wenn ich kein Benzin im Auto habe und an die Tankstelle fahre, um zu tanken, ist das doch ebenso eine menschliche Lösung für ein Problem. Da auch Padre tanken geht, kann dies nichts Schlechtes sein. Wo liegt nun also die Grenze, wann man menschliche Hilfe in Anspruch nehmen darf und wann nicht? Noch mehrere seiner Aussagen brachten mich durcheinander. Zum ersten Mal zweifelte ich manches von dem an, was ich hörte. Alle anderen schienen begeistert, doch ich quälte mich mehr schlecht als recht durch die Tage und wartete sehnlichst auf unsere Rückreise.

Während der Exerzitien bestand die Möglichkeit, Einzelgespräche mit Padre und Madre zu führen, wozu man sich in eine Liste eintragen konnte. Ich beschloss, diese Gelegenheit zu nutzen, um mit Sr. Angelika zu sprechen. Nach langem Warten kam ich endlich an die Reihe.

Neben der Klärung einiger praktischer Fragen nahm ich allen Mut zusammen und erzählte ihr von meinem Wunsch, eine Ausbildung oder ein Studium zu machen. Sie lachte mich aus: In meinem Alter noch studieren! Für mich könne sie sich höchstens eine einjährige Ausbildung, z. B. als Kinderpflegerin, vorstellen. Ich war schockiert über ihre Reaktion. Kinderpflegerin war nun wirklich das letzte, was mich interessierte. Traute sie mir wirklich kein Studium zu? Oder diente das Lächerlich-Machen meines Vorschlags dazu, dass ich diesen Gedanken vergessen sollte? Ich wagte nichts dagegen zu sagen und ließ ihren Kommentar einfach stehen. Tatsächlich bekamen nur sehr wenige Schwestern die Erlaubnis zu studieren, und wenn sie eine Ausbildung machen durften, lag diese oft weit unter ihren Fähigkeiten.

Schließlich fühlte ich mich noch verpflichtet, ihr von meiner Therapie zu berichten, denn wir sollten ja ein „offenes Blatt“ vor unseren Oberen sein. Ich erzählte ihr ein paar Einzelheiten, die für mich von großer Bedeutung waren. Sie schien interessiert, brach dann aber das Gespräch ab mit der Begründung, draußen warteten noch viele andere Schwestern. Das verletzte mich. Ich ging mit einem unguten Gefühl aus dem Zimmer. Erst viele Wochen später erfuhr ich, was sich Madre wohl wirklich gedacht hatte.

Jährliche Unterweisungen

Die Einkehrtage nahmen einen zentralen Platz im ganzen Jahr ein. Ich möchte die Gelegenheit ergreifen und an dieser Stelle einige Begebenheiten schildern, die mir aus all den Jahren in der Gemeinschaft von diesen besonderen Tagen besonders in Erinnerung geblieben sind.

Einmal ließ P. Bonifatius während eines seiner Vorträge weiße DIN-A4-Blätter austeilen. Alle Mitglieder erhielten ein leeres Blatt. Padre bezog sich in der Erklärung für sein Vorhaben auf eine Stelle aus dem Tagebuch der heiligen Schwester Faustyna. Jesus hatte von ihr verlangt, sie solle quer über das Blatt einen Strich ziehen. Dieser bedeute, dass sie ihrem eigenen Willen ganz entsage, ihn sozusagen durchstreiche. P. Bonifatius forderte uns auf, es ihr gleichzutun. Erst wenn unser Ich ganz ausgelöscht sei, könne Gott allen Platz in uns einnehmen. Er bereitete uns darauf vor, diesen Schritt ganz bewusst zu vollziehen, und betonte, jede und jeder sei frei, mitzumachen oder nicht. Ich überlegte: Wollte ich das? Hatte ich nicht schon viel zu lange meinen eigenen Willen aufgegeben, auf eine Ausbildung verzichtet, eigene Wünsche und Bedürfnisse zurückgestellt, mich den Oberen unterworfen und dabei meine Gesundheit eingebüßt? Ich wollte vielmehr zu mir finden und meinen persönlichen Weg mit Gott entdecken. Lange zögerte ich. Schließlich machte ich den Strich. Dabei sagte ich zu Jesus, dieser bedeute für mich nicht mehr, mich den Oberen zu unterwerfen, sondern mich ganz von ihm führen zu lassen. Erst jetzt war der Strich für mich stimmig.

Bei anderen Einkehrtagen, die die Weihe an Maria zum Thema hatten, ließ P. Bonifatius Texte austeilen, die wir während der Exerzitien und dann auch zuhause betrachten sollten. Darunter war ein Abschnitt aus der Ganzhingabe an Jesus durch Maria nach dem heiligen Ludwig Maria Grignion von Montfort, der mich damals schon so erschreckte, dass ich ihn hier kurz wiedergeben möchte:

„Wahre Selbsterkenntnis: Wenn du dich der vollkommenen Andacht an Maria treu hingibst, wirst du durch die Erleuchtung des Hl. Geistes um Mariae, seiner treuen Braut willen, recht bald deine Verderbtheit und Unfähigkeit zu jedem Guten erkennen, dich daher selbst verachten lernen und nur mit Schauder an dich denken. *(In den folgenden Zeilen spricht Ludwig Maria davon, dass wir uns in dieser tiefen Selbsterkenntnis mit einer Schnecke, einer Kröte, einer boshaften Schlange vergleichen werden. Gemeint ist: Wenn wir uns aufrichtig bemühen, die Weihe auch im Alltag zu leben, wird uns durch die Erleuchtung des Hl. Geistes unsere eigene Erbärmlichkeit bewusst werden. In dieser von Gott gewirkten, wahren und klaren Erkenntnis unserer eigenen Sündhaftigkeit und Schwäche werden wir bis ins tiefste unsere Selbstbezogenheit erkennen und unsere Neigung zum Bösen, ebenso unsere wirkliche Unwissenheit und völlige Unfähigkeit, aus eigener Kraft auch nur den kleinsten guten Gedanken zu denken geschweige denn Tugenden zu leben. Dadurch werden wir lernen, uns selbst zu misstrauen und umso mehr auf Gott zu vertrauen, so wie Maria.)* Und Grignion fährt fort: So wird die demütige Jungfrau Maria dir Anteil an ihrer tiefen Demut geben, welche bewirken wird, dass du dich zwar selbst, aber nie einen anderen verachtest, ja dass du liebst, verachtet zu werden“ (vgl. Ludwig Grignion de Montfort, Das Goldene Buch der vollkommenen Hingabe an Maria, 15. Auflage, München 1954, 63).

In meiner damaligen Verfassung wirkte dieser Text auf mich zutiefst verstörend und entmutigte mich.

Während der Einkehrtage fand in regelmäßigem Abstand die Wahl der Mutter Oberin sowie des leitenden Rates der Gemeinschaft statt. P. Bonifatius bereitete uns jedes Mal darauf vor. Durch Lobeshymnen auf bestimmte Mitglieder drückte er indirekt aus, wen er favorisierte. Es war nicht verwunderlich, dass diese dann auch gewählt wurden, und zwar mit nahezu 100 % der Stimmen! Padre wertete dies als Zeichen der Einheit in der Gemeinschaft. Heute sehe ich es als Indiz für die Manipulation, der wir ausgesetzt waren. Einmal machten zwei Schwestern bei der Wahl zur Oberin ihr Kreuz aus Versehen bei einer anderen Schwester, was daraufhin von P. Bonifatius und Sr. Angelika thematisiert wurde. Madre war betroffen, dass sie nicht von allen Schwestern gewählt worden war. Allerdings klärte sich das Missverständnis bald auf. Da unsere Oberin durch eine vorläufige Norm zeitlich unbegrenzt im Amt bleiben durfte, wurde sie jedes Mal wiedergewählt.

Jedes Jahr wurde im Rahmen der Exerzitien ein Schwesterntreffen durchgeführt. Ich freute mich immer darauf, denn hier erfuhren wir Neuigkeiten aus der Gemeinschaft, beispielsweise welche Schwester wohin versetzt würde. Sr. Angelika gab uns dann auch einen geistlichen Impuls mit. Meistens ging es um die geistige Mutterschaft für die Priester. Nachdem das Priesterwerk eine höhere Anerkennung durch den Vatikan erhalten hatte, betonte Madre, dies bedeute für uns Schwestern, dass wir äußerlich noch mehr in den Hintergrund rücken müssten. Auch sollten wir uns vermehrt für die Priester hingeben und uns ganz für sie aufopfern. Einige der Priester, hierzu nannte sie Namen, hätten ohne uns keine Chance, heilig zu werden. Es hinge von uns ab, wie heilig die Priester lebten. Im Umkehrschluss bedeutete dies ja: Wenn ein Priester nicht heilig genug ist, trage ich Verantwortung dafür, weil ich mich zu wenig für ihn hingegeben habe. Wenn ich Unvollkommenheiten bei einem Priester bemerkte, dachte ich dann oft, ich hätte mich zu wenig für ihn hingegeben und fühlte mich deswegen schuldig.

Einmal sagte Madre, sie habe nun unzählige Gespräche mit Schwestern geführt, und zusammenfassend könne sie sagen, alle Probleme, die ihr die Schwestern anvertraut hätten, rührten von einer mangelnden Hingabe her. Daraus schloss ich, dass sich alle Probleme durch Hingabe lösen ließen. Doch: Solche christlichen Patentrezepte werden den Bedürfnissen der betreffenden Personen nicht gerecht und sind Teil einer umfassenden spirituellen Manipulation, deren Tenor lautet, dass man selbst an allem schuld sei, da man der Gnade zu wenig entspreche.

Die eigene Wohnung

Wie froh war ich, endlich wieder nach Deutschland zurückkehren zu können. In den nächsten Wochen machte ich eine kleine Einliegerwohnung im nächsten Dorf ausfindig, die genau auf mich abgestimmt zu sein schien. Am Ende einer Sackgasse gelegen, gab es dort so gut wie keinen Verkehr. Auch begann nur einige Schritte von der Wohnung entfernt ein Feldweg, der durch Wiesen und ein Stück Wald führte. Tatsächlich mietete die Gemeinschaft die Wohnung für mich an, und schon einige Wochen später konnte ich dorthin umziehen. Mir schien es, als komme ich ins Paradies: Genügend Platz und absolute Ruhe! Nach all dem Lärm und der Beengung in der kleinen Schwesternwohnung atmete ich auf. Ich merkte, wie eine enorme Last von mir abfiel. Diese Wohnung stellte ein riesiges Geschenk für mich dar.

Da es mir schon besser ging, half ich Sr. Tabea stundenweise im Haushalt. Meine Tätigkeiten bestanden vor allem aus Bügeln, Putzen und Kochen. Beim stundenlangen Bügeln hatte ich manchmal das Gefühl, mir falle die Decke auf den Kopf. Die Arbeit war monoton, nur das Kochen brachte etwas Abwechslung, wenn ich etwas Neues ausprobieren und kreativ sein konnte. Ich blieb zum Mittagsgebet bei den Schwestern und kehrte nach dem gemeinsamen Mittagessen wieder in meine Wohnung zurück. Anfangs fuhr ich zur Anbetung am Abend wieder zu den Schwestern, aber durch den Musiker, der unter der Kapelle übte, fand ich meist keine Andacht. Daher hielt ich die Gebetszeiten in meiner Wohnung ab und betete Jesus in meinem Herzen an. P. Bonifatius versicherte mir, dass Jesus mir dabei die gleichen Gnaden schenke, wie wenn ich vor dem Allerheiligsten wäre. Tatsächlich erlebte ich die Anwesenheit Jesu in meiner Wohnung oft viel stärker als in der lauten Kapelle.

In mir gerieten in diesen Monaten zwei verschiedene Anteile in einen heftigen Widerstreit: Der eine machte mir starke Vorwürfe und streute Zweifel, ob der Weg, den ich durch die Therapie beschritten habe, richtig sei. Zu lange hatte ich in einem System totaler Unterordnung und Aufopferung gelebt. Strebte ich überhaupt noch nach Heiligkeit, die ja zur Voraussetzung hatte, sich selbst ganz zu vergessen? Oder war ich nur der „eine Esser mehr", der der Gemeinschaft zur Last fällt, ja sogar eine eigene Wohnung für sich beansprucht? War ich noch „in der Gnade"? Auf der anderen Seite spürte ich Hoffnung, aus diesem Loch, in das ich gefallen war, wieder herauszukommen. Ich merkte, dass das nur durch professionelle Hilfe möglich war.

In all den Jahren hatte ich nicht gelernt, auf mein Inneres zu hören. Alles, auf was ich mich bislang gestützt hatte, war nun weggebrochen. Ich kam mir vor, als sei ich ins Wasser gefallen, ohne schwimmen zu können. Die Zweifel zogen mich nach unten, doch immer, wenn ich kurz vor dem Ertrinken war, zog mich Fr. Weis wieder heraus und half mir, mich über Wasser zu halten und nach vorne zu schauen.

Doch das, was ich in der Gemeinschaft hörte, passte nicht mit dem zusammen, was Fr. Weis sagte. Was war denn nun richtig? War die Therapeutin vielleicht doch ein Werkzeug des Bösen, um mich vom rechten Weg abzubringen? Ich prüfte alles, was sie sagte, bewertete es, sortierte mich innerlich und versuchte, meinen eigenen Standpunkt zu finden. Mit der Zeit stellte ich fest, dass ich nach den Therapiegesprächen immer einen tiefen Frieden spürte, der mir neuen Mut und Zuversicht gab. War das nicht ein Zeichen dafür, dass sie vom Heiligen Geist geführt war, dessen Frucht ja der Friede ist? Dieser innere Friede wurde von nun an zu meinem

Wegweiser. Von den Oberen fühlte ich mich nicht verstanden, sie waren mir in dieser Zeit keine Hilfe. Die ewig gleiche Botschaft, mehr zu beten und alles aufzuopfern, war in meiner Situation nicht zielführend. Ich musste mich aktiv um mich selbst kümmern!

Eine neue Beziehung zu Gott

Frau Weis betonte mir gegenüber einmal, Gott habe nicht gewollt, dass ich die Verantwortung für mein Leben abgebe. Ich war zunächst ziemlich konsterniert, da ich ja in der Gemeinschaft gar keine andere Wahl hatte, als mich ganz dem Willen der Oberen zu überlassen, der als der Wille Gottes galt. Doch es stimmte: Ich überantwortete mich ihnen, obwohl vieles von dem, was sie von mir verlangten, meiner eigenen Wahrnehmung widersprach. Dadurch war ich meiner Verantwortung nicht nachgekommen. Als ich das verstanden hatte, löste sich von einem Augenblick auf den anderen mein riesiges Problem, das ich mit Gott hatte: Er wollte also gar nicht, dass ich keine Ausbildung machte und meine Gesundheit sowohl in Kasachstan als auch im Lager ruinierte! Ich selbst hatte nicht auf meine innere Stimme gehört, daher konnte all das passieren. Plötzlich schien dieser Gott wieder auf meiner Seite zu stehen, er bekam ein menschliches Gesicht, sodass ich ihm von neuem vertrauen konnte. Das erlebte ich als große innere Befreiung.

Auch verstand meine Therapeutin, mich auf feinfühlige Weise durch geschickt gestellte Fragen zum Nachdenken zu bringen. Sie ging dabei mit schier unendlicher Geduld vor. Sehr langsam begann ich, manche meiner Gedanken infrage zu stellen und gängige Vorstellungen der Gemeinschaft auf den Prüfstand zu stellen. Sie gab mir Bücher zum Lesen, die mir einen neuen Zugang zu Gott und ein positiveres Gottesbild vermittelten. Eigentlich hätte ich diese Bücher nicht lesen dürfen, da in der Gemeinschaft nur Heiligenbücher erlaubt waren, ja, manchen Schwestern erlaubte Padre nicht einmal das, aber da ich meine eigene Wohnung hatte, nahm ich mir diese Freiheit heraus. Ich distanzierte mich allmählich von manchen Regeln in der Gemeinschaft, die für mich keinen Sinn mehr ergaben.

Die Oberen hatten sehr oft davon gesprochen, dass Gott uns unendlich liebt, aber aufgrund der unerreichbar hohen Ideale, die ich nicht erfüllen konnte, und wahrscheinlich auch aufgrund ihres Verhaltens gegenüber mir, das mir oft den Eindruck vermittelte, nicht gut genug zu sein, konnte ich nicht immer an die Liebe Gottes zu mir glauben.

Eines Abends bei der Anbetung erlebte ich nun auch emotional, dass Gott mich liebt. Rational wusste ich das zwar, aber außer einigen Augenblicken besonderer Gottesnähe hatte ich oft das Gefühl, Gott sei mit mir nicht zufrieden. An diesem Tag machte ich die befreiende Erfahrung, so geliebt zu sein, wie ich bin, trotz aller Defizite. Das ermöglichte mir einen völlig neuen Zugang zu Gott: Er liebte mich auch dann, wenn ich nicht alle Gebete gebetet und alle Regeln befolgt hatte. Dieses Gefühl trug mich, es blieb nicht nur für kurze Zeit, sondern wurde zu einer inneren Gewissheit, die mir von nun an viel innere Kraft spendete.

Eine seltsame Anweisung

Als ich einmal in die Schwesternwohnung kam, sah ich, wie Sr. Deborah ein Foto von P. Wendelin abhängte, das neben dem Bild von P. Bonifatius und dem slowakischen Bischof in unserem Flur hing. Sie erklärte mir, dies sei eine Anordnung von Sr. Angelika und P. Bonifatius. Nach dem Mittagessen teilte sie uns mit, wir sollten P. Wendelin in Zukunft nicht mehr als Gründer der Gemeinschaft vorstellen, sondern stattdessen den slowakischen Bischof. Wer noch Schriften von ihm habe, solle diese bei Sr. Angelika abgeben. Die Begründung war, dass P. Wendelin zu seiner Zeit Schwierigkeiten mit den

Verantwortlichen der Kirche gehabt habe und das sich negativ auf die Gemeinschaft auswirken könne. Das leuchtete mir ein, ich machte mir keine Gedanken mehr darüber. Damals wusste ich nicht, dass der wahre Grund ein anderer war. Erst viele Jahre später erfuhr ich die Wahrheit.

Kampf um die Therapie

In dieser Zeit rief Sr. Angelika bei mir an. Sie sagte mir, ich hätte jetzt alles, was ich bräuchte, um wieder gesund zu werden, sogar eine eigene Wohnung, daher sei die Therapie nicht mehr nötig. Ich war völlig vor den Kopf gestoßen und sagte ihr, Padre habe mir erlaubt, diese zu machen, sie sei wichtig für mich, und ich möchte mit ihm darüber sprechen. Sie erwiderte, sie habe mit ihm bereits darüber gesprochen, und er möchte auch, dass ich die Therapie abbreche. Ich blieb bei meiner Meinung, woraufhin sie das Gespräch beendete.

Danach war ich völlig außer mir. Warum wollte sie, dass ich die Therapie beende? Mir wurde klar, dass ihr das, was ich ihr in den Einkehrtagen erzählt hatte, wohl nicht gefallen hatte. Ich war aufs äußerste verwirrt. Zum ersten Mal im Leben habe ich nicht einfach abgenickt, was mir Madre sagte, sondern mich ihr widersetzt. Noch nie zuvor hatte ich so etwas gewagt! Ich verstand, dass dies nicht harmlos war. Was sollte ich jetzt tun? Fr. Weis war im Urlaub und nur schwer telefonisch zu erreichen. Ich sprach mit Dr. Fischer. Er bestätigte mir, es sei wichtig, die Therapie fortzusetzen. Wenn ich sie jetzt abbreche, könne ich sogar in die Klinik kommen, denn sie war im Moment das Einzige, was mich aufrecht hielt. Das konnte Gott ganz sicher nicht wollen! Ich hatte Verantwortung für mich, und dieses Mal nahm ich sie wahr.

Ich schilderte Padre meine Gedanken in einem Brief, woraufhin er mich anrief. Trotz meiner Gründe blieb er dabei, dass ich die Therapie beenden solle. Doch ich ließ nicht locker. Er sagte mir, wenn ich weiterhin zur Therapeutin gehe, könne er keine Verantwortung dafür übernehmen. Ich erwiderte ihm, ich sei bereit, selbst die Verantwortung dafür zu tragen. Er wollte daraufhin, dass ich ihm regelmäßig mitteile, über was wir in der Therapie sprechen, was ich ihm zusagte.

Nach dem Gespräch war ich völlig aufgelöst. Mein Seelenführer hatte seinen Willen klar und deutlich ausgedrückt, und ich hatte ihm widersprochen. Ich war ungehorsam! Hieß es nicht, Gott spreche durch ihn zu mir? War ich also doch auf dem falschen Weg und gefährdete durch den Ungehorsam mein Seelenheil? Ja, hatte mich etwa der Teufel auf seine Seite gerissen und versuchte, mich durch die Therapeutin vom richtigen Weg abzubringen? Würde ich in die Hölle kommen aufgrund einer solchen Dreistheit?

Doch an der Therapie konnte ich beim besten Willen nichts finden, was irgendwie gegen Gott gerichtet wäre. Im Gegenteil hatte ich den Eindruck, dass sie mich ihm näherbrachte. Oft fühlte ich mich nach einer Therapiestunde so befreit, als sei ich bei der heiligen Beichte gewesen. Das war für mich ein Zeichen, dass ich mich auf dem richtigen Weg befand.

Letztlich begann hier mein Bruch mit der Gemeinschaft: Nur wer sich ganz von den Oberen führen ließ, war würdig, in ihr zu leben. Wer dies nicht tat, fiel durchs Raster. In den Augen der Schwestern wurde ich zu einer ungehorsamen Abtrünnigen, die sich auf einem Irrweg befand. Und doch spürte ich, dass Gott mich führte. Er allein war mein ganzer Halt.

Logotherapie

In meiner Wohnung erlebte ich mich viel freier als in der kleinen Schwesternwohnung, in der beispielsweise aufgrund der dünnen Wände jedes Telefonat von den anderen mitgehört werden konnte. Meine Mutter machte mich manchmal auf bestimmte Sendungen im Radio Horeb, einem christlichen Radiosender, aufmerksam, die sie mir weiterempfahl. Da wir weder Radio hören sollten, noch ungefragt ins Internet durften, kam es für mich bislang nicht infrage, mir solche Sendungen anzuhören. Da es mir aber immer noch nicht gut ging und ich nicht wusste, wie mein Leben weitergehen würde, nahm ich mir schließlich die Freiheit, in das Programm von Radio Horeb zu schauen. Vielleicht würde ich ja etwas finden, was mir hilft. Dort entdeckte ich einen Vortrag über die Hoffnung. Das interessierte mich. Ich hörte mir den Vortrag an und war beeindruckt. Zum ersten Mal verstand ich, dass Hoffnung etwas mit meinem Leben zu tun hatte und nicht nur eine fromme Tugend war.

Den Vortrag hielt ein Franziskanerpater, P. Christoph Kreitmeir. Ich recherchierte sämtliche Vorträge von ihm und hörte sie mir nach und nach an. Sie nährten mich und gaben mir neue Zuversicht. Die Radiosprecherin sagte, der Pater sei auch Logotherapeut. Ich wusste nicht, was das war, und googelte den Begriff. Dabei erfuhr ich, dass es sich um eine sinn- und werteorientierte Therapieform handelt, die das Göttliche in die Therapie miteinbezieht. Ich wollte mehr davon wissen und fand heraus, dass sich nicht weit von uns ein Ausbildungsinstitut für Logotherapie befand. Welch ein Zufall!

Als ich die Seite des Instituts näher anschaute, war ich überwältigt: Das war genau das, was ich gesucht hatte! Ich konnte mir sehr gut vorstellen, Logotherapeutin zu werden! Dort stand, man könne an einem Samstag einen Schnuppertag im Institut machen. Ich meldete mich an. An diesem Tag öffnete sich eine neue Welt für mich, ich war angetan von der Dichte der spirituellen Erfahrung. Unter den Auszubildenden befanden sich einige Ordensschwestern und ein Diakon, von denen ich herzlich aufgenommen wurde. Nun hatte ich wieder eine Perspektive. Meine Freude war riesig.

Jetzt ging alles ganz schnell. Ich bat P. Bonifatius, die Logotherapie-Ausbildung machen zu dürfen, um später als Schwester Logotherapie anzubieten. Er bat mich, ihm einige Informationen darüber zukommen zu lassen, und gab mir tatsächlich die Erlaubnis dafür. Die Gemeinschaft übernahm die Hälfte der Kosten, die andere Hälfte zahlten meine Eltern.

Ich konnte gerade noch rechtzeitig ins Herbst-Semester einsteigen. Jeweils an einem Wochenende im Monat fand der Unterricht statt. Zuhause sollten wir das Skript durcharbeiten und Bücher lesen. Ich sog die neuen Gedanken auf wie ein völlig ausgetrockneter Schwamm das Wasser. Mit der Zeit merkte ich, wie sich durch die tiefgründigen Texte mein geistiger Horizont erweiterte und meine Seele Nahrung fand. Endlich bekam mein Leben wieder eine Richtung, ich hatte ein Ziel vor Augen, für das es sich zu leben lohnt! Mein Gesundheitszustand verbesserte sich zusehends.

Obwohl ich sicher war, dass Gott mich zur Logotherapie geführt hatte, schlichen sich Zweifel ein, ob ich diesen Schritt tun durfte. Ich hatte meine Wünsche geäußert und um Erlaubnis für etwas gebeten, was mir sinnvoll erschien. In der Gemeinschaft war es aber üblich, dass die Oberen einem vorgaben, was wir tun sollten, je nachdem, was sie als den Plan Gottes für einen verstanden. Wenn wir das ausführten, konnten wir sicher sein, ganz im Willen Gottes zu sein, dachten wir zumindest. In diesem Glauben hatte ich fast zwei Jahrzehnte gelebt. Nun tat ich das, was ich selbst von Gott her als das Richtige erkannte. Durfte ich das? Konnte es vielleicht sein, dass ich meinen eigenen Willen Gott zuschrieb? Wie sollte ich denn wissen, was Gott will, da ich nicht ein besonderes Charisma hatte wie die Oberen? Die innere Verwirrung hielt an und beunruhigte mich oft. Wenn ich mit dem Verstand darauf schaute, sah ich, dass mich der „absolute Gehorsam“ in eine Sackgasse geführt hatte, aus der ich nun wieder herauskommen musste. Das ging nur mit selbstverantwortlichem Handeln, auch wenn mein Gefühl mir etwas anderes suggerierte. Also Mut!

12
Das Studium

Ich studiere!

Nach einigen Monaten sprach mich der Leiter des Logotherapie-Instituts an. Er erklärte mir, die Logotherapie-Ausbildung sei lediglich eine Zusatzqualifikation, die eine Ausbildung oder ein Studium voraussetze. Als ich ihm sagte, dass ich keine Ausbildung machen durfte, meinte er, dass dies Gott gewiss nicht gewollt habe. Dies so direkt zu hören, erschütterte mich. Gleichzeitig fragte ich mich, woher er diese Gewissheit nahm. Ich dachte immer noch, man könne Gottes Willen nur erkennen, wenn man eine außerordentliche Gnadengabe habe. Der Institutsleiter empfahl mir, ein Sozialpädagogikstudium zu beginnen, denn man könne die Logotherapie im gesamten sozialen Bereich gut anwenden. Er schlug mir eine katholische Fachhochschule vor, die sich in der nächsten Großstadt befand. Ich solle mich an Sr. Martina, eine junge Franziskanerin aus meinem Kurs, wenden, die gerade dort studiere. Nach der Pause sprach ich sie gleich an. Sie war sehr nett und bot an, mir die FH zu zeigen und mich in einige Vorlesungen mitzunehmen. Wir blieben im Kontakt.

Frau Weis legte mir beim nächsten Gespräch nahe, nicht nur Sozialpädagogik, sondern auch andere Studiengänge anzuschauen. Tatsächlich fuhr ich zur nächsten Universität und setzte mich in eine Theologie-Vorlesung. Der Dozent erwähnte dabei, dass das Zusammentreffen zwischen Veronika und Jesus auf dem Kreuzweg nicht historisch gewesen sei, ebenso die Begegnung mit seiner Mutter. Er stellte das infrage, was ich täglich im Kreuzweg betrachtete. Da in der Gemeinschaft ohnehin die Vorstellung herrschte, man könne durch das Theologiestudium seinen Glauben verlieren, entschied ich mich dagegen.

Auch ein Psychologiestudium hätte mich interessiert. Doch mir war klar, dass es undenkbar wäre, dafür die Erlaubnis zu kommen. Da P. Bonifatius die Psychologie immer wieder als eine Gefahr für das geistige Leben darstellte, wäre ich in den Augen der Gemeinschaft in Ungnade gefallen. Außerdem hätte mir für Deutschland der nötige Numerus clausus gefehlt.

Schließlich vereinbarte ich mit Sr. Martina, der jungen Franziskanerin, einen Termin für die Besichtigung der FH. Mit großer Spannung fuhr ich mit der S-Bahn dorthin. Schon von weitem sah ich die Student/inn/en in das Studiengelände strömen. Sie machten auf mich einen netten Eindruck. Schließlich traf ich Sr. Martina. Ich sprach mit ihr und einigen anderen Student/inn/en auf dem Schulhof, bevor ich in die erste Vorlesung mitdurfte. Wir warteten vor dem Studienraum, und als der Dozent kam, stellte sie mich ihm vor und fragte, ob ich an der Vorlesung teilnehmen dürfe. Alle Dozent/inn/en zeigten sich mir gegenüber aufgeschlossen und gaben mir ohne weiteres die Erlaubnis. Das freute mich. Ich lauschte gespannt dem Unterricht. Vielleicht würde auch ich bald hier sitzen? Mit vielen neuen und guten Eindrücken fuhr ich wieder nach Hause. Sr. Martina bot mir an, noch zu einem weiteren Schnuppertag zu kommen, um mir zusätzliche Lehrveranstaltungen anzuschauen, worin ich gerne einwilligte. Ganz besonders interessierten mich Psychologie und Theologie. An diesem Tag ergab sich ein Gespräch mit einer Studentin. Sie meinte, das Studium sei interessant und abwechslungsreich, und sie könne es sehr empfehlen. Das bestärkte mich in meiner Wahrnehmung. Auf dem Nachhauseweg traf ich die Entscheidung, Sozialpädagogik zu studieren!

Nun kam die größte Hürde: Ich musste P. Bonifatius um Erlaubnis bitten. Mir war klar, dass er nicht begeistert sein würde. Doch zu meinem großen Erstaunen willigte er ein, ohne irgendetwas dagegen einzuwenden. Ich war sprachlos: Nie zuvor hatte eine Schwester der Gemeinschaft Sozialpädagogik studiert! Nun gehörte ich zu den wenigen auserlesenen

Schwestern, die studieren durften. Ich konnte mein Glück kaum fassen.

Im Oktober begannen die Vorlesungen. Ich fuhr von nun an jeden Morgen zunächst mit dem Auto und dann mit der S-Bahn in die Großstadt. Insgesamt musste ich täglich 2 ½ Stunden Fahrt auf mich nehmen. Die Zeit nützte ich gut für das Gebet und zur Lektüre. Während der ersten zwei Semester beendete ich nebenbei noch den zweijährigen Basisteil der Logotherapie-Ausbildung. Am Anfang strengte mich mein neuer Tagesablauf sehr an. Doch mit der Zeit spürte ich, wie ich immer mehr Energie bekam, sodass ich alles gut bewältigen konnte. Ich erkannte: Wenn ich das Richtige mache, habe ich auch die Kraft dafür.

Meine immer noch beeinträchtigte Konzentrationsfähigkeit bereitete mir zu Beginn des Studiums Sorge. Kann ich mir den ganzen Stoff für die mehrstündigen Klausuren merken? Außerdem hatte ich seit 18 Jahren keine Schule mehr besucht! Doch alles verlief reibungslos, bei der ersten Klausur schnitt ich mit „sehr gut“ ab. Das beruhigte mich.

Unter den Kommilitoninnen befanden sich mehrere in meinem Alter, die älteste Studienanfängerin war 50! Ich fiel mit meinen 38 Jahren also nicht aus der Reihe. Wie Unrecht Madre doch hatte!

Jeden Tag genoss ich es, zur FH zu fahren und studieren zu dürfen! Ich sog den Stoff geradezu auf. Das Studium brachte mich in Kontakt mit Menschen in ganz verschiedenen Lebenssituationen: Obdachlosen, psychisch Kranken, jugendlichen Straftätern, Sterbenden und vielen mehr. Ich lernte die Realität kennen und brach aus der geistigen Parallelwelt der Gemeinschaft aus. Das tat mir gut und half, meinen Horizont zu erweitern. Nur mit der Rechtssprache und den vielen Gesetzen konnte ich mich nie anfreunden.

Unser Politik-Dozent legte Wert darauf, dass wir über das politische Tagesgeschehen Bescheid wussten, und setzte das für den Unterricht voraus. Wir Schwestern sollten uns jedoch nicht damit befassen. Nun befand ich mich in einem Gewissenskonflikt: Höre bzw. lese ich die Nachrichten oder nicht? Letztlich kam ich zu dem Schluss, dass das Lesen der Nachrichten auch zum Studium gehörte, damit gab ich mir quasi selbst die Erlaubnis, täglich die politischen Entwicklungen zu verfolgen. Anfangs hatte ich dabei ein schlechtes Gewissen. Einmal las ich bei einem Heiligen, er bete besonders gut, wenn er vorher die Nachrichten höre, um danach in diesen Anliegen zu beten. Das beruhigte mich. Sich zu informieren schien also nicht gegen den Weg zur Heiligkeit zu sein.

18 Jahre lang hatte ich keinen Zugang zu Nachrichten gehabt. In der Gemeinschaft stand uns gewöhnlich weder ein Fernseher noch ein Radio oder eine Tageszeitung zur Verfügung. Ins Internet durften wir nicht, beziehungsweise mussten wir die Hausmutter jedes Mal vorher fragen, wenn wir etwas nachschauen wollten. Infolgedessen fehlt mir heute das Wissen über bald 20 Jahre des politischen und sozialen Weltgeschehens. Die einzige „Nachrichtenquelle" bestand in den Predigten von P. Bonifatius, der immer wieder auf bestimmte Ereignisse einging und sie in seinem Sinne interpretierte, nicht selten von irgendwelchen Verschwörungstheorien durchzogen. Wir bekamen nicht die Möglichkeit, uns eine unabhängige Meinung zu bilden.

Nach drei Theoriesemestern stand schließlich das Praxissemester an. Dieses absolvierte ich an einer Gemeindepsychiatrischen Tagesstätte in der Nähe. Endlich konnte ich hautnah mit psychisch kranken Menschen in Kontakt kommen und Erfahrungen in diesem Bereich sammeln. Wie sehr hatte ich mir das in der Mission aufgrund mancher Schwierigkeiten mit psychisch Erkrankten gewünscht. Ich schloss diese Menschen ins Herz und erlebte eine schöne und abwechslungsreiche Zeit. Parallel dazu hospitierte ich beim Sozialpsychiatrischen Dienst. Gegen Ende des Semesters durfte ich dort sogar selbst einen Klienten begleiten. Diese Aufgabe gefiel mir gut. Die Leiterin der Tagesstätte empfahl mir, auch den Klinikalltag einmal mitzuerleben, da viele unserer Klient/inn/en sich immer wieder dort aufhielten. Ich bekam die Erlaubnis, zwei Wochen lang in verschiedene Stationen der Akutpsychiatrie hineinzuschnuppern und Gespräche mit einigen Patient/inn/en zu führen. Das war eine wertvolle Erfahrung für mich.

Bei meinem nächsten Gespräch mit Sr. Angelika berichtete ich ihr von meinen Erfahrungen. Sie schätzte diese und fragte mich daraufhin, ob ich mich um einige Schwestern kümmern könne, die psychische Probleme hätten. Ich freute mich über ihr Vertrauen, betonte aber, dass ich dafür noch nicht genügend ausgebildet sei. Sie erwiderte, ich denke immer, man brauche für alles eine Ausbildung. Tatsächlich sah ich das Betreuen von Personen mit psychischen Problemen ohne entsprechende Ausbildung als verantwortungslos an. Die Oberin hatte hier eine andere Meinung, die ich nicht nachvollziehen konnte. Trotzdem schien sich mein Wunsch allmählich zu verwirklichen: für Personen, vielleicht sogar die eigenen Mitschwestern, da zu sein, denen es seelisch nicht gut ging. Die Anfrage der Oberin bestärkte mich auf meinem eingeschlagenen Weg.

Die Predigten von Padre

Im Rahmen der Digitalisierung bekamen wir viele der täglichen Predigten von Bonifatius zeitnah über einen Download-Link in alle Häuser der Gemeinschaft geschickt. Um den Überblick zu bewahren und auch die Zeit dafür zu finden, gingen wir an unserer Station dazu über, diese während des Mittags- oder Abendgebets zu hören und dazwischen einige Rosenkranzgeheimnisse zu beten. Padre betonte, er vollziehe einen Teil der Seelenführung durch seine Homilien. Wir waren also gewissermaßen verpflichtet, alle anzuhören, wenn wir seiner Führung folgen wollten.

Gewissenhaft wie ich war, hörte ich die Predigten auf dem Heimweg vom Studium in der S-Bahn an, da ich ja meist nicht beim Mittagsgebet dabei sein konnte. In diesen sprach

Padre über Neuigkeiten in der Gemeinschaft und gab vor allem geistliche Unterweisungen, oft anhand des Tagesevangeliums oder aktueller Weltgeschehnisse. Meistens forderte er uns zu intensiverem Gebet, mehr Opfer und einer größeren Nächstenliebe auf. Da wir uns beim Mittagessen öfters über die Predigten austauschten, entstand bei mir ein gewisser Druck, alle anzuhören. Denn wer dies nicht tat, dem wurde mangelnde geistige Einheit mit P. Bonifatius unterstellt.

Als ich durch die Therapie lernte, meine Gefühle wieder wahrzunehmen und auf sie zu achten, stellte ich fest, dass es mir nach dem Hören der Predigten regelmäßig schlecht ging. Sie weckten in mir falsche Schuldgefühle und erzeugten einen immensen inneren Druck. Ich begriff, dass mir dies eher schadete als nützte. Nach einiger Zeit beschloss ich, keine weiteren Predigten mehr anzuhören. Dies stellte einen riesigen Schritt für mich dar. Genau genommen brach ich mit der Spiritualität der Gemeinschaft und der Führung durch Padre. Ich vermied, dies irgendjemand mitzuteilen, denn ansonsten hätte ich jegliche Achtung verloren. Wenn ich bei den Schwestern am Gebet teilnahm, konnte ich den Homilien jedoch nicht entkommen.

Im persönlichen Gebet schlug ich immer wieder Stellen aus dem Tagebuch der heiligen Sr. Faustyna Kowalska auf, welches in der Gemeinschaft nahezu den Stellenwert der Heiligen Schrift hatte. Interessanterweise traf ich in dieser Zeit öfters auf eine Passage, bei der Jesus zu Sr. Faustyna sagte, sie werde diese Gemeinschaft verlassen. Was konnte das für mich bedeuten? Würde ich etwa austreten? Dieser Gedanke schien mir sehr verwegen. Ich wollte auf jeden Fall meiner Berufung treu sein. Und: Wäre es nicht verrückt, nach so vielen Jahren alles aufzugeben und etwas ganz Neues zu beginnen? Das konnte ich mir nicht vorstellen. Ich war ja gerade dabei, meinen Platz und meine Aufgabe in der Gemeinschaft zu finden.

Während der Jahre meines Studiums nahm ich wahr, wie die Oberen die geistlichen Anforderungen an die Mitglieder immer höher setzten. In unserer Station wurden zusätzliche Gebetszeiten eingeführt, wie etwa der abendliche gemeinsame Rosenkranz vor dem regulären Abendgebet, bei dem ja dann auch wieder Rosenkranz gebetet wurde, oder weitere Anbetungsstunden am Donnerstag. Einige Schwestern begannen, neben ihren normalen Tätigkeiten Nachtanbetung abzuhalten. Sowohl vor als auch nach der heiligen Messe wurden einige Geheimnisse des Rosenkranzes gebetet. Nur wer daran teilnahm, durfte die heilige Messe besuchen. Mir wurde das viele mündliche Gebet zu viel. Ich bat daher, mich in Stille auf den Gottesdienst vorbereiten zu dürfen, was mir gewährt wurde.

In einer seiner Predigten forderte uns P. Bonifatius auf, die „Messlatte", das Gebet, die Nächstenliebe und das Opfer betreffend, noch höher zu legen. Einmal behauptete er sogar, er kenne nur eine Schwester, die wirklich nach Heiligkeit strebe. Das beunruhigte und verwirrte mich. Bemühten sich nicht alle um ein inniges Gebetsleben und um die Hingabe an Gott? Entsprachen alle anderen dem nicht, auch ich? Die Heiligkeit wurde so hoch angesetzt, dass sie immer unerreichbarer schien.

Auch der Umgang zwischen Brüdern und Schwestern gestaltete sich zunehmend restriktiver. Während es vorher noch möglich war, dass Priester bzw. Brüder gemeinsam mit einer Gruppe von Schwestern einen Spaziergang machten oder an einem Ausflug teilnahmen, wurde ihnen dies von nun an untersagt. Dies bedeutete für Priester, die allein in einem Schwesternhaus wirkten, dass sie an keinen gemeinsamen Unternehmungen mehr teilnehmen konnten. Außerdem sollten wir Schwestern uns gar nicht mehr mit Brüdern unterhalten, außer wenn es von unserer Aufgabe her nötig war. Mir schien das alles sehr streng, es beengte mich.

Als Sr. Angelika uns einmal an unserer Station besuchte, erzählte sie beim Morgengebet von zwei Schwestern im Mutterhaus, die sich an einen Extra-Tisch gesetzt hatten, während alle anderen Schwestern an einem anderen Tisch saßen. Dabei ermahnte sie uns, uns immer der Gemeinschaft unterzuordnen und nicht aus der Reihe zu fallen. Ich war schockiert. Wo blieb da Raum für die eigene Individualität und die persönliche Freiheit, wenn schon das Sitzen an einem anderen Tisch als verwerflich galt?

Darüber hinaus wurde die Wahl von Papst Franziskus in der Gemeinschaft sehr kritisch gesehen. P. Bonifatius bezeichnete ihn sogar einmal als „Wolf im Schafspelz“. Diesen Entwicklungen stand ich sehr skeptisch gegenüber, mit vielem konnte ich mich nicht mehr identifizieren.

Ich fühlte mich in dieser Spiritualität immer weniger zuhause und war froh, meine eigene Wohnung zu haben, in der ich mir einen persönlichen Freiraum schaffen konnte. Auch fiel mir auf, dass immer mehr Mitglieder der Gemeinschaft an einer Depression erkrankten, psychosomatische Beschwerden entwickelten oder körperlich krank wurden. Ich sah Schwestern, die völlig überlastet waren und schließlich zusammenbrachen. Einmal hörte ich sogar von dem Suizidversuch einer Schwester, der aber totgeschwiegen wurde. Immer wieder beobachtete ich, wie Schwestern heimlich weinten. Eine Bekannte erzählte mir sogar von einer Person, die nach einem Gebetstag mit P. Bonifatius psychiatrische Hilfe in Anspruch nehmen musste. Hinter der glänzenden Fassade verbarg sich viel persönliches Leid. Dieser unschöne Teil der Gemeinschaft wurde nach außen hin nicht sichtbar.

Wie geht es weiter?

Meine Bachelorarbeit schrieb ich zwischen dem sechsten und siebten Semester. Als Thema wählte ich: „Spiritual Care in der Psychiatrie – eine Aufgabe für Seelsorge und Soziale Arbeit?". Hier konnte ich sowohl psychologische als auch spirituelle Aspekte mit einfließen lassen. Nach Abschluss des Sommers hatte ich nur noch ein Semester vor mir. Die Frage, was ich nach dem Studium machen werde, beschäftigte mich mehr und mehr. Mein ursprünglicher Plan war, den zweiten, vertiefenden Teil der Logotherapieausbildung zu absolvieren, um dann als Logotherapeutin zu arbeiten. Frau Weis empfahl mir, stattdessen die Ausbildung in Systemischer Therapie zu machen, da diese in ihren Anwendungsgebieten wesentlich umfangreicher sei. Mit diesem Abschluss könne ich später auch einmal angestellt werden. Ich informierte mich und sah, dass sie recht hatte. Also noch einmal eine Ausbildung machen! Das Schlimmste für mich war der Gedanke, P. Bonifatius wieder um Erlaubnis bitten zu müssen. Was wäre, wenn er nein sagte? Doch auch dieses Mal genehmigte er mir meinen Wunsch. Noch dazu erklärte sich ein Wohltäter aus der Schweiz dazu bereit, die Kosten zu übernehmen. Für mich war das alles kaum zu glauben! Ich sah es als Zeichen dafür, dass Gott mir die Türen für das therapeutische Wirken öffnete.

Mein Studium schloss ich mit „sehr gut" ab, gleichzeitig begann ich mit der systemischen Therapieausbildung. Diese fand im Blockunterricht statt, der in einem urigen Tagungshaus in Niederbayern durchgeführt wurde. Ich war gespannt, wie die Gruppe darauf reagieren würde, dass ich als Schwester teilnahm. Entgegen meiner Befürchtungen zeigten mir sowohl die Teilnehmer/innen als auch die Dozent/inn/en großes Wohlwollen. Ich fühlte mich von Anfang an gut aufgenommen. Durch die intensiven Selbsterfahrungseinheiten lernten wir uns gut kennen, und es entstand ein starkes Gruppengefühl. In dieser Zeit erlebte ich meine Ausbildungsgruppe als enorme Ressource und freute mich jedes Mal auf die Seminare.

Ganz anders in der kleinen Hausgemeinschaft. Dass ich studiert hatte, konnten meine Mitschwestern noch einigermaßen akzeptieren. Aber nach dem abgeschlossenen Studium nochmals eine neue Ausbildung zu beginnen, das ging einfach zu weit! Und dazu noch eine Therapieausbildung, die mit Paaren zu tun hatte! In ihren Augen war ich nun komplett auf einen Irrweg geraten.

Ich hoffte, nach dem Studium als Sozialpädagogin arbeiten zu dürfen, beispielsweise an der Tagesstätte, wo ich mein Praxissemester absolviert hatte. Sehr gerne hätte ich etwas Berufserfahrung gesammelt. Doch Sr. Angelika erlaubte mir das nicht. Erst jetzt erfuhr ich, dass es Schwestern der Gemeinschaft nicht gestattet war, in einem Anstellungsverhältnis zu sein, da sie von der göttlichen Vorsehung lebten. Weil in der Slowakei einige Schwestern als Lehrerinnen und Erzieherinnen wirkten, ging ich davon aus, dass dies möglich sei. Allerdings nahmen diese anscheinend keinen Lohn entgegen, was ich erst später erfuhr. Ich war enttäuscht.

Wie sollte es nun weitergehen? Bis ich als Therapeutin arbeiten könnte, dauerte es ja noch eine Weile. Jetzt wieder so weitermachen wie vor dem Studium und auf Anweisung einfache Helfertätigkeiten auszuführen, konnte ich mir nicht vorstellen. Nicht dass ich mir zu gut dafür gewesen wäre, aber ich hatte Angst, wieder in die Depression zurückzufallen, die ich gerade überwunden hatte. Die gute Entwicklung, die ich in den letzten Jahren genommen hatte, musste weitergehen. Das war nur mit einer Tätigkeit möglich, die mich innerlich erfüllte. Meine Mitschwestern erwarteten hingegen, dass ich mich wieder der Gemeinschaft zur Verfügung stellte. Dies wollte ich ja, aber nicht mehr in Aufgaben, die mich krankmachten. In diesen konnte ich mich beim besten Willen nicht wiederfinden. Ich verstand, dass für mich eine schwere Zeit beginnen würde. Die Ablehnung und der Erwartungsdruck der Schwestern waren für mich deutlich zu spüren.

Wie konnte ich also die Zeit zwischen den Ausbildungsblöcken gut verbringen, wenn ich nicht als Sozialpädagogin arbeiten durfte? Mir schien es vorteilhaft, als Schwester eine theologische Grundlage für meine therapeutische Arbeit zu haben. Daher hatte ich schon länger den Wunsch, mir ein Grundwissen in Theologie anzueignen. Vielleicht könnte ich ja jetzt die Zeit dafür nutzen? Ich informierte mich über verschiedene Möglichkeiten diesbezüglich und stieß auf den Würzburger Theologie-Fernkurs, den ich für geeignet hielt. Das hieß, noch einmal um Erlaubnis zu fragen. Wieder gewährte P. Bonifatius sie mir! Ich war sehr glücklich.

Jeden Vormittag verbrachte ich von nun an mit der Lektüre der verschiedenen Einheiten und stellte fest: Dieser Kurs war das Beste, was mir passieren konnte! Hier lernte ich eine Theologie kennen, die von Weite geprägt war. Ich fand Antworten auf viele offene Fragen. Besonders erhellend gestaltete sich das Modul über Spiritualität. Anhand der Merkmale zur Unterscheidung der Geister nach dem heiligen Ignatius von Loyola wurde mir endlich klar, wie sich der Wille Gottes erkennen lässt. Ich verstand, dass dieser etwas mit einem selbst zu tun hat und einem nicht einfach von jemand anderem übergestülpt werden kann, ungeachtet der eigenen Wahrnehmung. Auch stellte ich fest, dass die Führung durch P. Bonifatius diesen Kriterien widersprach, zumindest bei mir. Das machte mich sehr nachdenklich.

Bald sollte noch etwas Neues und Schönes in mein Leben kommen: Sonntags besuchten wir Schwestern immer den Gottesdienst in unserem Dorf. Da wir schon über ein halbes Jahr keinen Organisten hatten, sang die Gemeinde Sonntag für Sonntag ohne Begleitung. Mein Kindheitswunsch, Orgel spielen zu lernen, flammte wieder auf. Vielleicht könnte ich ja wenigstens so viel lernen, um die Sonntagsmesse in dem kleinen Dörfchen zu begleiten? Ich erkundigte mich nach Möglichkeiten und fand heraus, dass in unserer Diözese ein Förderprogramm für angehende Organisten angeboten wurde. Dazu musste man dem Diözesanverantwortlichen ein paar Lieder auf dem Klavier vorspielen, und wenn man geeignet war, bekam man einen Orgellehrer in der Nähe zugeteilt. Für den Unterricht musste man nur einen kleinen Eigenbetrag übernehmen. Ich fragte P. Bonifatius um Erlaubnis dafür und bekam wieder eine Zusage! Mein Glück war übergroß. Wie gut doch Gott war!

Ich machte mich also nach über zwanzig Jahren Pause wieder ans Klavierspielen. Das tat mir richtig gut! Schließlich wurde ich ins Förderprogramm aufgenommen und fuhr von nun an einmal wöchentlich zum Orgelunterricht in die nächste Stadt. Das Spielen mit Händen und Füßen forderte mich heraus, aber allmählich fiel es mir leichter und machte zunehmend Spaß. Jetzt verbrachte ich meine Zeit also mit dem Theologie-Studium, der Therapie-Ausbildung und dem Orgel-Lernen. Ich freute mich riesig, so viel neue Kenntnisse erwerben zu dürfen! Dadurch, dass ich ursprünglich keine Ausbildung machen durfte, war bei mir ein riesiges inneres Vakuum entstanden, das geradezu danach lechzte, gefüllt zu werden. Endlich konnten sich meine Fähigkeiten entfalten. Ich war sehr dankbar für diese kostbare Zeit. Ich ließ sie mir nicht nehmen. Zu lange hatte ich darauf verzichten müssen, mich entfalten zu dürfen.

13
Unter neuer Führung

Verwirrende Gespräche mit Padre

Eines Mittags, als ich mich im Schwesternhaus befand, bat mich Sr. Cornelia, P. Bonifatius anzurufen. Ich wunderte mich etwas darüber, da er sich gerade im Haus gegenüber dem Schwesternhaus aufhielt, das wir mittlerweile angemietet hatten. Er war also nur ein paar Meter von mir entfernt. Nachdem er anscheinend nicht wollte, dass ich persönlich zu ihm kam, rief ich ihn gleich an. Ich wusste nicht, worum es ging. Er begann um den heißen Brei herumzureden und wollte mich von meinem Vorhaben abbringen, Therapeutin zu werden. Dabei demütigte er mich und versuchte mir einzureden, dass mich diese Aufgabe überfordere.

Ich erwiderte, dass ich mir diese Tätigkeit gut vorstellen könne und sie mir zutraue. Er wurde immer vehementer und verletzender, während ich ihm widersprach und mich verteidigte. Es ging um alles: meine persönliche Zukunft, meine Vision, meine Berufung, die ich von Gott her für mich verstanden hatte. Schließlich beendete er das Gespräch. Ich blieb weinend im Zimmer zurück. Mir schossen viele Gedanken durch den Kopf: Warum machte er plötzlich so eine Kehrtwende, nachdem er mir alle Ausbildungen und das Studium ermöglicht hatte? Was hatte dieses seltsame Telefonat zu bedeuten? Ich beschloss, diesem sonderbaren Gespräch nicht allzu große Bedeutung zuzumessen und erst einmal in Ruhe meine Therapieausbildung zu beenden. Doch blieb ein ungutes Gefühl in mir zurück. Wie wird nun meine Zukunft aussehen? Da er nicht wieder auf das Thema zu sprechen kam, fragte ich nicht nach. Ich hatte ja meine Meinung klar gesagt.

Daraufhin gestalteten sich die Seelenführungsgespräche mit Padre zunehmend schwieriger. Die immer gleichen Ermahnungen zu mehr Gebet und Selbstaufopferung halfen mir in meiner Situation nicht. Ich merkte, dass er Probleme mit meiner Entwicklung hatte. Er verlor die Macht über meine Seele. Nach den Gesprächen war ich oft verwirrt und fühlte mich schuldig: Hieß es nicht, dass Gott durch den Seelenführer spricht? Noch dazu hielten ihn alle für einen großen Heiligen. Befand ich mich vielleicht doch auf dem falschen Weg? Etliche Male fand ich erst einige Tage später wieder inneren Frieden. Die Gespräche quälten mich mehr, als dass sie mir nützten.

In dieser schwierigen Zeit kam P. Kosmas an unsere Station, ein deutscher Priester, der vor allem in Deutschland und der Schweiz zahlreiche Einkehrtage abhielt. Wie schön, dass wir nun oft in unserer Hauskapelle die heilige Messe mit ihm feiern konnten und endlich einen festen Priester bei uns hatten! In seinen Predigten nahm ich eine größere spirituelle Weite wahr, als es bei den anderen Priestern der Gemeinschaft der Fall war. Auch traute er sich, seine Meinung zu äußern, selbst wenn sie der allgemein gültigen widersprach. Ich ging öfters bei ihm beichten. Als es wieder einmal zu einer schwierigen Situation mit Padre gekommen war, nahm ich allen Mut zusammen und machte einige Andeutungen bezüglich meiner inneren Not wegen der Führung durch P. Bonifatius. Wider Erwarten verurteilte mich P. Kosmas nicht, sondern nahm meine Schwierigkeiten ernst. Das ermutigte mich, ihn um ein Gespräch in dieser Angelegenheit zu bitten.

Führung durch P. Kosmas

Er willigte ein. Vor diesem Gespräch war ich sehr aufgeregt. Wie würde P. Kosmas wohl reagieren, wenn ich ihm alles sagte? Würde er mich auch als Abtrünnige sehen, die den falschen Weg eingeschlagen hat? Doch die Unterredung verlief positiv. P. Kosmas hatte ein offenes Ohr für mich, und mir schien, dass er mich verstand. Dabei sagte er kein negatives

Wort über Padre, was mir half. P. Kosmas schien also loyal zur Gemeinschaft zu stehen, aber doch eine kritische Haltung gegenüber ihrem Leiter zu respektieren. Dies hatte ich vorher noch bei niemandem erlebt. Bei diesem Gespräch entstand der Wunsch, mich in Zukunft von ihm leiten zu lassen. Nach einigen Wochen des Abwägens im Gebet fragte ich ihn, ob er sich vorstellen könne, die Seelenführung für mich zu übernehmen. Er erbat sich eine Bedenkzeit und sagte schließlich zu. Nun musste ich Padre fragen, ob er mit diesem Wechsel einverstanden sei. Meine Bitte begründete ich mit der besseren Erreichbarkeit von P. Kosmas. Padre gab mir ohne zu zögern sein Einverständnis.

Nun blies neuer Wind in meine Segel. P. Kosmas sagte gleich bei der ersten Unterredung, er sehe sich als geistlicher Begleiter und nicht als „Seelenführer“. Seine Begleitung gestaltete sich viel vielseitiger, als ich das von Padre kennengelernt hatte. Ich fühlte mich bei ihm als ganzer Mensch gesehen und verstanden. Er unterstützte mich auf meinem spirituellen Weg, ohne mir etwas überstülpen zu wollen. Von da an fand ich wieder inneren Frieden.

Ich sagte den Mitschwestern Bescheid, damit sie wussten, warum ich ab und zu Gespräche mit P. Kosmas führte. Sie erwiderten nichts. Was sie dachten, konnte ich mir aber gut vorstellen. Sich nicht mehr von Padre führen zu lassen, stellte in ihren Augen gewissermaßen den Tod für die geistige Entwicklung dar. Ich wurde ihnen immer suspekter. Von jetzt an spürte ich ihre Ablehnung gegenüber mir noch deutlicher.

Mobbing

Beim nächsten Mal, als P. Bonifatius zu uns kam, trug ich mich nicht in die Gesprächsliste bei ihm ein. Da ich kein spezielles Anliegen hatte, das ihn als Leiter der Gemeinschaft betroffen hätte, sah ich keine Notwendigkeit dafür. Sr. Lea bemerkte dies und drängte mich, mit ihm zu sprechen. Ich blieb aber bei meiner Entscheidung, nicht zu ihm zu gehen. Das war den Schwestern ein Dorn im Auge.

Einige von ihnen gingen dazu über, nicht mehr mit mir zu reden. Sie ignorierten mich. Sr. Lea sagte mir einmal, sie könne mich nicht mehr lieben. Das traf mich bis ins Mark. Sie sprach das aus, was ich bereits gefühlt hatte: Ich war in den Augen der Schwestern nicht mehr liebenswert, da ich mich aus dem System herausbewegte. Mir begegnete völliges Desinteresse an dem, was ich tat. Wenn ich von einem Seminar zurückkam, fragte mich niemand, wie es war. Manchmal versuchte ich, von mir aus etwas zu erzählen, traf dann aber meist auf Schweigen. Ich nahm einen beständigen unausgesprochenen, manchmal auch ausgesprochenen Vorwurf gegen mich wahr. Beim Geschirrspülen, wenn ein persönliches Gespräch möglich gewesen wäre, wurde beharrlich Rosenkranz gebetet.

An guten Tagen konnte ich dies einigermaßen an mir abprallen lassen, und ich bestärkte mich innerlich in der Überzeugung, auf dem richtigen Weg zu sein. Doch immer wieder kamen Selbstzweifel auf und versuchten mich in das dunkle Loch der Schuld zu ziehen. Meist gelang es mir, mich daraus wieder zu befreien. Das war ein mühsamer Weg, der jedoch gute Früchte hervorbrachte: Ich wurde innerlich stärker. Dennoch machte mir die Ablehnung der Schwestern sehr zu schaffen, und ich weinte fast täglich.

Gott sei Dank stellte sich Sr. Tabea, die Hausverantwortliche, hinter die Entscheidungen der Oberen und respektierte meinen Weg. Ansonsten hätte ich die Situation wahrscheinlich nicht ausgehalten.

Beim Mittagsgebet hörten wir mittlerweile mehrmals pro Woche Predigten von P. Bonifatius an. Mit der Zeit begann mein Körper sich so vehement dagegen zu wehren, dass er mit hochgradigem Tinnitus darauf reagierte. Dieser wurde so stark, dass ich mich nicht mehr auf seine Worte konzentrieren konnte und schließlich die Kapelle verlassen musste, so sehr ich mich auch bemühte auszuharren. Ich betete dann in Stille in einem benachbarten Zimmer. Sr. Lea sprach mich darauf an und meinte, ich sei vom Widersacher beeinflusst, der mich vom Hören der Predigten abhalten wolle. Ich konnte ihre Argumentation nachvollziehen, denn früher hätte ich vielleicht ähnlich gedacht. Jetzt aber merkte ich, dass mich die Homilien eher von Gott entfernten als zu ihm führten.

Ich bat Sr. Tabea darum, dass wir während der Gebetszeiten keine Predigten mehr anhören, was sie aber nicht befürwortete. Schließlich sah ich keine andere Lösung für mich, als nicht mehr zum Gebet zu kommen. Darum fragte ich Sr. Angelika, ob ich das Mittagsgebet in meiner Wohnung abhalten dürfe. Sie erlaubte es mir. Einerseits bedauerte ich, nicht mehr mit den Schwestern zu beten, andererseits spürte ich eine große Erleichterung, von diesem täglichen inneren Kampf erlöst zu sein. Jetzt konnte ich Gott wieder im Gebet begegnen, was mir Kraft für den Alltag gab.

Gar nicht mehr am Gemeinschaftsgebet teilzunehmen, bedeutete allerdings einen weiteren Bruch mit der Gemeinschaft. Von nun an waren die heilige Messe, das Frühstück und das Mittagessen die einzigen Berührungspunkte mit den Schwestern. Ich verstand gut, dass diese das negativ deuteten, sah aber keine andere Option für mich.

Mich beschäftigte zunehmend die Frage, was Liebe bedeutet, die in der Gemeinschaft so großgeschrieben wurde. Bin ich nur liebenswert, wenn ich zum System gehöre? Ist es echte Liebe, wenn man mich ablehnt, nur weil ich mich anders entwickle? Ich hatte mittlerweile eine ganz andere Auffassung. Liebe besagte für mich: Anteil nehmen, Interesse bekunden, den anderen respektieren, für ihn da sein, ihn nicht ändern wollen.

Diese Qualitäten erlebte ich bei den Seminaren meiner Therapie-Ausbildung. Die Treffen wurden für mich zunehmend zur Oase inmitten einer Wüstenwanderung. Ich empfand die Gruppe fast wie eine Familie. Gleichzeitig wurden mir die Strukturen in der Gemeinschaft immer suspekter.

Der Gedanke, eventuell die Kommunität zu wechseln oder ein gottgeweihtes Leben in der Welt zu führen, beschäftigte mich mehr und mehr.

Ein geschlossenes System

Während der Therapieausbildung wurde mir klar, dass es sich bei der Gemeinschaft der Liebe um ein geschlossenes System handelte. Gegenüber der Gesellschaft grenzte sie sich stark ab. Vieles, was innerhalb der Gemeinschaft gesagt wurde, sollte nicht nach außen getragen werden. Die Welt draußen wurde negativ bewertet, und es galt, sich vor ihr zu schützen. Im inneren Bereich überschritten die Verantwortlichen jedoch massiv die Grenzen der ihnen Anvertrauten. Sie respektierten weder die persönliche Spiritualität, den individuellen Zugang zu Gott, noch die daraus resultierende Eigenverantwortlichkeit in wichtigen Entscheidungen des Lebens. Dafür stülpten sie uns eine gewisse Einheitsspiritualität über, egal ob sie zu der Person passte oder nicht.

Ich lernte, dass dies Merkmale für krankmachende Systeme sind. Mit jedem Tag verstand ich mehr, warum es mir darin nicht gut ging. Diese Einsicht gab mir zunehmend die innere Freiheit, mich von den sehr engen Vorgaben der Kommunität zu distanzieren. Insgesamt bestärkte mich die Ausbildung in Systemischer Therapie sehr auf meinem Weg in die spirituelle Selbstverantwortung.

Mittlerweile durfte ich unter engmaschiger Supervision bereits erste eigene Klient/inn/en begleiten. Aus dem Umfeld der Gemeinschaft fanden sich schnell einige Interessenten, und ich richtete in meiner Wohnung einen kleinen Platz für die Durchführung der Therapiegespräche ein. Die Arbeit machte mir viel Freude und gab mir Sinn. Auch die Klient/inn/en zeigten sich dankbar. Endlich schien sich das zu verwirklichen, wofür ich viele Jahre studiert hatte. Ich hatte den Eindruck, kurz vor dem Ziel zu sein.

P. Kosmas verlässt die Gemeinschaft

Nach ungefähr einem Jahr meiner geistlichen Begleitung durch P. Kosmas, eröffnete er mir, dass er die Gemeinschaft verlassen werde. Das schockierte mich zunächst. Er, der in meinen Augen immer loyal zur Kommunität stand, wollte nun weggehen? In der Darlegung seiner Gründe konnte ich einige Parallelen zu meiner Wahrnehmung finden. Auch er identifizierte sich nicht mehr mit der immer enger werdenden Spiritualität. Gemäß dem Aufruf von Papst Franziskus, an die Ränder der Kirche zu gehen, spürte er in sich die Berufung, als Diözesanpriester in Nordnorwegen zu wirken. Schon mehrere Monate später machte er sich auf den Weg dorthin.

Da P. Kosmas die einzige Person innerhalb der Gemeinschaft war, mit der ich über meine Erfahrungen sprechen konnte, bedeutete sein Weggehen einen schweren Verlust für mich. Ich fühlte mich in der Kommunität noch einsamer. Er sagte zu, auch von Norwegen aus meine geistliche Begleitung weiterzuführen, was mich auf meinem Weg sehr stärkte.

Da er in seiner neuen Pfarrei keinen Organisten hatte, durfte ich ihn am nächsten Weihnachts- und Osterfest gemeinsam mit einer Mitschwester besuchen, um die Gemeinde musikalisch zu begleiten und ihn bei den Vorbereitungen zu unterstützen. Dabei lernte ich die Arbeit in der Diaspora kennen, die unter schwierigsten personellen und klimatischen Bedingungen stattfand. Das waren wertvolle Erfahrungen für mich, und die Abwechslung tat mir gut.

14
Der Austritt

Das Gespräch mit Sr. Angelika

Im Januar 2016 besuchte Sr. Angelika unsere Station, um mit uns Gespräche zu führen. Da sich meine Therapieausbildung langsam dem Ende zuneigte, beschloss ich, mir ihr über den Rahmen meiner zukünftigen therapeutischen Tätigkeit in der Gemeinschaft zu sprechen. Als ich das Gesprächszimmer betrat, ahnte ich, dass diese Unterredung schwierig werden könnte. Die Worte von Padre während des seltsamen Telefonats waren mir noch gut in Erinnerung. Schließlich nahm ich allen Mut zusammen und sprach das Thema an.

Madre hielt zunächst einen Moment inne und sagte dann, sie habe schon lange befürchtet, dass ich irgendwann diese Frage stellen werde. Sie habe mit P. Bonifatius gesprochen, und er sehe therapeutisches Arbeiten nicht als Aufgabe der Gemeinschaft an. Jede Gemeinschaft habe ihr eigenes Charisma mit dazugehörenden spezifischen Aufgaben, wie zum Beispiel die Mutter-Teresa-Schwestern in ihrem Apostolat für die Armen. Wenn ich also therapeutisch arbeiten möchte, müsse ich das anderweitig tun.

Dies so definitiv zu hören, war ein Schock für mich. Ich fühlte mich wie erstarrt und sagte ihr, dass ich darüber nachdenken werde. Zuhause heulte ich erst einmal Rotz und Wasser. Was sollte das denn nun? Ich durfte jahrelang alle Ausbildungen machen, um mich auf diese Tätigkeit vorzubereiten. Immer hatte ich kommuniziert, dass ich mich als Schwester der Gemeinschaft in diesen Dienst stellen möchte, und nie hatten meine Oberen auch nur ein kleines Wort dagegen gesagt. Sie ließen mich einen Weg gehen, der nun ins Nichts führen sollte. Warum? Was sollte ich denn jetzt tun? Alles, wofür ich die letzten Jahre gearbeitet hatte, einfach aufgeben, meine Ziele, meine Hoffnung, meine ersehnte neue Aufgabe? Um dann wieder Helferdienste auszuführen? Bei diesem Gedanken wurde alles dunkel in mir. Ohne passende Aufgabe sah ich keine Zukunft für mich in dieser Gemeinschaft. Ich hatte Angst, wieder in die Hoffnungs- und Perspektivlosigkeit zurückzufallen. Das konnte Gott nicht wollen!

Andererseits fühlte ich mich trotz mancher verschiedener Ansichten in der Gemeinschaft verwurzelt und empfand ein tiefes Gefühl der Zugehörigkeit. Sie war mir über so viele Jahre hinweg viel näher als meine eigene Familie gewesen. Auch finanziell stellte sie meine Lebensgrundlage dar, denn ich hatte meine persönlichen Konten aufgelöst und mein gesamtes Geld der Gemeinschaft gegeben. Außerdem wurden die ganzen 23 Jahre keinerlei Einzahlungen in die Rentenkasse gemacht. Wovon sollte ich also leben? Wie meinen Ruhestand finanzieren? Ich hatte weder Kleidung noch Geld, keine Berufserfahrung und fast keine sozialen Kontakte, denn diese galten als unerwünscht. Es wäre verrückt, nun mit 43 Jahren alle Sicherheiten aufzugeben und ins Nichts zu gehen.

Dann dachte ich an meine Klientinnen, die ich mittlerweile begleitete und die gerne zu mir kamen. Sollte ich sie wegschicken, meine im Gebet erkannte „Berufung in der Berufung“ aufgeben? Nein, das konnte Gott nicht wollen! Ich musste weitergehen, weitermachen mit dem, was ich in meinem Herzen als richtig verstand, koste es, was es wolle.

Als ich P. Kosmas über das Gespräch mit Sr. Angelika informierte, zeigte auch er sich erschüttert. Er intervenierte bei den Oberen und bat, mir das therapeutische Arbeiten in der Gemeinschaft zu ermöglichen. Die Antwort von Sr. Angelika war äußerst ernüchternd. In ihrer Mail brachte sie zahlreiche Anschuldigungen gegen mich vor. Manche konnte ich aus ihrer Sicht nachvollziehen, andere stimmten nicht oder waren völlig verdreht dargestellt. Sie blieb bei ihrem Nein. Ich war erschrocken, wie schnell sich das Blatt gegen mich gewendet hatte. Nein, hier konnte nicht mehr mein Platz sein.

Nach einigen Tagen gab ich ihr Bescheid, dass ich die Gemeinschaft verlassen werde. Allerdings bat ich, noch so lange bleiben zu dürfen, bis ich meine Ausbildungen abgeschlossen habe, um dann eine Arbeit annehmen zu können. Sie akzeptierte meine Entscheidung und gewährte mir meinen Wunsch auf Aufschub.

Nicht nur meine Verbindung zur Gemeinschaft, sondern auch mein Herz war gebrochen. Als ich mich 20-jährig für meinen Berufungsweg innerhalb der Kommunität entschieden hatte, bedeutete dies für mich eine Entscheidung für immer. Bis zu meinem Zusammenbruch hatte ich nie auch nur eine Minute an ihrer Richtigkeit gezweifelt. Ich hatte versucht, diesen Weg zu gehen, suchte Mittel und Wege, um ihm treu bleiben zu können. Endlich hatte ich eine passende Aufgabe für mich gefunden, mit der ich der Gemeinschaft dienen könnte. Und nun hieß es nach so vielen Jahren der Erlaubnisse, ich dürfe diese nicht ausüben. Ich fühlte mich betrogen.

Die Entscheidung, schon bald zu gehen

Zunächst informierte ich nur Sr. Tabea über meinen Entschluss und bat sie, den anderen noch nichts zu sagen. Doch von nun an wurde es für mich noch schwieriger, jeden Tag zu den Schwestern zu fahren. Der Gedanke, dass ich weggehen und bald nicht mehr ein Teil von ihnen sein würde, zerriss mir fast das Herz. Außerdem fühlte ich mich wie eine Verräterin. Nach außen hin etwas vorspielen, das ich innerlich nicht mehr war, konnte ich nicht. Schließlich beschloss ich, doch möglichst bald auszutreten und einen Schlussstrich zu ziehen.

Sr. Angelika erlaubte mir, so lange in meiner Wohnung zu bleiben, bis ich mit meinen Ausbildungen fertig sei. Die Gemeinschaft erklärte sich bereit, weiterhin die Mietkosten zu übernehmen und mich finanziell zu unterstützen, bis ich auf eigenen Beinen stünde. Dieses Entgegenkommen fand ich unglaublich großzügig, und ich war sehr dankbar für diese Hilfe, ohne die ich es nicht geschafft hätte. Die letzten Wochen vor meinem Austritt ging ich nicht mehr zu den Schwestern, es war sowohl für mich als auch für sie besser so.

Ein neuer Anfang

Meinen Austritt setzte ich auf einen Montag nach dem Weißen Sonntag, den 4. April 2016 fest. An diesem Tag wurde das Fest der Verkündigung des Herrn nachgefeiert. Mit Maria wollte ich mein Ja-Wort sprechen zum Auftrag, den mir Gott in seiner Welt geben wird. Etwas Neues konnte beginnen. Einerseits freute ich mich darauf, andererseits hatte ich auch Angst davor. Wie wird alles werden? Ich hatte so viele offene Fragen. Eine davon war, wie ich mich kleiden sollte, nachdem ich 23 Jahre lang Schwesternkleidung getragen und Kleidergeschäfte nur von außen gesehen hatte. Eine bekannte Familienmutter half mir beim Aussuchen meines neuen Outfits.

Schließlich kam der große Tag. Ich war so aufgeregt! Wie würden die Leute reagieren, wenn sie mich in Zivil sehen? Ich entschied mich für die früheste heilige Messe um 6.15 Uhr im nahegelegenen Benediktinerkloster, denn da war es draußen noch dunkel. In der Kirche wählte ich eine der hintersten Kirchenbänke, damit mich so wenig Leute wie möglich sehen. Der Plan ging auf.

P. Kosmas gab mir in einem Skype-Telefonat gute Gedanken auf meinen Weg mit, und wir legten im gemeinsamen Gebet diesen neuen Lebensabschnitt ganz in die Hände Gottes. Das war sehr hilfreich! Der Tag hatte etwas Schmerzhaftes, aber auch etwas Tröstliches und Spannendes. Entgegen meinen Befürchtungen bekam ich von den Leuten fast ausschließlich positive Reaktionen. Sie konnten meinen Schritt nachvollziehen.

Meine Therapieausbildungsgruppe organisierte eine Feier zum Eintritt in „die Welt“. Einige Mitglieder hatten Geld gesammelt und Kleidungsstücke für mich bestellt, aus denen ich mir mehrere Teile aussuchen durfte. Was für eine wunderbare Überraschung! Wie gut tat so viel Wohlwollen nach dieser schwierigen Zeit der Ausgrenzung. Ich fühlte mich in meinem neuen Leben willkommen. Nein, die Welt war gar nicht so schlecht, wie man uns immer gesagt hatte!

Meine Eltern standen ganz hinter meinem Schritt und unterstützten mich, so gut sie konnten. Als ich zum ersten Mal in ziviler Kleidung an einem Verwandtschaftstreffen teilnahm, erstaunten mich die positiven Rückmeldungen, die ich hier bekam. Alle begrüßten meine Entscheidung, einige meinten, sie seien froh, dass ich nicht mehr in der Gemeinschaft sei. Erst jetzt wurde mir klar, wie kritisch sie der Kommunität gegenüberstanden. Ich war dankbar für so viel Rückhalt.

15
Ein neues Leben

Die ersten Monate in der „Welt"

In den ersten Wochen nach meinem Austritt erfüllte mich ein immenses Hochgefühl. Der Druck und alles Schwere fiel von mir ab, ich genoss meine neu gewonnene Freiheit. Endlich durfte ich selbst Entscheidungen treffen, ohne wegen jeder Kleinigkeit die Oberen fragen zu müssen. Wie gut das tat!

Einige Bekannte aus dem Umfeld der Gemeinschaft standen mir sowohl praktisch als auch menschlich bei. Besonders meine Familie war mir in dieser Zeit eine riesige Hilfe. Auch meine Klient/inn/en blieben mir alle erhalten. So viel Wohlwollen und Verständnis ermutigte mich.

Viele sprachen mich auf meine zivile Kleidung an. Es kostete mich einige Überwindung, jedes Mal Rede und Antwort zu stehen, und ich war froh, als sich die Leute allmählich an mein neues Erscheinungsbild gewöhnt hatten. Innerlich zweifelte ich keinen Moment an meinem Entschluss.

Eine riesige Umstellung

Während ich die Therapieausbildung abschloss, suchte ich nach einer Sozialpädagogenstelle. Bei den Angeboten, die mich besonders ansprachen, wurde Berufserfahrung vorausgesetzt, über die ich nicht verfügte. Als Berufsanfängerin musste ich mich zunächst mit weniger attraktiven Stellen begnügen. Dies nahm ich in Kauf, denn jetzt ging es zuerst einmal darum, finanziell auf eigenen Beinen zu stehen. Ich bewarb mich erstmals auf eine Arbeitsstelle und führte Vorstellungsgespräche. Wie neu das alles für mich war. Bald ließ sich eine Anstellung finden. Im Berufsleben Fuß zu fassen stellte eine riesige Herausforderung für mich dar. So viele Jahre hatte ich in einer Parallelwelt gelebt, in der es galt, immer Ja zu sagen, Mitleid zu haben und stets zum Opfer bereit zu sein. In der Arbeitswelt erwies sich dies als nicht hilfreich. Ich musste lernen, Grenzen zu setzen, mich innerlich zu distanzieren und Bitten abzuweisen, also all das, was so viele Jahre als unerwünschtes Verhalten gegolten hatte. Das fiel mir zu Beginn sehr schwer und war von manchen Misserfolgen durchzogen.

Auch die Bürokratie war mir neu. Mein Auto ummelden, Formulare ausfüllen, ein Konto anlegen, die Steuererklärung machen, alles machte ich zum ersten Mal. Die Welt war mir fremd, ich kannte mich nicht in ihr aus. Manchmal überkam mich das Gefühl, wie ein kleiner Vogel aus dem Nest gefallen zu sein.

Zudem beschäftigten mich existenzielle Fragen: Wer bin ich eigentlich? Was ist mir wichtig, was denke ich zu verschiedenen Themen, wie verhalte ich mich? Welche Frisur trage ich, welcher Kleidungsstil passt zu mir, welche Hobbies möchte ich pflegen? In der Gemeinschaft gab es dazu feste Richtlinien. Nun musste ich meine eigene Identität finden. Innerhalb kurzer Zeit durchlief ich einen Selbstfindungsprozess, der sich normalerweise über viele Jahre hinweg vollzieht.

Ich fühlte mich oft einsam. Auch wenn die letzten Jahre in der Kommunität für mich nicht einfach waren, hatte ich mich doch als ein Teil von ihr erlebt. Nun gehörte ich nirgendwo dazu. Als Schwester war mir eine große Berufung in einer von Gott auserwählten Gruppierung zugesagt worden. Jetzt war ich eine 43-jährige Berufsanfängerin, in den Augen der Welt völlig unbedeutend. Daran musste ich mich erst gewöhnen und meinen Selbstwert neu definieren.

Nach meinen Orgel- und Theologieprüfungen beschloss ich, in eine andere Gegend zu ziehen. Ich wollte auch äußerlich mein altes Leben hinter mir lassen und nicht ständig den Schwestern begegnen oder als ausgetretene Schwester gesehen werden. Ich fand eine günstige Wohnung in einem kleinen Dorf, ungefähr eine Stunde von den Schwestern entfernt. Obwohl ich mich in der neuen Gemeinde im Kirchenchor, im Pfarrgemeinderat und als Aushilfsorganistin engagierte, gestaltete es sich schwierig, wirklich tragende Kontakte aufzubauen. Mein Leben war so anders verlaufen als das der meisten Frauen in meinem Alter, die sich vorwiegend über Themen wie Kinder, Familie und Urlaub austauschten. Manchmal fühlte ich mich wie ein Pinguin in der Wüste. Von meiner Vergangenheit erzählte ich kaum jemandem, denn ich wollte endlich ein „normaler Mensch“ und nicht mehr die ehemalige Schwester sein. Außerdem schämte ich mich für meine Erfahrungen und verdrängte sie.

Vertiefte spirituelle Freiheit

Da ich mich für ein gottgeweihtes Leben in der Welt entschieden hatte, versuchte ich zunächst, alle Gebetszeiten weiterzuführen, die ich von der Gemeinschaft her kannte, also tägliche heilige Messe, drei Rosenkränze, täglicher Kreuzweg und Barmherzigkeitsrosenkranz sowie Anbetung. Aber schon bald musste ich feststellen, dass ich dies nicht mit meinem Berufsalltag vereinbaren konnte bzw. gar keine Zeit mehr für einen gesunden Ausgleich blieb. Da P. Bonifatius stets die Wichtigkeit betont hatte, sehr viel zu beten, fiel es mir schwer, mich von der übertriebenen Leistungsfrömmigkeit der Kommunität zu distanzieren. Wenn ich weniger betete, litt ich unter falschen Schuldgefühlen und Ängsten. Hier bewahrheitete sich der Satz aus dem anglophonen Sprachraum: „It is easier to get out of a cult than to get the cult out of you“, auf Deutsch etwa: „Es ist einfacher, aus einem Kult herauszugehen, als den Kult aus sich herauszubekommen.“ Dies erlebte ich an mir selbst, denn trotz meines Austritts prägten mich die übernommenen Glaubensvorstellungen immer noch stark. Nun musste ich meinen eigenen geistlichen Weg finden.

Ich stellte mir viele Fragen wie: Was ist Sünde und was nicht? Was soll ich beichten? Wie geht Gebet, und was bedeutet Nächstenliebe? Alles, wozu in der Gemeinschaft klare Vorgaben gemacht worden waren, stand zur Debatte. Oft führte dies bei mir zu Verwirrung und Orientierungslosigkeit. In dieser Zeit war die geistliche Begleitung durch P. Kosmas sehr wichtig für mich. Langsam wurde ich innerlich freier und konnte eine eigene Spiritualität entwickeln. Ich bekam wieder Boden unter die Füße.

Einige Jahre nach meinem Austritt lernte ich einen geistlichen Begleiter in meiner Nähe kennen, der sich auf geistlichen Missbrauch spezialisiert hatte. Er bot mir an, bestimmte Begriffe, die in der Gemeinschaft missbräuchlich verwendet worden waren, mit mir neu zu definieren. Demut, Leiden, Heiligkeit, Opfer und Hingabe bekamen dadurch eine neue Bedeutung für mich. Der Begleiter öffnete mir auch die Augen für theologische Fehler in der Spiritualität der Gemeinschaft. Leider verstarb er viel zu früh, sodass diese kostbaren Gespräche abrupt endeten. Sie waren mir eine immense Hilfe.

Die Wahrheit über P. Wendelin

Da mich meine Erfahrungen in der Gemeinschaft immer noch sehr beschäftigten, begann ich im Internet über die Kommunität zu recherchieren. Was ich dort las, verschlug mir den Atem. Ich fand heraus, dass P. Wendelin wiederholt wegen sexuellen Missbrauchs an Jugendlichen im Gefängnis gesessen hatte. Trotz mehrfacher Rückfälle hatte die Kirche seine Übergriffe immer wieder vertuscht und ihn an andere Orte versetzt. Durch die Ernennung eines ehemaligen Mitglieds zum Bischof waren diese Informationen an die Öffentlichkeit gelangt.

Ich war entsetzt: Warum hatten uns das die Verantwortlichen nicht gesagt? Wir verehrten einen Menschen als Heiligen, der mehrfach wegen schwerer Verbrechen verurteilt worden war! Die Oberen wurden für mich noch unglaubwürdiger. Selbst in der eigenen Gemeinschaft verheimlichten sie die Wahrheit. Uns Schwestern wiesen sie nur an, die Fotos von P. Wendelin abzuhängen, ohne uns den wahren Grund dafür zu nennen. In dem Artikel las ich auch von einem psychiatrischen Gutachten, das P. Wendelin als Person von „psychopathischer Abartigkeit“ mit einem „starken Hang zum Mystizismus“ beschrieb. Wurde uns nicht gesagt, dass die Spiritualität der Gemeinschaft auf diesem Mann gründe? Langsam wurde mir klar, warum diese so unausgewogen und ungesund war.

Geistlicher Missbrauch

Einige Monate später hörte ich im Radio Horeb eine Sendung, in der es unter anderem um geistlichen Missbrauch ging. Von diesem Begriff hatte ich zuvor noch nie gehört. Zur weiteren Lektüre wurde ein Buch von Inge Tempelmann empfohlen (s. u. bei den Literaturhinweisen). Ich bestellte es mir sofort und begann gleich darin zu lesen. Was ich dort erfuhr, konnte ich kaum glauben. Meine Erfahrungen, die ich in der Gemeinschaft gemacht hatte, wurden hier haargenau beschrieben: Elitäres Denken, Abwertung des Menschlichen, unerreichbare Anforderungen, all das stellte deutliche Anzeichen für spirituellen Missbrauch dar. Besonders erschütterte mich die Erkenntnis, dass ich in Prozesse der Gedankenumbildung und Bewusstseinskontrolle hineingeraten war, die einer Gehirnwäsche gleichkamen. Auch die traurigen Folgen hatte ich zu spüren bekommen.

Erst jetzt wurde mir klar, dass ich Opfer geistlichen Missbrauchs geworden war und keinen Einzelfall darstellte, wie ich bislang gedacht hatte. Ich las das Buch nur in ganz kleinen Abschnitten, da ich nicht mehr verkraftete. Nach einiger Zeit legte ich es ganz zur Seite. Das neu erworbene Wissen erschütterte mich bis ins Tiefste. Ich war noch zu sehr mit dem äußeren Aufbau meines neuen Lebens beschäftigt, als dass ich die innere Kraft gehabt hätte, mich vertieft mit dieser Problematik zu beschäftigen und sie aufzuarbeiten. Deshalb verdrängte ich sie wieder.

Wie ging es weiter?

Es dauerte ungefähr zwei Jahre, bis sich mein äußeres Leben einigermaßen konsolidiert und ich sowohl beruflich als auch privat meinen Weg gefunden hatte. Diese schwierige Zeit war von Versuch und Irrtum sowie manchen persönlichen Niederlagen geprägt. In allen Widrigkeiten durfte ich stets die Hilfe und Nähe Gottes erfahren. Schritt für Schritt geleitete er mich durch die Wogen der kompletten Neuorientierung und führte mir immer zur richtigen Zeit Menschen zu, die mir weiterhalfen. Im Nachhinein bin ich sehr dankbar für diese Erfahrungen. Sie haben mir geholfen, mehr Verständnis für Personen in ähnlichen Situationen aufzubringen, was mir in meiner jetzigen beraterischen und therapeutischen Tätigkeit zugutekommt. Die unerschütterliche Gewissheit, dass im Vertrauen auf Gott alles gut werden kann, hat mein Leben tief geprägt.

Ich sehe es als großes Geschenk, trotz der missbräuchlichen Erfahrungen in der Gemeinschaft meinen persönlichen Glauben nicht verloren zu haben. Gleichzeitig verstehe ich alle Betroffenen, die mit Gott und der Kirche brechen. Das erlittene Trauma und die Folgen sind möglicherweise zu schmerzhaft, um sich noch einmal auf diesen Weg einzulassen. Mit dem Jesuiten Klaus Mertes kann ich heute sagen: „Geistlicher Missbrauch ist in seinen Wirkungen für die Betroffenen verheerend und schlägt eine Wunde, die ein Leben lang schmerzt." (Klaus Mertes, Geistlicher Missbrauch. Theologische Anmerkungen, in: Stimmen der Zeit 2/2019, 93–102, hier 94)

Erst fünf Jahre nach meinem Austritt fand ich die Kraft, mich vertieft mit den missbräuchlichen Erfahrungen in der Gemeinschaft auseinanderzusetzen und diese aufzuarbeiten. Dies erlebte ich als heilsam und klärend. Abgesehen davon prägen zahlreiche Einschränkungen, insbesondere auf der gesundheitlichen und auch auf der finanziellen Ebene, mein Leben bis zum heutigen Tag.

Immer wieder kam ich mit der Gemeinschaft in Kontakt. Bei einem Besuch in einer Niederlassung erfuhr ich, dass meine Nachfolgerin an der kasachischen Missionsstation 40-jährig an Krebs verstorben war. Das machte mich sehr wütend. Über 10 Jahre hatte sie in diesem äußerst gesundheitsschädigenden Gebiet gewirkt, bis zu ihrer tödlichen Erkrankung. Galt das Leben der Mitglieder so wenig, dass die Gemeinschaft deren Gesundheit mutwillig aufs Spiel setzte? Immer wieder hörte ich von Krankheit und Zusammenbrüchen einzelner. Gleichzeitig beobachtete ich, wie die Kommunität wuchs und sich innerhalb der katholischen Kirche zunehmend entfaltete. Der Gedanke, dass sich ihr neue junge Menschen anschlossen, denen es ähnlich ergehen sollte wie mir, beunruhigte mich. „Warum nur unternehmen die Verantwortlichen der Kirche nichts dagegen?“, fragte ich mich oft. Allerdings hatte ich nicht den Mut, mich mit meinen Erfahrungen an Stellvertreter der Kirche zu wenden. Ich hatte Angst, dass mir nicht geglaubt wird und am Ende die ganze Gemeinschaft und ihre Anhänger sich gegen mich stellen.

Eine neue Aufgabe

Doch irgendwie ließ mich das Thema nicht los. Wenn ich schon nichts gegen den Missbrauch unternehmen konnte, wollte ich mich doch der Leidtragenden annehmen, die Ähnliches erlebt haben wie ich. Ich hatte selbst erfahren, wie wenig Wissen und Verständnis für diese Thematik vorhanden sind, insbesondere auf therapeutischer Ebene. Während Opfer sexueller Übergriffe auf zahlreiche Unterstützungsangebote zurückgreifen können, sieht die Lage bei spirituellem Missbrauch noch ganz anders aus. Spezifische Angebote sind rar, und betroffene Personen bleiben oft allein oder nicht verstanden zurück. Schließlich fasste ich den Entschluss, ein speziel- les therapeutisches Angebot für diesen Personenkreis zu schaffen. Diese Aufgabe gibt meinen leidvollen Erfahrungen einen Sinn, denn diese bilden jetzt eine Ressource für meine therapeutische Arbeit. All die Jahre, die mir manchmal als vergeudete Zeit erschienen waren, bekommen nun eine Be- deutung. Hier bewahrheitet sich die Botschaft der Logothera- pie, nämlich, dass Sinn in jeder Situation auffindbar ist, wenn man entdecken kann, welche wertvollen Möglichkeiten in ihr enthalten sind.

16
Nachwort

Betroffenen ist es zu verdanken, dass die deutschen katholischen Bischöfe auf das Thema „Geistlicher Missbrauch“ aufmerksam geworden sind. Die von der Bischofskonferenz 2023 herausgegebene Arbeitshilfe *„Missbrauch geistlicher Autorität – Zum Umgang mit Geistlichem Missbrauch“* ist ein Meilenstein für den Umgang sowohl mit den Leidtragenden als auch denen, die das Leid verursacht haben. Mit ihrer Definition hat sie die Grundlage geschaffen, das Phänomen zu erfassen und klar abzugrenzen. In ihrem Dokument kündigen die Bischöfe die Errichtung spezieller Beratungsstellen an, um dem Bedarf nach Meldung, Dokumentation und Vermittlung fachspezifischer Hilfen gerecht zu werden.

Ebenso sind Änderungen im Kirchenrecht vorgesehen, die geistlichen Missbrauch als Straftat erfassen und rechtliche Konsequenzen für die Täter/innen nach sich ziehen sollen. Präventionsmaßnahmen für alle kirchlichen Kontexte wie etwa die Entwicklung von umfassenden Schutz- und Qualitätskonzepten sowie die Thematisierung in den Ausbildungen zu pastoralen Berufen werden angestrebt. Letztlich geht es darum, Personen in ihrer spirituellen Autonomie zu fördern, damit sie „Missbrauch erkennen und verhindern können bzw. wissen, wo sie Unterstützung bekommen“ (Deutsche Bischofskonferenz, Missbrauch geistlicher Autorität. Zum Umgang mit Geistlichem Missbrauch. Arbeitshilfe Nr. 338, Bonn 2023, S. 35).

In großem Rahmen anvisierte Untersuchungen der Vorkommnisse sollen das Fundament für eine umfassende Aufarbeitung legen. Im Hinblick auf die Betroffenen soll Gerechtigkeit geschaffen werden, gerade wenn kirchliche Institutionen und Verantwortungsträger durch „Wegschauen, Nichtreagieren oder Bagatellisieren“ (ebd., S. 39) ihrer Schutzpflicht nicht nachgekommen sind.

Die Arbeitshilfe macht Hoffnung, dass spiritueller Missbrauch in Zukunft eingedämmt werden kann und Leidtragende auf sie zugeschnittene Unterstützung bekommen. Ich wünsche mir eine baldige Umsetzung dieser Vorhaben. Darüber hinaus sehe ich dringenden Bedarf, längerfristige beraterische und therapeutische Angebote zu schaffen. Für diese sehr sensible Thematik braucht es nicht nur psychologische, sondern auch theologische Kenntnisse und vor allem tiefgreifendes Wissen über die unheilvollen Dynamiken und Auswirkungen spirituellen Missbrauchs. Wenn Betroffene, die durch kirchliche Gemeinschaften oder Mitarbeiter/innen Schaden erlitten haben, bereits bestehende Angebote nützen, halte ich eine Kostenübernahme durch die Kirche für unabdingbar. Ähnlich wie bei sexuellem Missbrauch ist zudem eine angemessene Opferentschädigung angebracht, um einen Ausgleich für das erfahrene Leid zu erwirken. Des Weiteren wären diözesane Angebote für Leidtragende hilfreich, um sich untereinander zu vernetzen und zu stärken.

Wenn Sie selbst betroffen sind, ermutige ich Sie, mit Ihrem Schmerz und Ihren Fragen nicht allein zu bleiben. Wichtig ist die Erkenntnis, dass die Schuld nicht bei Ihnen, sondern ausschließlich bei den Verantwortungsträgern des missbräuchlichen Systems liegt. Diese haben mit der Behauptung, im Namen Gottes zu handeln, Ihre persönliche Freiheit unterlaufen und Ihr Vertrauen missbraucht.

Glossar

Allerheiligste, das – Als das Allerheiligste, auch Allerheiligstes Sakrament (des Altares), bezeichnet man in der römisch-katholischen Kirche die in der heiligen Messe konsekrierten Gaben von Brot und Wein, in denen Christus nach kirchlicher Lehre wahrhaft und dauerhaft gegenwärtig ist. Während der Wein immer in der Liturgie der Messfeier getrunken wird, werden konsekrierte Hostien als das Allerheiligste im Tabernakel aufbewahrt und dienen zur Kommunion für die Kranken und Sterbenden wie auch der anbetenden Verehrung durch die Gläubigen.

Apostolat – Eine nach außen gerichtete Aktivität in einem besonderen Aufgabengebiet, dem sich die sogenannten aktiven Ordensgemeinschaften und Kongregationen widmen. Zu den Apostolaten zählt neben der Fürsorge für Hilfsbedürftige, Schwache, Kranke und Alte sowie der Erziehung und Bildung auch die Verkündigung des Evangeliums.

Aussetzung – Die eucharistische Anbetung oder Aussetzung des Allerheiligsten ist eine Gebetsform in der römisch-katholischen Kirche, in deren Mittelpunkt das sogenannte Allerheiligste anbetend verehrt wird.

Barmherzigkeitsrosenkranz – Der Barmherzigkeitsrosenkranz ist ein Gebet in der römisch-katholischen Kirche, das die Verehrung der Barmherzigkeit Gottes in Jesus Christus in den Mittelpunkt stellt. Es wird anhand des traditionellen Rosenkranzes mit 55 Perlen gebetet, enthält jedoch nicht die regelmäßige Abfolge von Ave Marias, sondern andere Gebetsformeln.

Betrachtung zum Rosenkranz – Mit der Nennung des Rosenkranzgeheimnisses wird die Betrachtung des biblischen Geschehens, d. h. des jeweiligen Ereignisses aus dem Leben Jesu, verbunden. Dies kann auf unterschiedliche Weise geschehen: 1. durch das Vorlesen des biblischen Textes, 2. durch freies betrachtendes Beten, 3. durch das Vorlesen einer vorgegebenen Meditation.

Engelwerk – Das Engelwerk, Werk der Heiligen Engel oder Opus Sanctorum Angelorum, ist eine 1949 von Gabriele Bitterlich gegründete geistliche Bewegung, die 2008 von Papst Benedikt XVI. für die römisch-katholische Kirche anerkannt wurde.

Formungszeit – Die Formungszeit in einem Orden besteht im Regelfall aus dem Postulat und dem Noviziat. Diese Zeit dient der spirituellen Vertiefung und dem Kennenlernen der Spiritualität des Ordens.

Geistige Kommunion – Die geistliche/geistige Kommunion ist das von lebendigem Glauben an Christi Gegenwart im Allerheiligsten Sakrament beseelte Verlangen nach sakramentaler Vereinigung mit Christus.

Geistige Mutterschaft – Bei der geistigen Mutterschaft legt man vor Gott das eigene Leben in Freude und Leid insbesondere für die Heiligung der Priester hin. Das ist einer echten und leiblichen Mutter nachempfunden, die für ihre Kinder auf vieles verzichtet, damit diese sich gut entfalten.

Geistlicher Begleiter – Ein geistlicher Begleiter unterstützt die ihm anvertraute Person beim Wahrnehmen, Klären und Unterscheiden der Stimme Gottes im eigenen Leben. Alles, was das Leben ausmacht, kann hierbei zur Sprache kommen und wird auf seine Bedeutung vor Gott und auf Gott hin befragt. Ziel ist es, das alltägliche Leben von Gott her zu ordnen und den persönlichen Glauben zu vertiefen. Dies erfordert einen großen Respekt vor dem „heiligen Raum“ zwischen Gott und dem/der Begleiteten.

Gelübde – Beim Eintritt in einen katholischen Orden legen neue Mitglieder ein Ordensgelübde ab. Dabei handelt es sich um das Versprechen eines Lebens in Armut, Keuschheit und Gehorsam im Rahmen einer bestimmten Ordensregel.

Gesätz vom Rosenkranz – Ein Abschnitt des Rosenkranzes mit einem „Vaterunser“ und zehn „Gegrüßet seist du Maria“.

Gottesmutter – In den Evangelien wird Maria „Mutter Jesu“ genannt. Die Bezeichnung Mutter Gottes kam im Rahmen der Auseinandersetzungen über die Christologie auf: Um hervorzuheben, dass ihr Sohn von Beginn seines Lebens an die göttliche Natur mit seiner menschlichen Natur verband, wurde Maria als „Gottesgebärerin“ bezeichnet.

Hausmutter – Die verantwortliche Schwester einer Hausgemeinschaft.

Heiligkeit – Heiligkeit meint für Christen vor allem Zugehörigkeit zu Christus. Sie bedeutet in den meisten Religionen etwas Vollkommenes, also etwas Göttliches.

Homilie – Der Begriff Homilie bedeutet so viel wie „Gespräch, Rede, Unterricht“. Oft werden die Begriffe Homilie und Predigt synonym verwandt.

Katechese – Die theoretische und praktische Einführung in den christlichen Glauben.

Kommunität – Unter einer Kommunität wird im Christentum meist eine geistliche Gemeinschaft verstanden.

Komplet – Die Komplet ist das Nachtgebet im Stundengebet der Christenheit.

Kreuzweg – Als Kreuzweg bezeichnet man einen der *Via Dolorosa* in Jerusalem, dem Leidensweg Jesu Christi, nachgebildeten Wallfahrtsweg wie auch eine Andachtsübung der römisch-katholischen Kirche, bei der die Betenden den einzelnen Stationen dieses Weges folgen.

Liebesreue – Hinter der Liebesreue steckt zum einen der Schmerz gegenüber dem Menschen, dem der Gläubige wehgetan hat, aber auch die Erkenntnis, dass er Gott ebenfalls dabei verletzt hat. Die Liebesreue entspringt nicht der Angst vor Gott, sondern der Liebe zu ihm.

Liturgik – Liturgik ist eine Disziplin, die sich mit dem Verstehen und der Gestaltung der Liturgien bzw. Gottesdiensten, den Texten, Zeremonien und Gegenständen befasst.

Marienweihe – Die Marienweihe ist eine besondere Form der Marienverehrung, in der ein Gegenstand oder eine Person der Gottesmutter und darüber hinaus Gott selbst hingegeben oder übereignet wird. Es kann sich aber auch die Person selbst oder eine Gemeinschaft der Gottesmutter weihen.

Marienweihe nach dem heiligen Ludwig Grignion von Montfort – Ludwig Maria Grignion von Montfort war ein französischer Volksmissionar, Schriftsteller und Ordensgründer. Dieser katholische Heilige etablierte eine besondere Form der Marienweihe, die eine „vollkommene Hingabe an Jesus Christus durch Maria" beinhaltet. Die Vorbereitung darauf erstreckt sich über 33 Tage anhand von Texten aus dem von Grignion verfassten *Goldenen Buch der vollkommenen Andacht zu Maria*.

Medjugorje – Medjugorje ist ein international bekannter römisch-katholischer Wallfahrtsort in der Herzegowina, in dem 1981 sechs Jugendlichen angeblich die Gottesmutter Maria erschienen ist und der jährlich von schätzungsweise bis zu einer Million Pilgern besucht wird. Auch wenn der Vatikan Wallfahrten dorthin erlaubt, erkennt er die Erscheinungen bislang nicht als übernatürliche Phänomene an.

Missionshelferin – Eine gottgeweihte Frau, die als Mitglied der Gemeinschaft keine größeren Verantwortungsbereiche übernimmt. In ihrer Kleidung unterscheidet sie sich von den Schwestern.

Mysterium – Das Wort Mysterium wird gewöhnlich mit ‚Geheimnis' übersetzt. Im Neuen Testament wird es praktisch durchweg für sonst nicht zugängliche Offenbarung verwendet, besonders im Zusammenhang der Christologie.

Nachtanbetung – Die Anbetung des Allerheiligsten während der Nacht.

Noviziat – Das Noviziat ist die Zeit der Ausbildung, in der jemand, der neu in eine christliche Ordensgemeinschaft eingetreten ist, sich in der Vorbereitung auf die zeitlichen Ordensgelübde befindet. Die neu in die Gemeinschaft Aufgenommenen werden als Novize bzw. Novizin bezeichnet.

Offenbarungen Jesu an Sr. Faustyna Kowalska – Im Tagebuch der polnischen Ordensfrau finden sich Aufzeichnungen über Erscheinungen Jesu, in denen er ihr seinen Wunsch offenbart hat, Künderin der Barmherzigkeit Gottes zu sein.

Postulantin – Als Postulant/inn/en werden in verschiedenen Ordensgemeinschaften Gläubige bezeichnet, die um die Aufnahme in die Gemeinschaft ersucht haben. Sie absolvieren ein Postulat, eine Zeit, in der sie das Leben der Gemeinschaft kennenlernen und die Gemeinschaft sie kennenlernen kann.

Primizmesse – Die erste von einem römisch-katholischen Priester als Hauptzelebrant gefeierte heilige Messe.

Refektorium – Der Speisesaal eines Klosters.

Rosenkranz – Das Rosenkranzgebet ist ein rituelles Gebet, das mit Hilfe einer Gebetskette vollzogen wird, auf der 59 Perlen aufgereiht sind. Offiziell gibt es insgesamt vier verschiedene Geheimnisse zu jeweils fünf Formulierungen, die betrachtet werden können: die freudenreichen, schmerzhaften, glorreichen sowie die lichtreichen Geheimnisse.

Sakrament – Sakramente sind liturgische Zeichen und Handlungen. Sie begleiten die Gläubigen durch das ganze Leben und wollen immer wieder neu die Verbindung zwischen Gott und den Menschen zum Ausdruck bringen.

Stille Anbetung – Stilles Gebet vor dem ausgesetzten Allerheiligsten.

Seelenführer – Bis in die 70er Jahre üblicher Begriff für geistliche Begleitung. Oft beschränkte sich Seelenführung in früheren Jahrhunderten auf die Empfehlung besonderer aszetischer Formen und Anstrengungen. Der Begriff ist in sich problematisch, da er suggeriert, der Seelenführer selbst führe die ihm anvertraute Person. Heute wird vielmehr der Heilige Geist als Seelenführer verstanden. Die Aufgabe von Begleitenden besteht lediglich darin, das Wirken Gottes in der Seele angemessen zu begleiten.

Unterscheidung der Geister nach dem heiligen Ignatius von Loyola – Die „Unterscheidung der Geister“ ist ein Konzept, das von Ignatius von Loyola entwickelt wurde. Es bezieht sich auf die verschiedenen „Regungen“, die in uns ausgelöst werden, wenn wir etwas erleben oder denken. Ignatius zieht daraus den Schluss, dass der Geist, der bleibende Freude hinterlässt, von Gott kommt, während der Geist, der trocken und unzufrieden zurücklässt, vom Teufel kommt. Ignatius betont auch die Bedeutung der Indifferenz, also der Haltung des „Nichts zu sehr wollen", als Voraussetzung für die „Unterscheidung der Geister".

Verzichten – Sich enthalten, nicht in Anspruch nehmen, nicht benutzen.

Weihe an die Gottesmutter – siehe Marienweihe.

Weihnachtsoktav – Oktav bezeichnet in der katholischen Liturgie zum einen den achten Tag (*Oktavtag*) nach einem Hochfest im Kirchenjahr, der als dessen Nachklang und Abschluss begangen wird, wie auch die acht Tage (*Oktav*) vom Fest bis zu seinem Oktavtag. Heute gibt es nur noch zwei Oktaven: die Oster- und die Weihnachtsoktav.

Anlaufstellen für Betroffene

Anlaufstelle für Personen, die als Erwachsene im kirchlichen Raum Missbrauch erfahren haben

Die Erstanlaufstelle bietet Betroffenen kostenlose und anonyme Beratung nach geistlichem und/oder sexuellem Missbrauch in kirchlichen Kontexten einschließlich der Orden. Die Anlaufstelle befindet sich in der Trägerschaft der Deutschen Bischofskonferenz.
www.gegengewalt-inkirche.de

Beratung bei geistlichem Missbrauch

Einige Bistümer haben bereits Ansprechpersonen für den Bereich „Geistlicher Missbrauch". Erkundigen Sie sich hierzu auf der Website Ihrer Diözese.

Hilfreiche Links

www.gottes-suche.de – Ökumenische Initiative zu Glaube nach Gewalterfahrung; Begleitung und Vernetzung von Betroffenen, Informationen zum Thema Missbrauch und Glaube und Missbrauch und Kirche

www.missbrauchsmuster.de – Missbrauch an erwachsenen Frauen in der katholischen Kirche: Forschen, Lernen, Erzählen

www.geistlich.net – Plattform zur spirituellen Bildung, die überwiegend in der ignatianischen Spiritualität wurzelt; für Interessierte und Fachleute

www.be-here-now.eu – Übungen zur Selbstfürsorge

www.geistlicher-missbrauch.org – Checklisten zur Erkennung geistlichen Missbrauchs des Fachbereichs Weltanschauungsfragen der Erzdiözese München und Freising

www.sekten-info-nrw.de – Checkliste für gefährliche Anzeichen in Bezug auf Gemeinschaften der Sekteninfo NRW

Die aufgeführten Websites wurden zuletzt am 04.03.2024 abgerufen.

Weiterführende Literatur

Blue, K. (2011): Heilung erfahren nach geistlichem Missbrauch. Gießen: Brunnen.

Butenkemper, S. (2023): Toxische Gemeinschaften. Geistlichen und emotionalen Missbrauch erkennen, verhindern und heilen. Freiburg: Herder.

De Lassus, D. (2022): Verheißung und Verrat. Geistlicher Missbrauch in Orden und Gemeinschaften der katholischen Kirche. Münster: Aschendorff.

Deutsche Bischofskonferenz (2023): Missbrauch geistlicher Autorität. Zum Umgang mit Geistlichem Missbrauch. Arbeitshilfe Nr. 338. Bonn.

Flesch, M. (2022): Die Betroffenen. Seelische Leidensräume in der Katholischen Kirche. Würzburg: Echter.

Frielingsdorf, K. (1997): Der wahre Gott ist anders. Von krankmachenden zu heilenden Gottesbildern. Mainz: Topos.

Frielingsdorf, K. (2008): Vom Überleben zum Leben. Wege zur Identitäts- und Glaubensfindung. Ostfildern: Grünewald.

Haslbeck, B.; Heyder, R.; Leimgruber, U.; Sandherr-Klemp, D. (2020): Erzählen als Widerstand. Berichte über spirituellen und sexuellen Missbrauch an erwachsenen Frauen in der katholischen Kirche, Münster: Aschendorff.

Haslbeck, B., Leimgruber, U., Nagel, R., Rath, P. (2023): Selbstverlust und Gottentfremdung. Spiritueller Missbrauch an Frauen in der Katholischen Kirche. Ostfildern: Patmos.

Hoyeau, C. (2023): Der Verrat der Seelenführer. Macht und Missbrauch in Neuen Geistlichen Gemeinschaften. Freiburg: Herder.

Hundertmark, P. (2019, 24. Juli): Etappen eines Gesundungsprozesses nach spiritualisiertem Machtmissbrauch, unter: https://geistlich.net/etappen-eines-gesundungsprozessesnach-spiritualisiertem-machtmissbrauch/ (abgerufen am 25.07.2023).

Johnson, D.; Van Vonderen, J. (2003): Geistlicher Mißbrauch. Die zerstörende Kraft der frommen Gewalt. Asslar: Gerth Medien.

Karl, K.; Weber, H. (2021): Missbrauch und Beichte. Erfahrungen und Perspektiven aus Praxis und Wissenschaft. Würzburg: Echter.

Kießling, K. (2021): Geistlicher und sexueller Machtmissbrauch in der katholischen Kirche. Würzburg: Echter.

Kluitmann, K. (2019): Was ist geistlicher Missbrauch? Grenzen, Formen, Alarmsignale, Hilfen. Manuskript. In: Ordenskorrespondenz 2/2019, S. 184–192.

Leimgruber, U.; Haslbeck, B. (Hrsg.) (2024): Spirituellen Missbrauch verstehen. Wissenschaftliche Essays zu Selbstverlust und Gottentfremdung. Ostfildern: Matthias Grünwald.

Mertes, K. (2017): Geistlicher Machtmissbrauch. In: Geist und Leben. Zeitschrift für christliche Spiritualität, 90 (3/2017). Würzburg: Echter, S. 249–259.

Mertes, K. (2019): Geistlicher Missbrauch. Theologische Anmerkungen. In: Stimmen der Zeit 2/2019, S. 93–102.

Schultz, D. (2016): Wenn Glaube krank macht. Geistlicher Missbrauch in Gottes Kirchen. Hamburg: Diplomica.

Schulz, H. A. (2022): Durch Nebel hindurch. Aus ignatianischer Sicht geistlichen Missbrauch erkennen und überwinden. Würzburg: Echter.

Schulz, H. A. (2022): Bei euch soll es nicht so sein! Missbrauch geistlicher Autorität. Würzburg: Echter.

Stahl, A. (2019): Traumasensible Seelsorge. Grundlinien für die Arbeit mit Gewaltbetroffenen. Stuttgart: Kohlhammer.

Tempelmann, I. (2007): Geistlicher Missbrauch. Auswege aus frommer Gewalt. Ein Handbuch für Betroffene und Berater. Wuppertal: Brockhaus.

Timmerevers, H.; Arnold, T. (2020): Herder Thema. Gefährliche Seelenführer? Geistiger und geistlicher Missbrauch. Freiburg: Herder.

Wagner, D. (2014): Nicht mehr ich. Die wahre Geschichte einer jungen Ordensfrau. Wien: Edition a.

Wagner, D. (2019): Spiritueller Missbrauch in der katholischen Kirche. Freiburg: Herder.

Epilog

„Vertiefte Freiheit" – was von diesem Buch zu lernen ist

von *Barbara Haslbeck*

Die Autorin dieses Buches gibt Einblick in ihren Weg in einer geistlichen Gemeinschaft und erkennt im Rückblick: Das war spiritueller Missbrauch. Es sind ihre ganz eigenen und individuellen Erfahrungen, die für Leserinnen und Leser außerordentlich wertvoll sind, weil sie Verstehen ermöglichen. Wer diese Autobiographie liest, kann einordnen, wie durch die manipulative Verzerrung spiritueller Inhalte ein Mensch im Innersten verletzt wird. Das Erzählen von Birgit Abele ist so wichtig, weil ihre Erfahrungen die typischen Muster spiegeln, die spirituellen Missbrauch kennzeichnen.[1] Wer Berichte Betroffener aufmerksam studiert, wird erkennen, dass es sich nicht um einen Einzelfall handelt. In gewisser Weise vollzieht sich spiritueller Missbrauch nach einer Art verborgenem Drehbuch. Dieses Skript tritt beim Lesen klar vor Augen:

Am Anfang steht die Sehnsucht nach einem Leben in inniger Bindung an Gott. Da begegnen einem jungen Menschen charismatische Personen, die erfüllt und begeistert einer Mission folgen. Das fasziniert und weckt den Wunsch, sich dieser Bewegung anzuschließen. Wie verliebt fühlt es sich an, Teil einer solchen Gruppe zu werden, von großer Aufmerksamkeit umgeben zu sein und zu spüren: Hier ist mein Platz im Leben. Dass die Zugehörigkeit zu einer solchen Gemeinschaft auch bedeutet, mal auf etwas verzichten zu müssen, ist noch kein Grund, misstrauisch zu werden. Schleichend jedoch erfahren Menschen in solchen Gruppierungen, wie ihre Wahrnehmung verwirrt und schließlich außer Kraft gesetzt wird. Sie erleben zunehmend, dass ihre Gefühle nicht zählen, auch wenn sie oft schon früh spüren, wie diese verletzt und übergangen werden. Weil sie führenden Persönlichkeiten vertrauen, stellen sie den eigenen Willen zurück. Der Verweis auf biblische Texte und Heilige pflastert den Weg in weitere Abhängigkeit. Die eigenen Gedanken werden entlang der Ideologie der Gemeinschaft geformt oder gar ausgeschaltet. Aus Angst, in der Nachfolge Jesu zu versagen, entsteht Leistungsdruck, der zu immer neuen und größeren Opfern führt, auf Kosten der psychischen und physischen Gesundheit. Die Gemeinschaft entwickelt sich zum einzigen Bezugspunkt, während die normale Welt abgewertet wird. Kontakte zu Menschen aus dem früheren Leben nehmen ab und auch innerhalb der Gemeinschaft finden Isolierungsprozesse statt. So fühlen sich Betroffene irgendwann völlig allein, mitten in einer nach außen fromm und fröhlich wirkenden Gemeinschaft. Zusätzlich wachsen finanzielle Abhängigkeiten.

Auf diese Weise – je länger, desto mehr – entsteht ein Gefängnis. Birgit Abele benutzt das Bild des Gefängnisses, um zu verdeutlichen: Jede Freiheit wurde genommen, innerlich und äußerlich. Wenn Goffman von der „totalen Institution“[2] spricht und in seiner Analyse auf die Erfahrungen von Menschen in Gefängnissen und Klöstern zurückgreift, wird die Parallele mit Händen greifbar. Spiritueller Missbrauch führt Betroffene in eine Situation absoluter Entmündigung, in eine innere Haft, die wie ein Gefängnis wirkt.

Und das richtet Schaden an – großen Schaden. Auch davon berichtet Birgit Abele. Spiritueller Missbrauch kann sich traumatisierend auswirken.[3] Er kann das Vertrauen in sich selbst, in andere Menschen und in Gott gravierend schädigen. Aus der Traumatherapie ist bekannt: Es gibt verschiedene Faktoren, die Betroffene unterstützen, etwa die Parteilichkeit Umstehender und die Möglichkeit zur Enthüllung in einem geschützten Setting. Ressourcen sind wichtig. Auch wenn es sich für Betroffene manchmal anfühlt, als wären sie in ein Spinnennetz eingewebt worden, aus dem es kein Entrinnen mehr gibt – sie haben dennoch Ressourcen, die aus der Betäubung herausführen. Über diese Ressourcen können Leserinnen und Leser dieses Buches viel lernen. Im Folgenden geht es um vier Ressourcen, die für Birgit Abele den Weg aus dem Gefängnis bahnen. An dieser Stelle ein Hinweis: Wenn es um die Ressourcen Betroffener geht, ist damit nicht ein subtiler Imperativ an Betroffene gemeint, der die ganze Last der Aufarbeitung an die Opfer delegiert. Nicht sie sind verantwortlich für das, was geschehen ist, und sie müssen auch nicht allein mit den Folgen der Schädigung klarkommen und die Probleme mit ihren Ressourcen selbst lösen. Ausdrücklich gesagt sei an dieser Stelle, dass der Verweis auf Ressourcen nicht meint, dass Defizite auf Seiten Betroffener zum Missbrauch geführt hätten, wie es Betroffenen vielfach unterstellt wird. Sie haben nichts falsch gemacht, nicht sie sind das Problem, sondern die Menschen und das System, die sie in ihrer Sehnsucht nach einem geistlichen Leben ausgenutzt haben. Wenn hier die Ressourcen Betroffener in den Mittelpunkt gestellt werden, wird die Kraft und Kreativität Betroffener gewürdigt, die sie trotzdem haben.

Auf Körper und Seele hören

Der Körper stellt ein feines Instrumentarium zur Verfügung, das auf Einflüsse von außen reagiert. Birgit Abele schildert eine Bandbreite an körperlichen Symptomen: Sie magert ab, die Monatsblutung bleibt aus, sie hat mit Tinnitus zu kämpfen, wird von erhöhter Körpertemperatur geschwächt, leidet an Kopfschmerzen und Schwindel und muss wegen einer Sonnenallergie das Licht meiden. Zu den körperlichen Symptomen kommen psychische Probleme: „*Doch in mir war es dunkel. Die nächsten Wochen und Monate fühlte ich mich oft niedergeschlagen. Mein Leben hatte irgendwie seinen Sinn und sein Ziel verloren, es war plötzlich ein Gefühl der Leere in mir, wenn ich an die Zukunft dachte.*“ (Seite 100) Die Belastung steigert sich über die Jahre, sie hat Suizidgedanken: „*Ich sehnte mich intensiv nach dem Tod. Wie sehr wünschte ich mir, irgendeine Katastrophe möge passieren, ein Flugzeug über unserem Haus abstürzen oder eine Bombe einschlagen, um mich aus diesem Zustand zu befreien. Mein Leben erschien mir nicht mehr lebenswert.*" (Seite 125) Die zunehmenden gesundheitlichen Probleme machen sie immer verzweifelter, zumal medizinische Untersuchungen keine Ursache ermitteln können. Erst eine durch ihre Mutter eingeforderte Kurmaßnahme und der damit erzwungene Abstand zur Gemeinschaft bringen ihr Erleichterung. Birgit Abele erkennt, dass ihr körperliche Bewegung, das Einhalten einer Mittagsruhe und bewusste Ernährung helfen, wieder zu Kräften zu kommen. Zurück in der Gemeinschaft entstehen Konflikte mit den Oberen, weil sie diese Erkenntnisse im Alltag umsetzen möchte. Es beginnt ein Spießrutenlauf um die Frage, ob und wo sie sich körperlich bewegen darf. Dabei wird klar: „*Ich verstieß gegen einen der wichtigsten Grundsätze der Gemeinschaft, nämlich nicht an sich selbst zu denken. Außerdem begann ich, auf meine Grenzen zu achten und für mich selbst zu sorgen. Das war in den Augen meiner Mitschwestern bedenklich.*" (Seite 150) Was deutlich wird: Die körperlichen und psychischen Probleme sind Indikatoren, die Birgit Abele zeigen, dass etwas nicht stimmt. Ihr Lernprozess ist es, die Botschaft dieser Symptome wahrzunehmen und ernst zu nehmen. Auf ihren Körper und ihre Seele achten zu können, wird zu ihrer Ressource, die sie auf ihrem Weg aus der Gemeinschaft hinaus unterstützt und ihr auch weiterhin wichtiger Wegweiser ist.

Kontakte nach außen zulassen

Belastet durch schwere gesundheitliche Probleme infolge Überarbeitung, sucht Birgit Abele einen Arzt auf, der ihr eine Psychotherapie empfiehlt. Der Seelenführer erlaubt die Therapie, obwohl das in der Gemeinschaft eigentlich negativ bewertet wird: „*Wir sollten möglichst keine weltliche Hilfe suchen, sondern alles allein von Gott erwarten. P. Bonifatius würdigte Humanwissenschaften, insbesondere die Psychologie, herab, ja im schlimmsten Fall stellte er sie als Hindernis für das Wirken Gottes dar.*" (Seite 130) Birgit Abele erlebt den Kontakt zum Arzt und zur Therapeutin, die außerhalb ihrer Gemeinschaft stehen, als Raum, in dem sie erstmalig die Spiritualität der Gemeinschaft in Frage stellen darf: „*Hatte ich nicht völlig auf mich selbst verzichtet, meine eigenen Wünsche und Bedürfnisse hintangestellt, um mich ganz zum Opfer zu bringen? War dies nicht der Königsweg, um heilig zu werden? Mir schien mein Zustand aber sehr weit weg zu sein von Heiligkeit.*" (Seite 169) Behutsam begleitet durch ihre geduldige Therapeutin, erlebt sich Birgit Abele in der Lage, sich innerlich aus der starken Bindung an die Ideale des Seelenführers zu lösen. Durch ihre Kontakte über die Gemeinschaft hinaus bricht sie aus der geistigen Parallelwelt der Gemeinschaft aus. Gegen die Vorschriften beginnt sie, Radio Horeb zu hören und Nachrichten zu lesen. Auch damit überschreitet sie die antrainierte enge Wahrnehmungswelt und setzt sich inhaltlich und spirituell Impulsen aus, die konträr zu dem zu stehen scheinen, was von ihr erwartet wird. An diesem Punkt zeigt sich die hohe Widerstandskraft von Birgit Abele, indem sie die neuen Ansichten und den Kontakt zur normalen Welt nicht abwehrt. Sie lässt diese zu und gewinnt dadurch eine neue Perspektive. Schließlich wählt sie einen neuen geistlichen Begleiter, womit sie einen Schlussstrich unter die bisherige autoritäre Seelenführung setzt. Diese neugewonnene Freiheit stellt eine Ressource dar, die sie innerhalb der Gemeinschaft isoliert, jedoch beim Weg aus dem inneren Gefängnis unterstützt.

Den eigenen Verstand benutzen

Vom Eintritt an schwelt ein Dauerkonflikt um die Frage, ob Birgit Abele eine Ausbildung machen darf. Für die begabte junge Frau ist es schwer, ihre Fähigkeiten nicht entfalten zu dürfen. Weil sie ein gutes Mitglied ihrer Gemeinschaft sein will, befolgt sie die Entscheidungen ihres Seelenführers, der ihr eine Berufsausbildung mehrfach verweigert. Viele Jahre später darf sie eine Ausbildung absolvieren. Sie liest Bücher, was in der Gemeinschaft, abgesehen von Heiligenbüchern, nicht erlaubt ist. Schließlich beginnt sie zu studieren. Trotz der Anstrengung des Studiums erkennt sie: „*mit der Zeit spürte ich, wie ich immer mehr Energie bekam, sodass ich alles gut bewältigen konnte. Ich erkannte: Wenn ich das Richtige mache, habe ich auch die Kraft dafür.*" (Seite 188) Das Studium bringt sie in Kontakt mit anderen Menschen und sie ist von der Auseinandersetzung mit den Inhalten beflügelt. Eine Therapieausbildung, Orgelunterricht und ein theologisches Fernstudium schließen sich an: „*Jeden Vormittag verbrachte ich von nun an mit der Lektüre der verschiedenen Einheiten und stellte fest: Dieser Kurs war das Beste, was mir passieren konnte! Hier lernte ich eine Theologie kennen, die von Weite geprägt war. Ich fand Antworten auf viele offene Fragen. Besonders erhellend gestaltete sich das Modul über Spiritualität.*" (Seite 196) Die intellektuelle Auseinandersetzung auch mit Fragen des Glaubens wird zur starken Ressource, mit der Birgit Abele Manipulation durchschaut und selbst neue Schritte wagt.

Selbst bestimmen dürfen

Die Selbstwahrnehmung von Birgit Abele wächst und sie entdeckt, dass die omnipräsenten Predigten des Seelenführers ihr nicht guttun: „*Als ich durch die Therapie lernte, meine Gefühle wieder wahrzunehmen und auf sie zu achten, stellte ich fest, dass es mir nach dem Hören der Predigten regelmäßig schlecht ging. Sie weckten in mir falsche Schuldgefühle und erzeugten einen immensen inneren Druck. Ich begriff, dass mir dies eher schadete als nützte. Nach einiger Zeit beschloss ich, keine weiteren Predigten mehr anzuhören. Dies stellte einen riesigen Schritt für mich dar.*" (Seite 191) Birgit Abele beginnt damit, für sich selbst Entscheidungen zu treffen. Sie bestimmt selbst. Dazu gehört, dass sie in eine eigene Wohnung zieht. Wenn sie zum Gebet zu den Mitschwestern fährt, geht es ihr schlecht, weshalb ihr vorgeworfen wird, vom Widersacher beeinflusst zu sein. Sie entscheidet, ihr Gebet allein zu halten. Die Distanz zur Gemeinschaft wird immer größer und sie sieht sich Mobbing ausgesetzt. *„Letztlich begann hier mein Bruch mit der Gemeinschaft: Nur wer sich ganz von den Oberen führen ließ, war würdig, in ihr zu leben. Wer dies nicht tat, fiel durchs Raster. In den Augen der Schwestern wurde ich zu einer ungehorsamen Abtrünnigen, die sich auf einem Irrweg befand. Und doch spürte ich, dass Gott mich führte. Er allein war mein ganzer Halt.*" (Seite 183) Schließlich bestimmt Birgit Abele, dass sie aus der Gemeinschaft austritt. In dem Maße, in dem ihre Ressource zur Selbstbestimmung wuchs, auch in spirituellen Fragen, verloren der ehemalige Seelenführer und die Gemeinschaft die Macht über ihre Seele.

Die vier beschriebenen Ressourcen führen die Autorin dieses Buches aus der Verstrickung heraus. Sie berichtet, wie sie nach ihrem Austritt ein immenses Hochgefühl erfüllt. Sie beschreibt es als „vertiefte Freiheit", die sie als Kontrast zum inneren Gefängnis erfährt. Auch wenn die langen Jahre in der Gemeinschaft Spuren hinterlassen haben, die weiter schmerzen, baut sie Schritt für Schritt ihr neues Leben auf, in dem sie selbst bestimmt. Das Zeugnis von Birgit Abele tröstet und ermutigt nicht nur andere von spirituellem Missbrauch Betroffene, es ist auch unmittelbar relevant für Gemeinschaften, die ihre Prävention vertiefen wollen. Sie stehen vor der Herausforderung, zu analysieren und zu fragen, ob Menschen auf die Signale ihres Körpers und ihrer Seele achten dürfen. Ob Kontakte außerhalb der Gemeinschaft nicht nur erlaubt, sondern auch erwünscht sind. Ob Menschen mit wachem Verstand mitdenken dürfen und die Entfaltung ihrer Fähigkeiten gefördert wird. Ob sie beteiligt werden an Entscheidungen und die persönlichen Dinge des eigenen Lebens selbst bestimmen dürfen.[4] Wo immer auf eine dieser Fragen ein Ja folgt, ist die nächste Frage, wie das geschehen kann. Birgit Abele ermöglicht es, das kennen zu lernen, damit Menschen in vertiefter Freiheit leben und glauben können.

Anmerkungen

[1] Weiterführend: www.missbrauchsmuster.de.

[2] Carmen Tatschmurat, Kloster als „Totale Institution" nach Erving Goffman, in: Barbara Haslbeck u. a. (Hg.), Selbstverlust und Gottentfremdung. Spiritueller Missbrauch an Frauen in der katholischen Kirche, Ostfildern 2023, 246–253.

[3] Vgl. https://www.ezw-berlin.de/publikationen/artikel/religioese-traumatisierung-und-spiritueller-missbrauch/.

[4] Weitere Indizien und Unterscheidungen zu spirituellem Missbrauch sind zu finden in der Arbeitshilfe Missbrauch geistlicher Autorität, hrsg. vom Sekretariat der Deutschen Bischofskonferenz, Bonn 2023, 16–22 [https://www.dbk-shop.de/media/files_public/0a5aa278593169a43522d8bccd68218b/DBK_5338_19122023.pdf].

Die aufgeführten Websites wurden zuletzt am 04.03.2024 abgerufen.

Barbara Haslbeck, geb. 1972, Dr. theol., Wissenschaftliche Mitarbeiterin im Forschungsprojekt „Gewalt gegen Frauen in der katholischen Kirche" am Lehrstuhl für Pastoraltheologie und Homiletik an der Universität Regensburg, Mitarbeiterin in der ökumenischen Initiative „GottesSuche – Glaube nach Gewalterfahrungen".